1. 广西哲学社会科学规划研究课题：河池地区旧方志整理及"河池数字方...
2. 广西人口较少民族发展研究中心招标课题：基于虚拟现实 VR 技术的毛南族"肥套"实物典籍研究（编号：GXRKJSZ201802）
3. 广西多源信息挖掘与安全重点实验室开放基金项目：多源信息数据的图融合聚类方法研究（编号：MIMS22-08）
4. 河池学院高层次人才科研启动项目：基于图模型的多源大数据融合优化研究（编号：2023GCC010）

GENGXU WENMAI

赓续文脉

古籍保护与数字化建设

GUJI BAOHU YU SHUZIHUA JIANSHE

周波 ◎ 著

中国纺织出版社有限公司

内 容 提 要

　　中国古代典籍是传承我国悠久历史文脉的重要物质载体，是人类文明的珍宝，具有深远而独特的价值。由于多方面的原因，现存古籍面临破损、氧化等多种危机，古籍保护的形势较为严峻。现代数字技术手段为知识和文明的传播与保存创新了思路，古籍的数字化建设也成为近年的研究热点。为了传承我国的历史文明，延续中华民族思想精神，本书对古籍的保护与数字化建设展开了深入的探讨。本书在系统论述古籍分类、形制、特性、破坏原因等基本理论知识的基础上，从古籍的存放、修复、装裱等方面出发，详细探讨了古籍的保护与修复措施，随后从理论建设、电子索引建设、数据库搭建等对古籍的数字化建设策略进行了深入分析。

图书在版编目（CIP）数据

　　赓续文脉：古籍保护与数字化建设 / 周波著 . --
北京：中国纺织出版社有限公司，2023.12
　　ISBN 978-7-5229-0957-8

　　Ⅰ . ①赓…　Ⅱ . ①周…　Ⅲ . ①古籍－图书保护－研究－中国　Ⅳ . ① G253.6

　　中国国家版本馆 CIP 数据核字（2023）第 234700 号

责任编辑：刘　茸　　　责任校对：王蕙莹　　　责任印制：王艳丽

中国纺织出版社有限公司出版发行
地址：北京市朝阳区百子湾东里 A407 号楼　邮政编码：100124
销售电话：010—67004422　传真：010—87155801
http://www.c-textilep.com
中国纺织出版社天猫旗舰店
官方微博 http://weibo.com/2119887771
三河市宏盛印务有限公司印刷　各地新华书店经销
2023 年 12 月第 1 版第 1 次印刷
开本：787×1092　1/16　印张：12.75
字数：216 千字　定价：88.00 元

前　言

　　我国古籍浩如烟海，对传统文化的传承起着举足轻重的作用，然而其原始载体形式不可避免地随着岁月的侵蚀逐渐老化乃至消失，所以许多藏馆不得不将其束之高阁。但在保护古籍的同时，古籍的研究利用工作受到极大阻碍。为解决古籍资源"藏"和"用"的矛盾，同时实现对古籍的保护和利用，古籍的数字化工作势在必行。

　　古籍数字化是从古籍保护与利用出发，采用现代信息技术将传统纸质古籍文献中的语言文字、图形符号进行加工处理，转换成电子数据形式，实现对古籍文献的查阅、存储、传输、整理、检索、利用等一系列计算机操作的过程。古籍数字化属于古籍整理的范畴，是传统古籍审定、校勘、注释等加工整理的延续与创新，是新时期人文学术研究的基础性、时代性工程，代表着古籍整理未来一段时期的发展方向。基于此，笔者撰写了《赓续文脉：古籍保护与数字化建设》一书。

　　本书围绕古籍数字化建设展开分析。其中第一章分析了古籍的概念、发展、结构、装帧方式、分类等，并列举了部分古籍资源库。第二章分析了古籍保护人员的素质与培养，不仅包括对古籍编撰者与理论专家的分析，还结合数字信息化的背景分析了不同类型的古籍专业人才培养、古籍修复人员的内在修养、文献修复师国家职业标准。第三章则针对古籍的损坏、修复、保护等问题进行分析。第四章从理论视角分析了古籍数字化建设探索。第五章围绕地方古籍文献与民族古籍文献的数字化建设展开分析。第六章选择部分案例对古籍数字化建设的具体问题进行分析。

　　本书从基本理论分析入手，逐步深入对古籍修复与保护的具体问题的分析，由理论到实践，脉络十分清晰；从内容来看，围绕古籍与古籍数字化建设的基本理论、人才培养、技术应用等问题分别展开分析，还探讨了地方古籍文献、民族古籍文献的数字化建设问题，内容较为全面，且结合当前的数字化信息背景展开分析，具有较强的实用性与创新性。

　　本书在写作过程中，参考了许多相关的学术著作与论文，在此向其著作者表示由衷的感谢。同时，对于本书存在的种种问题与不足，也希望各位读者能够予以谅解，并提出宝贵意见。

　　总而言之，古籍数字化翻山越岭跨越了 40 余年，不断走向成熟，在古籍数字化数据库建立，古籍数字化统一元数据，古籍数字化统一规划、协同合作，古籍数字化编目工作中取得了一定的成绩。但是古籍数字化的后续保护以及古籍数字化的开发利用尚需相关工作者继续砥砺前行。不断提高古籍工作者的学识内涵，借鉴国内外成体系的学术、经验，秉持辨章学术、考镜源流的精神，探索、发挥古籍价值是古籍数字化永不终止的工作内容。

周波

2023 年 7 月

目　录

第一章　古籍综述

中华民族有着数千年的历史，创造了灿烂的古代文明，为后人留下了宝贵的文化遗产，其中包含大量的文字典籍。古籍是人类文明的历史记载，是历史的产物，是文明的历史标志。

第一节　古籍的概念与发展

一、古籍的概念

任何学问都有一定的领域。要知道"古籍整理"这门学问的领域，首先得弄清楚什么叫"古籍"。

"古籍"中的"籍"就是书，"古籍"是古书的雅称。问题是什么才算书，一些人并不十分清楚，如有人提及我国书的历史，说最早的书是刻在甲骨上的，然后是铸在青铜器上的，这就不对了。

殷商时龟腹甲、牛肩胛骨上的文字只是占卜后刻上去的卜辞，并未构成书。商周时青铜器上的铭文即所谓"金文"是王公贵族们对铸器缘起的记述，尽管有时为了夸耀自己的功勋，文字很长，但其性质仍和后世歌功颂德的碑刻相近，也不能算书。我国殷商时已开始在竹木简上写文字，《尚书·多士》记载："惟殷先人，有册有典。""册"的古文字就像两根带子缚了一排竹木简，"典"则像以手持册或将册放在几案上面。但这种典册在当时不是书，只是诏令之类的文字，经过保存犹如后世所谓的档案。

到西周、春秋时，留下来的档案就更多了。西周、春秋时，人们作了不少四言诗，草拟了贵族间各种礼仪的节目单或细则，还有周人用蓍草占卦的卦辞、爻辞。春秋时诸侯国按年月日写下来的大事记即《春秋》，当时这些都由祝官、史官们掌管。其中除大事记是后来史书的雏形外，其余的仍没有编成书，只能算作档案，或称为文献。到春秋末战国初，学术文化从祝官、史官手里解放出来，孔子以及战国时的学者才把过去积累的档案文献编成《诗》《书》《礼》《易》《春秋》等教材，做哲理化的讲解。这些教材叫作"经"，讲解经的记录编写成册后叫作"传"或"说"，经、传、说以外的记载叫作"记"。同时，战国各个学派即先秦诸子也有不少论著，并出现了自然科学技术方面的专著。这些经、传、说、记和先秦诸子论著、科技专著才是我国最早的书（最早的古籍）。《汉书·艺文志》所著录的最早的书也是这一批古籍。此后收入列朝公私书目中属于经、史、子、集的各种著作，在今天也被公认为古籍。

"古籍"一词最早见于南北朝时期的文献记载，如南朝宋诗人谢灵运《鞠歌行》有"览古籍，信伊人"之语。这里的"古籍"是从时间上来限定的，笼统地指先代典籍。

由于历史和文化的因素，今人对"古籍"概念的理解存在更多的不确定性。例如，有的以装订形式为标准，认为凡是线装书就是古籍；有的以语言形式为标准，认为凡是用古代汉语写成的书就是古籍；有的以著者时代为标准，认为凡是古人所著之书就是古籍。严格来说，这些认识都是有偏差的。首先，现存古籍虽多以线装形式存在，但线装并不是古籍唯一的装帧形式，还包括卷轴装、旋风装、经折装、蝴蝶装、包背装等。而且线装书不一定都是古代制作的，如鲁迅、毛泽东等人的著作都出过线装书，显然不能将之归入古籍之列。其次，中国是一个多民族国家，除汉族外，其他少数民族也有自己的语言文字，中华古籍不应把少数民族文献排除在外。况且今人也有用古汉语创作的作品，显然也不属古籍范畴。最后，如以著者为标准，则把今天出版的新版平装本也包括进去，而这些新版平装本与古代抄写、印刷的图书在装帧形式、文物价值、保管要求等方面不可同日而语。因此，将古人所著之书视为古籍，是一种宽泛的理解，采用的是广义的"古籍"概念。

本书所讲的古籍整理采用的是狭义的"古籍"概念，即以图书出版（此取"大出版"的概念，包括抄写、拓印、雕版印刷、活字印刷、套印、石印等各种图书复制方式）年代为标准。受史学界的影响，对古籍出版年代的划分曾有三种不同的主张：一是主张以鸦片战争为界，凡 1840 年以前出版的图书都属"古籍"；二是主张以"五四运动"为界，凡 1919 年以前出版的图书都属"古籍"。前者把清代后期出版的大量图书排除在古籍之外，后者把宣扬近代资产阶级革命和早期无产阶级革命的著作都划入"古籍"之列，均有不妥。目前学术界普遍认可的是第三种划分方法，即以辛亥革命为界，凡 1911 年以前出版的图书都可看作"古籍"。这种划分方法是前两种方法的折中，既包括了辛亥革命以前的卷轴装、旋风装、经折装、蝴蝶装、包背装、线装等各种装订形式的图书，又排除了 1911 年以后的古籍新版平装本；既包括了清代后期出版的图书和以少数民族语言创作的古籍，又排除了今人用古代汉语写成的著作，以及宣扬近代资产阶级革命和早期无产阶级革命的图书。国家标准《古籍著录规则》（GB/T 3792.7—2009）将古籍定义为："主要指 1911 年以前（含 1911 年）在中国书写或印刷的书籍。"文化和旅游部发布的《古籍定级标准》（WH/T 20—2006）的定义为："古籍，中国古代书籍的简称，主要指书写或印刷于 1912 年以前（不含 1912 年）具有中国古典装帧形式的书籍。"这两种对"古籍"的定义已为学界普遍采用，两者表述虽略有出入，但含义实则相同。

综上所述，古籍整理所称的"古籍"，是指 1911 年辛亥革命之前抄写、印刷的图书。但在实际工作中，古籍划分的界限并没有那么严格。出于保管和利用的需要，民国时期出版的一些有价值的线装书通常也被当作古籍看待。而且，"古籍"同"善本"的概念一样，是动态变化的，随着时间的推移，其年限会下移。

今天的普通图书，未来必将成为古籍；现在的普通古籍，将来可能就是善本。

二、古籍的发展

（一）古籍的产生方式

现存古籍约 19 万种，加上历史上散佚的古籍，更不计其数。这么多古籍是怎么产生的？张舜徽先生在《中国文献学》中将文献的产生归为著作、编述和抄纂三种方式，这种划分同样适用于古籍。

1. 著作

所谓著作，即原创性的作品。中国古人对著作的原创性要求是很高的。东汉的王充在《论衡·对作第八十四》中说："造端更为，前始未有，若仓颉作书，奚仲作车是也。《易》言伏羲作八卦，前是未有八卦，伏羲造之，故曰'作'也。"❶ 仓颉造字，奚仲造车，伏羲作八卦，都是前所未有的开创性工作，所以称为"作"。清代学者焦循对"作"也有明确的解释："人未知而己先知，人未觉而己先觉，因以所先知先觉者教人。俾人皆知之觉之，而天下之知觉自我始，是为'作'。"当然这里的先知先觉，不是指生而知之，而是韩愈《师说》所说的"其闻道也固先乎吾"，就是首先知道、觉悟到，然后去教化别人。等天下的人都知觉了，就是说天下的知觉都从自己开始，这才叫"作"。他们对著作的理解都是强调"前所未有"。像早期的单篇作品，很多都属著作类。例如，《汉书·艺文志》著录《凡将》一篇，注"司马相如作"；《急就》一篇，注"元帝时黄门令史游作"；《元尚》一篇，注"成帝时将作大匠李长作"；《训纂》一篇，注"扬雄作"。

2. 编述

所谓编述，是"将过去已有的书籍，重新用新的体例，加以改造、组织的工夫，编为适应于客观需要的本子"❷。相对于无所凭借的著作，编述有所凭借，是对已有文献的编次整理。许慎《说文解字》释"述"为"循也"，可见"编述"就是遵循前文的意思。但这种因循不是简单地照搬，而是有所创造地继承，正如清代学者焦循所说："已有知之觉之者，自我而损益之。或其义久而不明，有明之者，用以教人，而作者之义复明，是之谓述。"（《雕菰集》卷七《述难》）。因此，编述者要在深刻理解原有古籍内容的基础上，或有所损益，使零散的内容更加集中；或有所引申，使隐晦的道理复现于人。通过编述形成的新文献，基本看不到原文的痕迹，只是继承原文的史实，阐发原文的思想和观点。

3. 抄纂

所谓抄纂，是根据原文按一定体例照录已有文献的内容，从而编排成新的文献。其特点是对原文不加改撰，新文献内能看见旧文献的原文字句。这种原文照录包括对文献整体内容的全录、对篇章段落的节录、对句子语词的摘录三种方式。一般要求注明出处，如《太平御览》《古今图书集成》等类书对于抄纂的资料就注明了出处。但也有不注明出处的，如《册府元龟》《清稗类钞》等。早在先秦两汉时期，抄纂作为一种文献著述方式就已产生，如《汉书·艺文志》著录的《儒家言》《道家言》《法家言》《杂家言》《百家》等旧籍，"皆古人读诸

---

❶ 王充：《论衡》卷二九《对作第八十四》，上海人民出版社，1974，第443页。

❷ 张舜徽：《中国文献学》，上海古籍出版社，2005，第27页。

子书时撮钞群言之作"❶。除早期的子部书籍之外，其他经、史、集部文献也多抄纂之作，主要有类书、文集、丛书、杂抄、档案文献汇编等。

（二）古籍的流传方式

古籍产生之后，就要传播出去。古籍的流传方式依照出现时间的先后，依次有讲诵、镌刻、抄写、传拓、印刷、摄录等。

1. 讲诵

在文字产生之前，或文字虽已产生，但史官记事制度尚不够完备的年代，人们的创作只能通过口耳相传的方式进行传播，这是世界文明史的普遍规律。像西方古希腊史诗《伊利亚特》和《奥德赛》，相传是在公元前 9 世纪至公元前 8 世纪由盲诗人荷马创作并传唱，大约在公元前 6 世纪被整理成文字。也就是说，在成书之前，这两部史诗已由人们口头传唱了两三百年。东方古印度的长篇史诗《摩诃婆罗多》《罗摩衍那》也都是口头流传下来的。我国历史上史诗讲诵流传时间较久的是少数民族，如藏族史诗《格萨尔王传》、蒙古族史诗《江格尔》、柯尔克孜族史诗《玛纳斯》，有我国三大史诗之称。相比较而言，汉族的长篇史诗不够发达。一般认为，《诗经·大雅》中的《生民》《公刘》《大明》等篇章，叙述了周民族始祖后稷到武王灭商的历史，应是周代史官和乐官利用民间传说改编而成，但故事情节和人物都无法与我国少数民族的几大史诗相比。汉族史诗不发达的主要原因是汉民族较早建立了完备的史官记事制度。考古发现甲骨文中有"作册""史""尹"等史官名称，这说明最迟在商代就已经出现了史官。由于历史有了系统的书面记载，口头讲诵的史诗便失去了存在的空间。但在叙事诗中，汉族还是有不少讲诵文献的，如大家熟悉的《孔雀东南飞》《木兰诗》。另外就是抒情诗，如《诗经》中的十五篇"国风"，来自从陕西到山东的黄河流域的十五个地区，也都是以讲诵的方式传播的。

即便是那些已经用文字记录下来的文献，也有大量依靠讲诵方式传播的，如佛经和儒家经典。东晋时北方后秦的译经大师鸠摩罗什，曾译佛经三百余卷。但据《出三藏记集》，有外国沙门来华，称鸠摩罗什谙诵甚多，所译不及十一。可见，鸠摩罗什能够背诵出来的佛经不下三千卷。早期儒家经典的传播也在很大程度上依靠经师讲授，著名者当数孔子杏坛讲学的例子。但由于学生所记不同，就形成了后期不同的经文版本。东汉经学家马融，史载他讲经时"坐高堂，施绛纱

---

❶ 张舜徽：《广校雠略：汉书艺文志通释》，华中师范大学出版社，2004，第 277 页。

帐，前授生徒，后列女乐"❶，在当时堪称奇观。至于那些说唱文学作品，如话本、评书，即使有了"唱本"也主要靠讲诵来传播。优秀的说书人往往只是以"唱本"为基础，在演说过程中还会加入自己的理解和发挥，不断形成新的"唱本"。

2. 镌刻

甲骨文、青铜器铭文、碑文虽不具备图书的形态，但其所记内容却是很多古籍成书的来源，如拓印本。即便是有了图书形态之后，不少古籍仍然通过刊刻石经来传播其校订后的内容，如汉熹平石经、魏正始三体石经、唐开成石经等。

所谓镌刻，就是把文献内容用文字刻在甲骨、青铜器、石头等载体上。甲骨是指龟甲和兽骨，殷商时期用于记录王室活动的占卜记录，所记内容十分广泛，涉及帝王世系、方国、生产、祭祀、征伐、狩猎、疾病、灾异等。民国初年，罗振玉搜集整理甲骨文拓片，编印了《殷墟书契》等书。1928 年后，中央研究院历史语言研究所多次对安阳小屯村进行考古发掘，由董作宾等编纂出版了《殷墟文字·甲编》和《殷墟文字·乙编》。1978 年，由郭沫若任主编、胡厚宣任总编辑的《甲骨文合集》在中华书局影印出版，该书成为甲骨文资料搜集与整理方面集大成式的著作。

青铜礼器自商代盘庚以后开始出现铭文，内容多为器主族名、作器者名和受祭者名，文字简短。商代武乙以后，开始出现十几字乃至几十字的较长铭文，在说明作器原因时带有记事之辞，其内容多与祭祀、赏赐等有关。西周时铜器铭文较长，百字以上的已有不少，内容涉及邦国地理、贵族世系、外交盟誓、战争征伐、经济财贸、刑法狱讼、职官爵禄、宗教祭祀、度量乐律、月相历法及许多重大史实，不少记事可与古籍相印证。例如，现藏我国台湾地区的"毛公鼎"铭文 497 字，记载了周宣王叮嘱毛公效忠王室并给予恩赏之事，对研究西周晚年政治史具有重要价值。1976 年在陕西临潼发现的西周时期的青铜器"利簋"，铭文 33 字，记武王克商的日期在甲子日，与《尚书·牧誓》《逸周书·世俘解》所载吻合，为验证古籍记事的准确性提供了有力的物证。

我国古代很早就有刻石记事的传统。石头方者谓之碑，圆者谓之碣，天然崖壁谓之摩崖。《史记·封禅书》引桓谭《新论·离事》载："泰山之上有刻石，凡千八百余处，而可识者七十有二。"司马贞补《史记·三皇本纪》引《韩诗》："自古封泰山、禅梁甫者万有余家，仲尼观之，不能尽识。"泰山上封禅刻石的文字，连管仲、孔子都不认识几个，可见是很古远的了。秦始皇统一中国后，四方巡行，

---

❶ 范晔：《后汉书》卷六十《马融传》，李贤注，中华书局，1965，第 1972 页。

每到一处都要刻石记功，晓谕天下。东汉熹平四年（175 年），议郎蔡邕奏请校定经书，将《鲁诗》《尚书》《仪礼》《周易》《春秋》五经和《公羊》《论语》两传，统一用隶体丹书刊刻在 46 块石碑上，以供天下读书人传抄，这就是历史上著名的"熹平石经"。此后，历代都将刊刻石经作为一种传统继承下来，例如，魏正始年间用古文、小篆、汉隶三种字体写刻《尚书》《春秋》和部分《左传》。唐开成年间刻成"十二经"，原碑立于长安城务本坊的国子监，宋时移至府学北墉，即今西安碑林。之后还有后蜀广政石经、北宋嘉祐石经、南宋绍兴石经、清乾隆石经等。石刻文献除了帝王的勒石记功和经书的示范摹本外，更多的是历代的墓志碑文，各地名胜古迹的题名、题词、记文，以及佛寺道观里石刻的释道经书等。

3. 抄写

《墨子·兼爱下》有"书于竹帛，镂于金石"的话，这是对纸书出现以前书籍流传方式的高度概括。金石适于镂刻，竹帛适于抄写。1993 年，湖北荆门郭店出土了战国中期三种不同版本的简书《老子》，是迄今所见年代最早的《老子》抄本。汉武帝时，"建藏书之策，置写书之官"，这是中国历史上关于官方职业书手的较早记载。晋末推行以纸代简，此后图书抄写迎来了更为繁盛的时期。据曹之先生统计，南北朝官方大规模的抄书活动见于记载的约有 13 次之多❶。隋朝政府部门供养了大批专业书手，仅中书省就有书手 200 人。唐代更有过之而无不及。《唐六典》载，玄宗时集贤院有书直及写御官 100 人、装书直 14 人、造笔直 4 人；秘书省有校书郎 8 人、楷书手 80 人、熟纸匠 10 人、装潢匠 10 人、笔匠 6 人；著作局有楷书手 5 人；太史局有楷书手 2 人、装书历生 5 人；弘文馆有楷书手 75 人、笔匠 3 人、熟纸装潢匠 8 人；司经局有楷书手 25 人。可见，抄写图书已有了非常细致的专业分工。至于民间私人抄写图书更不计其数。即便是唐代发明雕版印刷技术以后，甚至是被誉为雕版刻书黄金时期的明代，抄写仍是古籍传播的一种重要方式。《明史·艺文志》载，明宣宗有一次视察文渊阁，"亲披阅经史，与少傅杨士奇等讨论，因赐士奇等诗。是时，秘阁贮书约二万余部，近百万卷。刻本十三，抄本十七"。可见，当时明代官藏仍以抄本为主。在刻本盛行的时代，抄本仍有一席之地，主要有以下原因：一是旧写本历来受人重视，因为其中有不少珍本、善本；二是有的书籍篇幅过于庞大（如类书、丛书等），而社会需求量又小，从经济上来讲，雕版印行很不合算，只好手写副本，如明代

---

❶ 曹之：《中国古籍版本学》，武汉大学出版社，2015，第 144 页。

的《永乐大典》和清代的《四库全书》；三是抄写图书已成为古代学者读书治学的一种习惯，根深蒂固，难以改变。例如，北宋的宋祁尝自称"手抄《文选》三过，方见佳处"，南宋洪迈亦自言"手抄《资治通鉴》三过，始究其得失"❶。另外，从流通角度来看，手抄文献不像刻本那样容易遭查禁，隐秘性较强。

除了政府官员受命征集图书、整理藏书过程中的抄书，以及私人读书、治学、藏书过程中的抄书，还有一类是带有营利性质的抄书，或受雇于官方机构，或受雇于私人、书商、寺观，专以获取经济利益为目的，故称为"佣书"。佣书最早见于战国时期，《拾遗记》载："张仪、苏秦二人，同志好学，迭剪发而鬻之，以相养。或佣力写书，非圣人之言不读。"❷东汉史学家班超年轻时也曾为官府佣书。魏晋南北朝以后，佣书现象更为普遍，文献记载比比皆是。甚至到了清代，佣书这种职业仍然存在。

4. 传拓

所谓传拓，也叫拓印，是指用纸和墨从铸、刻器物上原样捶印文字或图案的技术，其成品称为拓本或拓片。由于时代和地域的不同，还有打本、脱本、蜕本等叫法。制作拓本的具体步骤如下。

①把甲骨、金石等器物上的灰尘和污垢清洗干净，使文字和图案清晰地显现。

②将生宣纸浸湿，然后均匀地敷贴在器物表面。

③用棕刷和小槌隔着毡布轻轻刮刷和捶拍，将纸与器物表面的气泡排出，使宣纸贴紧器物表面的同时，嵌入有文字图案的凹陷部分（甲骨文、金文、碑文通常是阴文）。

④待湿纸晾干后（不可太干，将干未干正好），用蘸墨（多用油烟墨）的朴子反复、均匀地轻捶纸面。随着墨色的逐渐加深，文字和图案就会显现出来。

⑤待墨迹干了之后，将纸取下并装订成册，就制成了黑底白字的拓本。

拓本的起源没有明确的文献记载，但《隋书·经籍志》著录有石经19种，并称"其相承传拓之本，犹在秘府"，可知最晚在隋代已有拓本。唐代有拓本实物流传，如《孟法师碑》《温泉铭碑》等。《孟法师碑》为岑文本撰，褚遂良书，刻于贞观十六年（642年）。原石久佚，后有清人李宗瀚所藏唐拓本传世，现藏日本。《温泉铭碑》为唐太宗李世民亲撰亲书，有敦煌石室拓本传世，后为法国人伯希和窃取，现藏于法国国家图书馆。

---

❶ 上海古籍出版社编《清代笔记小说大观》卷十《茶余客话》，上海古籍出版社，2007，第2692页。

❷ 上海古籍出版社编《汉魏六朝笔记小说大观》卷四《拾遗记》，王根林、黄益元、曹光甫校点，上海古籍出版社，1999，第521页。

宋代传拓之术盛行，商周时期的青铜器、秦砖汉瓦，以及历代的碑刻、石雕、摩崖石刻等，都可成为传拓的对象，因此出现了专门著录拓本的书目。例如，北宋欧阳修作《集古录》，为公私所藏周秦至五代以来铜器铭文及碑帖拓本作跋记四百余篇，旨在补证经史，是我国现存最早的金石学著作。两宋之际的赵明诚、李清照夫妇撰《金石录》，仿《集古录》体例，著录自上古至隋唐五代金石拓本凡二千件，考据精审，成为当时金石学的重要代表作。其他著名的金石著作还有南宋薛尚功《历代钟鼎彝器款识法帖》、清梁诗正《西清古鉴》、中国社会科学院考古研究所《殷周金文集成》、国家图书馆善本金石组《中国历代石刻史料汇编》等。

5. 印刷

印刷是一种借助版刻工具大量复制图书的方法，较之纯手工抄写效率大为提高。我国最迟在初唐❶时期就已经发明雕版印刷术，这通过考古发现的几件雕版印刷实物得到了证明。1974年西安出土梵文《陀罗尼经咒》，考古学家根据随同出土的器物的形制及纹饰图案，将其定为唐初印刷品，时间不晚于690～699年。现藏于日本东京书道博物馆的印本《妙法莲华经》，经文中使用了武则天诏令中独创的制字，刻印时间当在武则天在位期间（684～689年）。1966年发现于韩国庆州佛国寺释迦塔内的《无垢净光大陀罗尼经》，经文也出现了武则天的四个制字，据李致忠等学者鉴定，为唐长安元年至四年（701～704年）东都洛阳刻本，原因是705年唐中宗即位后就颁布诏令废除了武周制字❷。

唐代的雕版印刷术主要用于刻印佛经、历书、字书，以及占梦、相宅等民间日用杂书，间有零星诗文集。五代国子监首次采用雕版印刷术刻印儒家群经，提高了雕版印刷术的地位，对雕版印刷术的大规模推广和普及起到了官方示范作用。至两宋时，雕版刻书已大为普及，发展出了官刻、家刻、坊刻三大刻书系统，另有书院刻书、寺观刻书作为补充，形成了汴京、福建、四川、浙江、江西等刻书中心，刻印图书种类经、史、子、集齐全。辽、金、元后刻书地域逐渐向北方扩展。元至元六年（1340年）中兴路（今湖北江陵）资福寺刻印的《无闻和尚注金刚经》，是我国现存最早的朱墨双色套印本书籍。明初取消书籍印刷税，我国进入雕版刻书发展的鼎盛时期，刻书种类和数量大幅增长，刻书地域和图书贸易遍及大江南北，可惜图书内容质量较之前代有所下降。值得一提的是，

❶ 按照史学界的划分，初唐是指唐代建国（618年）至开元元年（713年）的这段时期。

❷ 李致忠：《〈无垢净光大陀罗尼经〉译刻考》，《文献》1997年第2期。

明末在版画艺术及五色套印技术的基础上，发明了饾版和拱花技艺，各种画谱、笺谱印制得色彩斑斓、栩栩如生，著名者如《萝轩变古笺谱》《十竹斋笺谱》《十竹斋画谱》《芥子园画传》等。

活字印刷术发明于北宋庆历年间（1041～1048年），发明人为布衣毕昇，其过程在沈括的《梦溪笔谈·技艺》里有详细的记载。其具体步骤如下：第一步，用胶泥刻字。一般的字刻几个就够了，"之""也"等常用字要刻20余个，冷僻字临时刻烧。第二步，烧字。泥字烧过之后，坚硬不易破碎。第三步，排版。先在一块铁板上撒上松脂蜡、纸灰等黏合材料，接着用铁框把四周围起来，把活字排在铁框里面，然后用火在铁板下烘烤，等黏合材料熔化之后，用平板把板面按平即可。第四步，印刷。同时用两块铁板，印第一版时，第二版便可排字，互相轮换，以提高效率。第五步，回收泥活字。用火烘烤铁板底部，等黏合材料熔化后，用手一推，字模就松了。然后按字韵分别把字存放在木格里，等到下次印书时再用。

西夏人根据毕昇泥活字印刷的原理，改进排字拆版方式，试制成功了木活字印刷术。据史金波先生考证，现俄罗斯所藏中国西夏文《维摩诘所说经》为12世纪下半叶的木活字印刷品。元代农学家王祯曾用木活字摆印过《旌德县志》，并将自己的印书方法写成了《造活字印书法》。清武英殿甚至采用木活字印刷了《武英殿聚珍版书》，"聚珍"即木活字的雅称。另外，人们还尝试用铜、锡、铅等金属材料来制作活字，流行最广者当属铜活字。明弘治、嘉靖年间，江苏无锡、常州、苏州一带铜活字印书颇为盛行，尤以无锡华氏和安氏家族最为著名。

19世纪中后期，随着西方近代印刷技术的传入，石印一度取代雕版印刷成为我国古籍传播的主流方式。与传统雕版的凸版印刷不同，石印是一种平版印刷技术，因而制版快，效率高。具体方法如下：先将图文用一种特殊的油脂性药墨直接书写、描绘在平滑多微孔的石板上（也有的是将图文描写在纸上，然后覆于石面，再揭去药纸）；在石板上涂上一层酸性胶液，使字画以外的石质略微腐蚀，再喷上一层水（或直接用水浸润），被腐蚀的石面均匀受水，字画部分因油脂而不受水；然后在石板上用滚筒上油墨，利用油水分离的原理，无图文部分因受水而不着油墨，图文部分受墨。石印术最早传入我国广州，但在上海形成了石印出版中心，著名的石印出版机构有点石斋书局、同文书局和拜石山房等。

6. 摄录

摄录即通过摄影和录入来传播古籍。摄影是利用照相或激光扫描技术，将古籍翻拍成缩微胶片或转换成图片格式的电子文件，既可以保存古籍的内容，又能保存古籍的版式。制成的胶片或电子文件，既可供阅读浏览和复制，又可原样还原成纸书，这就是古籍的影印出版。1985 年，文化部（今文化和旅游部）批准成立了"全国图书馆文献缩微复制中心"，其主要职责就是组织和协调全国公共图书馆开展对馆藏古旧文献的长期保存工作。自 1958 年国务院成立古籍整理出版规划小组以来，连续制定了多个古籍整理出版的十年规划，影印出版了大批珍稀古籍。影印仍是目前善本古籍出版的重要方式之一。

录入是指仅将古籍的内容输入计算机，制成电子文本。这种方式只保存和传播古籍的内容，而不保留古籍的版式。因大多数录入都是通过手工完成的，工作量大且出错率高，现在已多不采用。目前通行的古籍全文数据库基本上是利用光学字符识别（OCR）技术，将扫描后的古籍影像转换成文本格式，以便读者阅读、检索和复制全文内容。

第二节　古籍的结构与装帧方式

一、古籍的结构

古籍的结构和现代书籍有所区别，除了常见的单页版式之外，还有外部结构和内部结构等，下面就这三种结构分别解释。

（一）古籍的单页版式

单页版式结构包括版框、界行、书口、地脚、书耳、天头、鱼尾、象鼻等。

①版框。版框也叫边栏，指的是单页周围环绕一圈的线。版框可以从两方面进行分类。第一，根据栏线的数量，可以分为四周单边、左右双边、四周双边等。第二，根据栏线上边的图案，可以分为字栏、竹节栏以及博古栏等。

②界行。界行就是行与行之间的分界。界行和栏线有朱、墨两种颜色，红栏为朱丝栏，黑栏为乌丝栏。

③书口。书口也被称为版口，大多数的书口设置在每一页的正中间。通常用来记录书名等文字。

④地脚。地脚指下栏以外的空白。

⑤书耳。书耳也称耳子，是版框外边靠上部分的空格，用来书写篇名等。

⑥天头。天头也称书眉，指上栏以外的空白处。

⑦鱼尾。鱼尾指书口全长四分之一处的鱼尾形标志。以数量划分，可分为单、双、三鱼尾。以方向划分，可分为对鱼尾、顺鱼尾。以虚实划分，可分为白鱼尾、黑鱼尾、线鱼尾、花鱼尾等。

⑧象鼻。象鼻是连接鱼尾与版框的一条线。粗线叫大黑口，细线叫小黑口。没有象鼻的则被称为白口。

（二）古籍的外部结构

古籍的外部结构包括书首、书脊、书脑、书根、书衣、书签等。

①书首。也称书头，指书的上端。

②书脊。也称书背，指装订处的侧面。

③书脑。装订时，锥眼订线的地方。

④书根。为书的下端。由于古书通常不是竖立摆放的，大多数平着放。所以为了方便查阅，通常在书根上写上书名及册次。

⑤书衣。又称书皮，就是包裹在书的最外边的一层，用来保护古书不受损坏。

⑥书签。书签指贴在书衣左上方的一个长方形纸条或丝条。方便标记阅读进度，值得注意的是，书签作为古书的一部分，通常会请名家或者有威望的长辈题字。

除上述主要外部结构外，古籍还含有一些其他的特殊结构，如书名页、副页、包角、衬纸、金镶玉、书帙、书套、木匣、夹板、高广、书品。

①书名页。指书衣之后题有书名的一页。

②副页。也称扉页，是书衣和书名页之间没有题字的空白部分，主要用来保护古书。

③包角。包角指用细绢所包订线一侧上下之角，起到美观的作用。

④衬纸。衬纸指当修补旧书时，在书叶内所加的白纸。

⑤金镶玉。若书品太小，不便剪裁时，通常会在书叶之内放置一张白纸，为金镶玉。

⑥书帙。书帙指古书的包装层，在古时候大多采用竹帘包裹。

⑦书套。书套指保护古籍的外套，以草板纸为里、外敷蓝布制成。大多数北方地区会使用书套。书套主要有两种：四合套、六合套。仅前后左右包四面的书

套为四合套；前后左右上下六面全包的，为六合套。

⑧木匣。木匣是用于存放古书的容器，通常情况下存放的是非常珍贵的文献。由于材质因素，木匣比书套更为结实。

⑨夹板。夹板指夹在图书上下的两块木板。

⑩高广。高广为书叶的高度和宽度。书写时，一般高度在前，宽度在后，以厘米为计算单位。

⑪ 书品。书品一般有两层意义：一是指书籍大小，如书有较大尺寸，会说书品大；二是指书籍保存的完好程度，如损毁严重的书，会说书品不好。

（三）古籍的内部结构

古籍内部结构包括内封、序、跋、目录、凡例、正文、卷首、卷末、附录、外集、卷端、笺、注、疏、小题、大题、牌记、墨钉、墨围、阴文、白文、行款、藏章、帮手等。

①序。序为正式写作前对书的介绍，主要包括写作原因和写作目的等。目录指正文之前的篇章名目。

②跋。跋为评价正文内容或叙述版刻经过，多由校刻人或读书人撰写。

③凡例。凡例为全书编制体例的说明文字。

④卷首。卷首为正文之前独立成卷的文字部分，内容多为圣谕或者先贤留下的主要文献，或编著者的生平事迹。把圣谕放在卷首，表示对编著者的赞扬，是一种至高无上的荣誉。把先人的相关文献放在卷首，表示对先人的尊敬，意味着孝顺。把编著者生平事迹放在卷首，可以让读者了解编著者的生平、性格以及古书的写作意图。

⑤卷末。卷末是在正文后独立成卷的内容，为后人文字著述、著者生平资料、同辈赠赋，或与正文有关的内容，是对全书所作的一个补充。在正文之后附上他人的作品，为"附骥而行"。例如，后辈著述附后的有明代李昱《草阁集》末附其子李辕《筼谷诗》一卷，清代沈翼机《澹初诗稿》末附其子沈廷荐《见山堂诗钞》一卷。同辈著述附后的有元代丁鹤年《丁鹤年集》末附其长兄诗九首、次兄诗三首、表兄诗五首。同辈、晚辈著述文字同时附后的如宋代罗愿《鄂州小集》末附其兄罗颂、其弟罗顾、其侄罗似臣之文。长辈著述附后的有宋黄庭坚《山谷集》末附其父的《伐檀集》。卷末附著者生平资料的如宋代穆修《穆参军集》卷末附穆修《遗事》一卷。同辈赠赋的如明代谈修《惠山古今考》卷末有赋赠之作三卷。卷末附录有关正文内容的如清代喻昌《医门法律》卷末附《寓意草》四

卷，记录其临床所见的各种病例。

⑥ 附录。附录指正文之后的附加部分。

⑦ 外集。外集为正集之外的部分，其内容包括儒家别集外的佛理作品、与内集不同的文集和不同内容的作品、补遗之作。

⑧ 卷端。卷端为每卷正文前两三行，是对书的其他信息所做的简单概述，如作者、刻版等。

⑨ 小题与大题。小题指篇名，大题指书名。

⑩ 牌记。牌记与现在的版权页类似，常常镌有书名、作者、刊刻年代等，为刻书者用以宣传刻书情况的特殊标识。

⑪ 墨钉。墨钉指正文中表示阙文的墨色方块，如"■"。

⑫ 墨围。墨围主要指为了强调"注""疏"等有关字眼，在其四周围上墨线。

⑬ 阴文。为笔画凹下的字。

⑭ 白文。白文为只有正文、不含注疏的本子。

⑮ 行款。行款指书叶版面的行数和字数。

⑯ 藏章。藏章也称藏书印，是古籍在辗转流传中被后人钤的印。

二、古籍的装帧方式

书籍的装帧形式与书籍的制作材料和方法有密切关系。我国古代把若干写字的龟甲穿孔订册（即"龟册"），或把一片片竹、木简用丝草编成册（即"简策"），这些都是古代书籍初期的形式。后来，从春秋战国到明清，随着生产的发展和书籍材料与制作方法的变迁，先后出现了卷轴装、旋风装、龙鳞装、经折装、梵夹装、蝴蝶装、包背装和线装等各种形式的古书。本章主要介绍古籍修复中常见的线装、蝴蝶装、包背装等装帧形式。

（一）线装书籍的装帧

线装是中国古代书籍装帧形态的最后一种形式。在它之前的包背装虽然比起更早的各种装订都有所进步，但是，由于包背装是用糨糊和纸捻粘接书叶（古籍专业用语，一张书叶相当于今天的两页），时间长或翻阅次数多了，书叶还是会脱落、破散。为了解决这个问题，从明代中叶起，出版者开始用线装代替包背装。

线装是我国古籍最常见的装帧形式。实际在装订时，书叶折好后除了用纸捻以外，还要在靠近书背处按书本的大小宽窄，用锥子打几个洞眼，然后穿上棉线或丝线。一般打四个孔，称为"四眼订线法"。较大的书还有"六眼订线法"等。这里主要针对常用的"四眼订线法"进行介绍，内容从制作纸捻开始到订线完成。

1. 纸捻制作

使用长 8 厘米、宽 4 ～ 5 厘米的皮纸，用剪刀将两端剪成三角形。

将剪好的纸对折或三折，折至 1 厘米宽左右。

一只手的拇指和食指捏住纸捻底边，另一只手的拇指和食指捏住纸捻尖端向一个方向揉搓。

自尖端向中间用力，将纸捻搓紧。注意纸捻粗细要参考订书的锥子直径来确定，一般以搓好的纸捻直径比锥子的直径略粗 1 毫米左右为宜。

2. 装纸捻

将集齐的书叶放在锥板上，确定纸捻的位置。

用敲槌击打锥子顶端，使锥子穿透所有书叶。注意每个纸捻打两个孔眼，两个孔眼的距离根据书品规格确定，一般为 1 ～ 3 厘米。

拉动书叶与锥板之间的厚纸，将书叶孔眼位置转动到操作者胸前，将穿透孔眼的书叶部分露出锥板外沿。

将纸捻两头分别穿进孔眼中，翻转书叶，将纸捻的两端拉紧。注意牵拉纸捻不可过分用力，力量过大不仅会损伤书叶，还会破坏书叶表面的平整。

将书叶反置另一面，两手各执纸捻的两边。将书叶外多余纸捻相交穿扣拴系牢固。

将纸捻两头拉住并在一起，用剪刀贴紧书芯剪断。

在剪短的纸捻上涂上糨糊，用敲槌将纸捻砸倒、砸平。

一册书一般用两个纸捻，书长超过 35 厘米的可适当增加纸捻的数量。

3. 包书皮

备好书皮纸，书皮四边比书叶大 1 厘米，放压铁石固定。

四周用指腹沿着书叶边缘按压，并抠出一条实线。

沿着实线向里折叠，并轻轻按压，注意不要露出书叶。

用剪刀以 45° 斜角剪去折叠后重叠的部分。

用指腹蘸取少许的厚糨，轻点书叶边缘。注意长边点四点，短边点三点，点糨以量少为佳。

左手握住锥子，使小拇指贴合书面，锥子对准针眼，右手用敲槌敲打锥子，直至锥子穿透书叶。

4. 订线方法

两手各执线一头，右手线搭在左手线上将其按压。

将右手线绕拇指一圈，左手线头从圈内穿过拉紧。

将多余的线头剪去，注意不可剪去太多，以免线结松开。

书籍正面朝上，天头向右，书背朝操作者。从右向左，依次为 1～4 眼。针尖从第二孔眼穿入。

用针插进书背，将书背从中间分为两等份，挑出丝线，使书面上的线头从书背中穿出。线头打结。

将线绕过书背向前拉紧，用左手按压，右手执针穿入左手线下的孔眼处。注意线不可太紧或太松，以适度为宜。最好将针穿入两线之间的空隙处，可使线平整、不歪斜。

将书往左翻面，左手不要放松，一直保持拉紧线的状态。线拉至第一孔眼穿入。

右手将丝线绕过书背，左手按压使其不松垮。右手执针穿回第一孔眼。

将丝线拉紧绕过天头，针穿入第一孔眼拉紧。

将书翻转，将丝线向左拉至第二孔眼穿入拉紧。

向左翻面，将丝线拉至第三孔眼穿入。

将丝线绕过书背向前拉紧穿回第三孔眼。

向左翻面，将丝线拉至第四孔眼穿入。

将丝线绕过书背穿回第四孔眼。

将书翻面，丝线向右拉紧，绕过地脚穿回第四孔眼。

将丝线拉至第三孔眼穿入。

将针从眼位两边的线下绕一下，形成一个线圈。

将线从线圈中穿出拉紧。

针线再次从第二孔眼穿过，将线结拉紧，藏于书中。

将书翻面，正面朝上与书面平行并剪断丝线。

（二）蝴蝶装与包背装书籍的装帧

1. 蝴蝶装

宋代流行的书籍主要是雕版印本。印本书与写本书不同，它有版本要求，不能像写本书那样随意连续书写。为适应雕版印刷的技术要求，并克服以往装订的缺点，于是出现了一种新的装订形式，这就是"蝴蝶装"。

蝴蝶装是将印有文字的纸面朝里对折，再以中缝为准，把所有页码对齐，用糨糊粘贴在另一包背纸上，然后裁齐成书。蝴蝶装的书籍翻阅起来像蝴蝶飞舞的翅膀，故称"蝴蝶装"。

蝴蝶装的书叶是反折的，两个半叶的文字均相向朝里，这对保护框内文字无疑是有好处的。但是，这种装帧造成所有的书叶都是单叶，不但每看一版使人首先看到的都是无字的反面，而且很容易造成两个半叶有文字的正面彼此相吸连，翻阅极为不便。并且，蝴蝶装书脊用糨糊粘连，作为藏书可用，若是经常翻阅，容易脱落和散乱。针对蝴蝶装的这些弱点，又出现了一种既便于翻阅又更加牢固的新的装帧形式，这就是包背装。

2. 包背装

包背装源于南宋后期，它的特点是一反蝴蝶装倒折书叶的方法，将书叶背对背地正折起来，使有文字的一面向外，版口作为书口，然后将书叶的两边粘在书脊上，再用纸捻穿订，最后用整张的书衣绕背包裹。由于这种装帧主要是包裹书背，所以被称为包背装。其装帧方式如下。

在修复好的书叶上压上压铁。

糊书背，以指腹蘸取少许糨糊，均匀涂抹于书背。注意糨糊不可过多。

在书背上用手指均匀平整地按上一张皮纸。

确定皮纸平整后，再以指腹涂上一层厚糨。

第一层皮纸上完厚糨之后，再补上一张皮纸。

上完两张皮纸后，将书叶放在书皮中间，上下左右对齐，各留1厘米。

确认对齐后，把书皮用手指压出所需要的长度与大小。

书皮的长度和大小确定之后，再用裁刀裁出书皮所需的大小。

将书皮的四边裁整齐，注意不要损坏书皮。

用手指把书背压出需要折的形状，不可太用力，以免破坏书皮的平整。

用手指抠出折边的形状，要平整美观。

将抠出来的边折进去，埋平，与书叶的边齐平。

把压铁压在书上，用手指抠齐书边，注意在抠齐书边时，要抠齐的边必须平行。

将抠出折痕的书皮折进去，然后将书叶翻转继续以上步骤。

蝴蝶装和包背装的封面效果完全一致，但书叶不相同。蝴蝶装糨书口，书叶为单层；包背装糊书背，书叶为双层。

（三）毛装书籍的装帧

在流通的古籍中，毛装不能算是一种独立的装帧形式。既考不清其出现的具体年代，也说不清其消失的时间，但在实际中又确实存在毛装这种形式。毛装就是把印好的书叶折叠集齐，加上封面，打眼后用长的纸捻穿订，书叶不加裁切，这种毛茬参差，甚至有的不上书皮的装帧形式称为"毛装"。另外，毛装的书可以随时增加内容，拆装方便。若要进行正规装订，只要三面裁齐，再订上丝线即成为一本新书。

现知毛装书通常在两种情况下出现：一种是官刻书，因不知怎么装帧，配什么质地的封面，所以以毛装形式发送；另一种就是手稿，特别是草稿，作者写完一章一节，为不使其页码章节错乱，便常常自己把它装订起来。

毛装的具体操作方法如下。

将封面纸光滑面朝上，书口处往里折1厘米。将封面与书叶对齐放置，注意在盖上封面前须在书籍边口点上四点糨糊。

将另一面的封面纸重复上一步骤，然后集齐书背至完全平整。注意用力不可太大，如不平整可逐叶调试。

将纸捻两头分别穿进锥眼中，翻转书叶，将纸捻的两端拉紧。注意牵拉纸捻不可过分用力，力量过大不仅会损伤书叶，还会破坏书叶表面的平整。

将两边纸捻的两头交叉打结。

用敲槌敲打打结的纸捻，待其结实平整后，将多出的纸捻两头剪掉。

第三节　古籍分类与古籍资源库

一、古籍分类

（一）中国现存最古老的书籍——龟册

目前甲骨文被认为是发掘出的中国最古老的文字。出土于河南的甲骨文龟册便是以实物形式供人们考究的最关键证据。考古发现，甲骨文龟册形成于三千多年前的中国，也就是殷商时期。尽管文字被记录在龟壳上和传统的书籍有所不同，但人们仍将其看作中国现存最古老的书。甲骨文龟册是一种在龟甲上通过篆刻文字得以保存的书籍，最早出现在殷商时期，因此甲骨文上的文字也被称为"殷墟书契""卜辞"。甲骨文形成初期并不是用来记录历史、篆刻文字的，而是用于给皇室贵族占卜凶吉的。随着社会的发展，文字才慢慢地流传到了平民百姓的生活中，甲骨文龟册一直到清朝才被当时的人们发现。

随着历史的发展，殷商时代结束后，武王建立了周朝，因此甲骨文在周朝广为流传。在陕西一带曾经出土过西周时期的甲骨文文物，数量庞大，有一万五千多件。其中有很多依稀可见被凿的小洞，并有"典册"字样。可以推测，这正是当时用甲骨装订成册的书籍。

（二）金文和石刻

殷商、西周时代，除了甲骨文龟册，还有金文和石刻。

金文又称"钟鼎文"，就是铸刻在青铜器上的铭文。在殷商时期，金文的字体其实和甲骨文并没有太大的差异，从这一点也可以看出甲骨文确实形成于殷商早期。西周时期的金文字体变得弯弯曲曲，在文字学上称为"籀文"或"大篆"。现在发现的铸有金文的青铜器已有一万多件，多属有关祀典、锡命、征伐、盟契的记事，是研究古代历史的重要文献。

石刻就是雕刻在石头上的文字。史书记载，从夏朝开始就已经有比较正统的利用石刻来记录帝王功绩等的方式。春秋时期的管仲曾经在五岳之首的泰山看到过七十二种石刻。由于泰山是古代君王祭祀的地方，所以这一记载的可信度非常高。可惜的是，尽管有文字记载，但是这些石刻现在已经无处寻觅了。

西周以后，铸刻金文和镂石铭功的风气依然盛行。青铜铭文一直延续到西汉，同时在西汉还出现了更多元化的发展。石刻则延续到近代未衰。

初期的金文和石刻字数很少，而且多系单件，不能看作古籍。后来金文、石刻的字数渐多，西周晚期出现了篇幅很长的记事金文，著名的如毛公鼎，字数多达 497 个。春秋晚期，郑国和晋国都铸过"刑鼎"，上面刻有系统的法律条文。又如著名的石鼓文，是由十块石鼓刻成的，内容为记述秦国国君的游猎活动，文字前后连续。这些金文、石刻实质上是一种没有装订的古籍。至于汉代的"熹平石经"共有石碑 46 块，上面刻有《诗经》《尚书》《周易》《春秋》《仪礼》《论语》等儒家经典，这简直是一部规模宏大的石头丛书。

（三）用玉片、石片做的古籍——侯马盟书

根据历史记载，金文、石刻从春秋时期开始盛行。这一时期同样盛行的还有一种古籍，是用玉石制作而成的。目前能够用以考究的最早的实物，就是 1965 年在山西出土的玉片文物。这些玉片、石头所记载的是春秋战国时期各诸侯国或卿大夫之间订盟誓约的言辞，因此，在历史上被称为"侯马盟书"。

侯马盟书的数量很多，包括碎片、断片共五千多件，其中三分之二为玉片，三分之一为石片。玉片、石片绝大多数呈圭形，大小不一。大者约为 32 厘米 ×4 厘米，小者约为 18 厘米 ×2 厘米。厚薄不到 1 厘米，最精巧的薄如纸片。这些玉片、石片上多写有朱红色的文字，也有少量黑色的字迹，现在可以辨认的有六百多件。从这批可以辨识的玉片、石片所记载的文字来看，侯马盟书的主持人是晋国的大臣赵鞅，他是晋国统治阶级中的改革派，为了同旧贵族的联合势力进行斗争，他同赵氏家族共同对天立下盟誓，要求赵氏家族加强团结、共同对敌。盟誓中还规定，奴隶在对敌战争中创立军功的，可以获得解放。这部用玉片、石片做成的古籍，不仅对古代历史的研究具有非常重要的价值，同时，它也是我国古代图书发展史上的珍贵文物。

（四）用竹简、木简做的古籍——简策

无论甲骨文还是金文、石刻，制作都很困难，阅读也不方便。于是人们就把竹子和木头削制成一小片一小片的长条，用它来写字记事，这种新的书写材料叫作"竹简""木简"，写好字的竹简、木简可以用皮索或麻绳、青丝编结起来，这就叫"简策"或"简册"，也就是竹、木做的书籍。简策的历史久远，《礼记·王制》有"大史典礼，执简记"的记载；《诗经·小雅·出车》有"岂不怀归，畏此简书"的记载。这都表明至少在西周，简策已经相当流行。

（五）用丝织品做的古籍——帛书

在简策流行的同时，还有其他形式的古籍，即用丝织品作为写作材料的古籍，这就是帛书。丝织品凭借其轻薄、容易保存的特点，取代了竹简、木简，成为风靡一时的书写材料。帛书究竟起源于什么时候，从现有的史书中没有找到答案。通过古代文人墨客笔下的记录，大概可以推断最晚在春秋时期，帛书已经初具规模。

（六）纸张的发明和写本书

我国是世界上最早通过植物纤维造纸的国家。造纸术和指南针、火药、印刷术同为我国古代四大发明。

造纸术的出现改变了中国历史的发展进程，是中国乃至世界文化发展中极为重要的里程碑式的存在。它从本质上改变了人们的书写习惯，纸张成为当时最适宜的书写原料。无论是竹简还是木料，抑或是后来风靡一时的丝织品，归根结底都不能作为一种平民的书写工具。纸张打破了这一限制，重塑了书写的新材料，为我国文化的发展做出了巨大的贡献。

关于造纸术的发明者，至今都没有一个准确的定论。比较受人认可的是，造纸术是由东汉的一名宦官蔡伦发明的。《后汉书·蔡伦传》中提到："自古书契多编以竹简，其用缣帛者谓之为纸。缣贵而简重，并不便于人，伦乃造意，用树肤、麻头及敝布、渔网以为纸。元兴元年（105年）奏上之，帝善其能，自是莫不从用焉。故天下咸称'蔡侯纸'。"尽管正史这样记载，但从一些出土文物中可以看出，在蔡伦之前我国已经有人用植物纤维造纸了。

《汉书·外戚传》有用以包裹药丸的"赫蹏"的记载，应劭在注中说"赫蹏"就是薄纸。但那时的造纸技术还制作不出这样的薄纸。所谓"赫蹏"实际是一种丝棉纸，它是制作丝棉时留在竹席上的一层形如纸张的薄纤维，这种丝棉纸的制作方法与植物纤维纸相似，但它本身不能算是纸张。

1933年，考古学家在新疆发现汉宣帝时的麻制纸张，可惜实物毁于抗日战火，无法做进一步的考证。1957年，西安灞桥出土了汉武帝时的麻纸。经化验，认定是用麻类纤维制造的纸张，近年来也有人认为这是麻类织物压成的薄片。但1978年又在陕西扶风发现汉宣帝时用麻类纤维制造的麻纸，这种纸质地粗糙，与麻类织物全然不同。与此同时，考古学家还发现蔡伦生活年代以前的东汉麻纸，上面写有隶体字，纸的质地比西汉时代的古纸精细。这些实物的发现，证明早在蔡伦以前，我国劳动人民就已拥有用植物纤维造纸的技术。

（七）印刷术的发明和印本书

人类文明发展初期对于文字的需求并不是很大，所以人类早期对于纸张的需求也比较小。随着社会不断进步，越来越多的人对书籍产生了无限向往。对书籍纸张的需求很大程度上促进了纸张的发展。随着这一需求不断扩大，单凭人手写已经无法满足当时的社会发展需要，但在这个过程中耗费的各项成本，普通人无法承担。于是聪明勤劳的劳动人民又凭借机敏的大脑发明了中国历史上的又一项新技术——印刷术。

早期的印刷术原理十分简单，就是将文字、图画雕制成印版，然后用水墨刷印到纸上。看似简单的举动，却推动了整个造纸行业的发展，促使人们对于文化的追求达到了空前繁荣的局面。

当然，这种印刷术借鉴了先人的一些技术，在制作时就用到了先秦时期的印章等技术。这些方法直到今天，在生活中依然随处可见。

二、古籍资源库

（一）中国基本古籍库

中国基本古籍库是综合性大型古籍资源库，先后被列为北京大学重点项目、全国高等院校古籍整理研究工作委员会重点项目和国家重点电子出版物"十五"规划项目。

该库收录范围涵盖全部中国历史与文化，其内容总量相当于三部《四库全书》，不但是目前世界上最大的中文数字出版物，而且是中国有史以来最大的历代典籍总汇。此外，此库根据中国古籍多版本、多样式、多字体的复杂情况，独创一种完全支持 Unicode 国际编码的 ABT 数据格式，对一万种历代典籍的全文进行标准化处理，使尺寸、版式、字体统一，突出中国古籍固有的层次和韵味。其选书标准如下：千古流传、脍炙人口的名著；各学科最基本的文献；拾遗补阙考证著作。其选本标准如下：完本、母本、现存最早的版本、晚出的精校本。

（二）中华经典古籍库

中华经典古籍库是中华书局首次推出的大型古籍数据库产品，收录了中华书局出版的整理本古籍图书，涵盖经、史、子、集各部，包含《二十四史》《资治通鉴》《新编诸子集成》《十三经清人注疏》《历代史料笔记丛刊》《中国古典文学基本丛书》《中国佛教典籍选刊》等经典系列，保留专名、校注等整理成果。所收书目全部为经过整理的点校本，每本书都汇集了民国以来无数专家的研究成果。目前该产品已经推出镜像版、网络版、微信版三个版本。

除中华书局出版的古籍外，中华经典古籍库从第四期开始与天津古籍出版社、凤凰出版社、齐鲁书社、巴蜀书社、辽海出版社、华东师范大学出版社六家专业古籍出版社进行了版权合作，引入多个出版社的优秀整理本古籍。其中包括凤凰出版社的《册府元龟》《全元文》，巴蜀书社的《郭店楚简老子集释》《苏轼文集编年笺注》，华东师范大学出版社的《中州集》《竹窗随笔》，天津古籍出版社的《辑校万历起居注》《三十国春秋辑本》，齐鲁书社的《宋代序跋全编》《诗经异文汇考辨证》，辽海出版社的《唐翰林学士传论》和辽沈书社的《八旗文经》等。

（三）中华再造善本数据库

"中华再造善本工程"是 2002 年正式立项建设的国家重点文化工程，由财政部、文化部（现文化和旅游部）共同主持，国家图书馆具体承办。数据库囊括了国内公共图书馆和高校图书馆所藏典籍中版本最精、品相最佳的稀见孤本和善本，利用现代出版技术印刷，把我国珍贵的古籍善本有计划地复制结集出版，同时更好地保护纸质版。"中华再造善本工程"分五篇，为《唐宋编》《金元编》《明代编》《清代编》《少数民族文字文献编》。

第二章　古籍保护人员的素质与培养

传统的古籍修复技术，可以让历代文献珍品保存旧气，重现历史原貌，对延长纸制文物的寿命，保护文化遗产起到重要作用，是行之有效的保护方法。古籍修复是一项综合性技能，古籍保护人员需要具有综合的素质与能力。本章针对古籍保护人员的素质与培养展开分析。

第一节　古籍编撰者与理论专家

一、古籍编撰者

（一）第一个古籍图书编撰者

孔子，名丘，字仲尼，东周时鲁国陬邑（今山东省曲阜市）人。孔子的先祖本是宋国的贵族，曾祖父因避难，由宋国逃到鲁国定居，到了孔子时已沦为平民。孔子生活的时代是春秋后期。他一生中花费了很长的时间和极大的精力对古代文化遗产进行搜集整理，在中华民族的思想史上树立了一座继往开来的里程碑。孔子搜集、整理古代文化典籍时，依循他自己的政治观和社会观，主要体现在"删诗书、定礼乐、修春秋、序易传"上。所谓"删""定""修""序"，实际上是按照既定的标准来选择和取舍的。

《诗经》，原来是人们口头传唱的歌，后来用文字把它记录下来。孔子把诗教当成修养道德、陶冶性情、齐家治国的重要手段。他在前人的基础上，对《诗经》

的乐章进行整理。经孔子整理的《诗经》分为《风》《雅》《颂》三个部分。作为我国第一部诗歌总集，《诗经》得以保存下来，与孔子的整理及提倡诗学有关。

《礼》本源于原始社会人们在日常生活中的一些风俗习惯，至殷商时代，才逐步被强调完善，成为祭祀仪式的规矩。孔子对《礼》下过很大工夫，首先是进行搜访。其次，孔子对夏、殷、周三代的礼做过一番比较研究。《礼》是经孔子整理才著录的。现在人们能看到三部礼书，即《周礼》《仪礼》和《礼记》。《周礼》介绍了周朝的官制，分为天官、地官、春官、夏官、秋官、冬官六大部分，设大小官 377 人，并详列其职掌细目。《仪礼》介绍了各种典礼节仪，如冠、婚、相见、丧、祭等具体仪式。《礼记》是孔子学生以及后人传习《礼经》的记录，内容有关礼的性质、意义和作用。

《易》是论述事物变化道理的书。"三易"即关于卜筮的书，有《连山》《归藏》和《周易》三种。到孔子时，夏朝的《连山》和商朝的《归藏》均已亡佚，只剩下周朝的卜筮书《周易》。孔子非常重视《周易》，对其进行了深入的研究，重新编订。后世所称《易》包括《易经》和《易传》两部分。《易传》的传文是对卦辞和爻辞进行说明、解释和发挥。相传，《易传》由孔子所作。孔子赞《易》所作的《十翼》为《上彖》《下彖》《上象》《下象》《系辞上》《系辞下》《文言》《说卦》《序卦》《杂卦》。《易传》的《系辞》认为天地间一切事物都是变化的，含有朴素的辩证法思想。在《易传》中，孔子尽力强调了人事的客观规律性。

《春秋》以编年体的形式记载了自鲁隐公元年（前 722 年）到鲁哀公十四年（前 481 年），共 242 年的历史。《春秋》是孔子的最后一部著作。在《春秋》中，孔子对原来《鲁春秋》的文字内容进行加工编辑，因此该书不仅是鲁国国内及与他国的大事记、君臣言行的记载，还贯穿着孔子的政治观、社会观。《春秋》中还记载了不少有关天文方面的重要资料，包括日食星陨、地震山崩、水旱灾害、蝗害螟患等。

（二）汉唐著名古籍编撰者

司马迁，字子长，西汉左冯翊夏阳（今陕西省韩城市）人。司马迁从小就受到家庭熏陶和严格的教育，10 岁就能诵古文。后因得罪汉武帝受宫刑，下蚕室，遭受人生中的奇耻大辱，在肉体和精神上受到极大的摧残，但他仍坚定写完《史记》的决心。

《史记》130 篇是司马迁毕生搜集、整理古代文化典籍的宝贵结晶。记事上起黄帝，下至汉武帝。《史记》是一部纪传体史书，分为以人物为中心的十二本纪、三十世家、七十列传，以年月为中心的十表，以事物为中心的八书。其中"本纪"是以年月为序编写的帝王简史，记载帝王言行、政治活动，兼记当代的政治、经济、军事、外交等重大事件。"世家"记载世袭的王侯封国历史，有的相当于诸侯的"本纪"。"列传"是将相大臣、王公贵族等人物的传记，包括统治阶级的中下层和各类代表人物，同时"列传"兼记国内少数民族以及其他有关国家和地区的历史情况。按照列传的内容，可分为四个类型：专传，即一人一传；合传，即一篇传记兼载数人事迹；类传，即把同类人物兼载一传之中；少数民族和有关国家之传。"书"相当于后来的"志"，是记载各种典章制度的专篇，包括政治、经济、军事、文化等。"表"以表格的形式把人物、事件按照一定的顺序加以记录。它不仅是"本纪""列传"的简化，而且在史料方面间有补充。按照"表"的内容，可把它分为两类：一类以人物为主，记其世系；另一类以国家、地域、部族为主，以时代为序记载重要事件。除了本纪、世家、列传、书、表之外，《史记》每篇之末（或前，或中间）都有"太史公曰"，这是司马迁对史实的评论，而且往往征引旧闻，列举轶事，对正文有所补充，有时还说明编例。

刘向，原名更生，字子政，江苏省沛县人，汉皇族楚元王刘交四世孙，西汉经学家、目录学家和文学家。著有《洪范五行传》《列女传》《列仙传》《新序》《说苑》《别录》。

刘歆，字子骏，后改名秀，字颖叔，刘向之子。汉成帝时为黄门郎，汉哀帝即位，被大司马王莽举为侍中太中大夫，迁都骑尉、奉车光禄大夫。刘歆不仅继续校订刘向未能校完的群书，而且在《别录》的基础上，删繁就简，加工创造，完成了两汉之前，国家藏书分类目录提要的编订工作，并写成《七略》一书。《七略》包括《辑略》《六艺略》《诸子略》《诗赋略》《兵书略》《数术略》《方技略》七个大类。《七略》问世后，我国有了系统的图书分类法，它是根据学术源流、书籍的性质分别归类的。

刘知几，字子玄，彭城（今江苏省徐州市）人，唐代著名史学家。刘知几自幼酷爱史籍，42岁后先后预修国史20余年，与著名学者徐坚、元行冲、吴兢等结为知交。私撰《史通》，还著有《刘氏家乘》《刘氏谱考》等，预修《三教珠英》《文馆词林》《族姓系录》等。所著《史通》是一部史学名著，也是中国图书编撰史上的一部重要著作。《史通》分内外两篇，内篇皆论史家体例，辨别是非；外篇则述史籍源流及杂评古人得失。全书共52篇，现存49篇。关于史书体例，《史通》一开始就提出"六家""二体"之说。六种史书体例是尚书家、春秋家、左传家、国语家、史记家和汉书家。"二体"即指断代编年体和断代纪传体。

（三）宋元明著名古籍编撰者

司马光，字君实，陕州夏县（今山西省夏县）人，著名政治家、史学家。司马光在政治上以保守著称于世，笃守儒道，不喜释老，居处有法，动作有礼。历仕仁宗、英宗、神宗、哲宗四朝，先后担任开封府推官、天宝阁待制、侍讲、翰林学士、御史中丞等职。主要著作有《资治通鉴》《稽古录》《集注太玄经》《法言集注》《温公易说》等。其中，《资治通鉴》是一部享誉古今的史学名著，全书 294 卷，300 多万字，是一部编年体史学名著。

解缙，字大绅，江西吉水人。永乐元年（1403 年），明成祖朱棣旨命翰林学士解缙纂修一部类书。太子少师姚广孝等为监修，儒臣文士共计 3000 人参加编校、录写、圈点工作。先后历时六年，于永乐六年（1408 年）冬，全书告成，定名为《永乐大典》。全书辑入先秦至明代各类古书 8000 种，共 22877 卷，外加凡例和目录 60 卷，共计 3.7 亿字，装成 11095 册。全书编制体例，以洪武正韵为纲，以韵统字，以字系事。内容涵盖天文、地理、文学、艺术、经书、史籍、工技、农艺、医学、宗教等。《永乐大典》是我国古代最大的一部百科全书式的类书，是我国文化遗产中的一部大类书。

（四）清代著名古籍编撰者

顾炎武，原名绛，字忠清，南直隶昆山人，人称"亭林先生"，明末清初著名学者、思想家。顾炎武著作等身，主要作品有《日知录》《天下郡国利病书》《肇域志》《音学五书》《韵补正》《古音表》等。

黄宗羲，字太冲，号南雷先生，人称"梨洲老人"，浙江余姚人，明清之际著名的思想家、史学家、藏书家。注重实学，认为治经必须学史，才能达到实用的目的。当时顾炎武创浙西学派，着重于经学，黄宗羲则创浙东学派，着重于史学。著有《明儒学案》《宋元学案》等。

纪昀，字晓岚（或春帆），晚号石云，谥号文达，直隶河间献县人。清代著名学者、目录学家、图书编撰家。纪昀学识渊博，才思敏捷，曾多次主持官书的编撰工作，其中，《四库全书总目》水平最高，影响最大。《四库全书总目》亦名《四库全书总目提要》《四库总目》等，其成书过程与《四库全书》相始终。戴震、邵晋涵、周永年等纂修官在辑佚、校阅图书的同时，为每种图书各写一篇提要，最后交总纂官纪昀增删厘定，总其大成。除了《四库全书总目》之外，纪昀还著有《阅微草堂笔记》等。

章学诚，字实斋，号少岩，浙江会稽（今浙江省绍兴市）人，清代著名史学家、目录学家、图书编撰家。从事《史籍考》《湖北通志》《常德府志》《荆州府志》等的编撰工作。嘉庆五年（1800年），章学诚贫病交加，眼睛失明，仍然坚持写出了《浙东学术》等重要著作。章学诚一生著作丰富，《文史通义》《校雠通义》《史籍考》等是其代表作。《文史通义》兼论文史，有很高的学术价值。《校雠通义》是校雠学理论的集大成性著作，《史籍考》是一部史部目录学巨著。

黄丕烈，字绍武，一字承之，号荛圃、荛夫、荛翁、荛老，晚年又号复翁，江苏苏州人。清代乾嘉时期第一流的藏书家、校勘家和版本学家。一生喜欢收藏图书和读书、校书。藏书甚富，仅宋版书就达百余种，建专室以储之，顾广圻题曰"百宋一廛"。

鲍廷博，字以文，号渌饮，祖居安徽歙县，世称"长塘鲍氏"。实际他生活和藏书、刻书事业的主要活动地是杭州。与黄丕烈同被称作"鉴赏家"，博览群书，家藏万卷。除注重收藏图书外，还注重校刻及史料的传播，他曾主持刊刻《知不足斋丛书》30集，选刊家藏经史考订、金石、地理、书画、诗文集、书目等方面的珍籍207种，皆亲手校对，刊行于世，极具参考价值。

周永年，字书昌，号林汲山人，山东历城人，清代著名汉学家，对校勘学十分精通。他将1800卷的《永乐大典》残本翻检一遍，从中辑录出宋刘敞、刘敏兄弟的《公是集》和《公非集》等十多种早已不传的罕见古书，为校勘《永乐大典》、编纂《四库全书》做出了突出贡献。

（五）近代著名古籍编撰者

梁启超，字卓如，号任公，又号饮冰室主人，广东新会人。近代资产阶级改良主义思想家，学者。他青年时参加戊戌变法，晚年在清华大学研究院任教授，平生勤于著述，编有《饮冰室合集》（分"文集""专集"两部分）。《中国近三百年学术史》即收入"专集"部，该书第十三章至第十六章在"清代学者整理旧学之总成绩"的总标题下，分别对经学、小学、音韵学、校注古籍、辨伪书、辑佚书、史学、方志学、地理学、传记、谱牒学、历算学等学科的发展进行了介绍；第十四章"校注先秦子书及其他古籍"列举了五种校勘方法，除第五种"分类簿录法"可归纳为目录学科外，其他四种均是校勘法。

王国维，字静安，又字伯隅，号观堂，浙江海宁人。他早年考中秀才，受近代德国唯心主义哲学和文艺思想的影响，专注于哲学与文学的研究，一度到通州、苏州等地师范学堂讲授哲学、逻辑学和心理学。从 1907 年任学部图书馆编辑时起，他又从事中国戏曲史及词学研究。著有《曲录》《宋元戏曲史》《人间词话》等。辛亥革命推翻清朝统治以后，他以清遗民自居，从 1913 年起研究史料学、古文字学、音韵学等。1925 年到清华大学研究院任教授，除研究古史外，兼作西北历史地理和蒙古史料的考订。王国维平生著作 62 种，有 42 种收入《海宁王静安先生遗书》，部分考证文章汇编为《观堂集林》。据统计，他校勘整理过 190 余种古籍，包括《录鬼簿》《水经注》等。王国维是中国近现代之交屈指可数的学术大师之一，中西学兼容并蓄，在所从事的每一个学术领域中都做了突出贡献。

鲁迅，本名周树人，字豫才，浙江绍兴人。鲁迅对中国小说古籍做了大量整理与研究，编著了《古小说钩沉》《小说旧闻钞》和《唐宋传奇集》三部著作。在对大量小说古籍整理的基础上，鲁迅写出了《中国小说史略》这部中国文化史上的石破天惊之作。它与王国维的《宋元戏曲史》比肩而立，成为中国俗文学研究的两尊柱石和里程碑。

（六）现代著名古籍编撰者

陈垣，字援庵，广东新会人。早年学医，后转而从事历史研究。他既承继清代顾炎武、钱大昕等人朴学的治学方法，又受到近代科学的洗礼，在漫长的学术生涯中，形成了详尽的资料、严谨细密考证、论述言简切要的学风。陈垣治史方法较多规于传统史学，撰《四库书名录》《四库撰人录》二书及《文津阁四库全书册数页数表》。陈垣精于宗教史和元史，创建和发展了历史文献学，撰写了《元典章校补释例》《史讳举例》。

孙楷第，字子书，河北沧县人。古典文学研究专家、敦煌学专家、戏曲理论家。早年就读于北京高等师范学校（今北京师范大学），师事杨树达、陈垣等著名学者。著有《中国通俗小说书目》十卷、《日本东京所见小说书目提要》六卷、《大连图书馆所见中国小说书目提要》一卷。

王重民，字有三，河北高阳人。古文献学家、目录学家、版本学家、图书馆学教育家、敦煌学家。1924～1928 年就读于北京高等师范学校（今北京师范大学），师事高步瀛、杨树达、陈垣等著名学者。中华人民共和国成立初期，王重民担任北京图书馆代理馆长，1952 年，调北京大学主持筹建图书馆学系，其后，终身在此任教授。在敦煌学研究方面，著有《敦煌古籍叙录》《敦煌遗书论文集》等，编有《敦煌曲子词集》《敦煌变文集》等。

二、古籍理论专家

（一）古籍研究专家

张元济，字筱斋，号菊生，浙江海盐人。1902 年，张元济进入商务印书馆历任编译所所长、经理、监理、董事长等。中华人民共和国成立后，担任上海文史馆馆长，继任商务印书馆董事长。他是中国近代杰出的出版家、教育家与爱国实业家，一生为中国文化出版事业的发展、优秀民族文化遗产的整理、出版做出了卓越的贡献。在他主持商务印书馆时期，商务印书馆从一个印书作坊发展为中国近代史上最具影响力的出版企业。他组织编写的新式教科书风行全国，在中国近现代教育史上具有开创性的意义。他推出严复翻译的《天演论》、林纾翻译的《茶花女》等大批外国学术、文学名著，产生了广泛、深远的影响。主持影印《四部丛刊》、校印《百衲本二十四史》以及创建东方图书馆，对保存民族文化做出了很大的贡献。他精于版本目录学，又善于检录，所著《涵芬楼烬余书录》《宝礼堂宋本书录》《涉园序跋集录》集近代目录体例之长，又检录甚详，已成为现古籍鉴定援引例证之一。此外，他还著有《校史随笔》《中华民族的人格》《张元济日记》《张元济书札》《张元济傅增湘论书尺牍》等。

余嘉锡，字季豫，号狷庵。祖籍湖南常德，出生于河南商丘。语言学家、目录学家、古文献学家。先后在北京大学、北京女子师范大学（今北京师范大学）任教，主治目录学。1949 年 10 月，任中国科学院语言研究所委员。著作有《四库提要辨证》《目录学发微》《古书通例》《世说新语笺疏》《余嘉锡论学杂著》等。

顾诵坤，字铭坚，号颉刚，江苏苏州人。中国现代著名历史学家、民俗学家，古史辨学派创始人，现代历史地理学和民俗学的开拓者、奠基人。著有《古史辨》《汉代学术史略》《中国疆域沿革史》《古籍考辨丛刊》《史林杂识》《秦汉的方士与儒生》等。

程俊英，福建福州人。在古籍研究工作上成绩显著，编写、注释《论语》《诗经》等著作，著有《中国大教育家》《诗经漫话》《诗经译注》《诗经注析》《论语集释》以及单篇论文近百篇，与蒋丽萍合作《落英缤纷》上、下卷。

许维遹，号骏斋，山东威海荣成人，古籍研究专家。许维遹一生研究范围较广，在语言文字、训诂方面有颇多发明，著述有《韩诗外传集释》《登州方言考》《缞礼考》《古器铭对扬王休解》等。对《吕氏春秋》《管子》《尚书》也颇有研究，出版有《管子集校》。

姜亮夫，云南昭通人。国学大师，著名的楚辞学、敦煌学、语言音韵学、历史文献学家、教育家。其学术视野极为宏远，研究范围极为广阔，著有论文集《探戈集》，专著《初高中国文教本》《中国文学史论》《楚辞书目五种》《陆平原年谱》《张华年谱》《中国声韵学》《古文字学》《敦煌学概论》，编辑《中国历代小说选》《历代各文体文选若干种》等。

杨伯峻，原名杨德崇，湖南长沙人，著名语言学家。他在语言文字领域的贡献主要体现在古汉语语法和虚词的研究方面以及古籍整理和译注方面。著有《中国文法语文通解》《文言语法》《列子集释》《论语译注》《孟子译注》《古汉语虚词》等。其中以《论语译注》一书影响最大，曾被我国香港、台湾地区翻印，用作日本两所大学的教材。

钱锺书，出生于江苏无锡，原名仰先，字哲良，后改名锺书，字默存，号槐聚。中国现代作家、文学研究家。1958 年创作的《宋诗选注》，列入《中国古典文学读本丛书》。1972 年 3 月，62 岁的钱锺书开始撰写《管锥编》。1976 年，由钱锺书参与翻译的《毛泽东诗词》英译本出版。1982 年，其《管锥编增订》出版。

罗继祖，字奉高，后改字甘孺，晚年号鲠庵、鲠翁。自幼与祖父 —— 著名的金石学家、文献学家罗振玉一起生活，接受严格的庭训，从塾师读古书、习书画。在历史、考古、文博、图书、书法等领域皆有建树，尤其在文献学和东北史研究方面有突出贡献。18 岁时即协助祖父罗振玉作《朱笥河年谱》并刊行。26 岁时写成的《辽史校勘记》，以辽代墓志碑刻等核校辽史，奠定了学术地位，至今仍为研究辽史的重要参考书。1942 年赴日本任京都大学文学部讲师，写成《辽史表订补》等。其他著作主要有《永丰乡人行年录》《庭闻忆略》《鲁诗堂谈往录》《两启轩笔尘》等，主编《王国维之死》等。

马茂元，字懋园，安徽桐城人。我国著名的楚辞、唐诗研究专家，在海内外享有盛誉。1938 年毕业于无锡国学专修学校。曾任安徽省教育厅编审、秘书。中华人民共和国成立后，历任上海第一师范学院教师、上海师范大学教授。著有《古诗十九首初探》《晚照楼论文集》，编有《楚辞选》《唐诗选》。

吴孟复，原名常焘，字伯鲁，号希贤，笔名山萝，安徽庐江人。当代古籍学家、古典文学研究家。1937 年毕业于无锡国学专修学校。1937 年后，曾任上海政法学院、暨南大学副教授，上海古代文物管理委员会编纂。中华人民共和国成立后，历任安徽师范大学淮北分校（今淮北师范大学）中文系主任、教授、图书馆副馆长、古籍研究室主任，安徽教育学院（今合肥师范学院）教授。主要著作有《训诂通论》《古书读校法》《唐宋八大家概述》《宋词鉴赏词典》（合著）等。

侯忠义，辽宁大连人。现任北京大学图书馆古籍整理研究室主任，教授。主要著作有《汉魏六朝小说史》《中国文言小说书目》《中国文言小说参考资料》《中国文言小说史稿》《隋唐五代小说史》等。

张忱石，江苏宜兴人。曾任中华书局古代史编辑室副编审、主任。致力于古籍研究和整理。主要著作有《晋书人名索引》《二十四史纪传人名索引》《全唐诗作者索引》《北宋经抚年表 南宋制抚年表》《唐五代人物传记资料综合索引》等。

陈庆元，福建金门县人。曾任福建师范大学散文研究中心主任，享受国务院政府特殊津贴专家。主要著作有《中古文学论稿》《沈约集校笺》《诗词研究论集》《嵇康传》《三曹诗选评》《谢章铤集》等。

吴在庆，福建厦门人。出版了《杜牧论稿》《增补唐五代文史丛考》《唐五代文学编年史·晚唐卷》《唐代文士与唐诗考论》等著作十余种，以及《九国志》等古籍整理研究数种。发表学术论文 200 多篇。

（二）专业古籍研究专家

辛树帜，字先济，农业教育家、生物学家、农史学家，毕生致力于科学、教育事业，为中国西北的农林教育和科学事业奉献了大半生心血。晚年从事农业科学、古农学研究，撰有《中国果树历史的研究》等著作，为中国农史研究做出了重要贡献。在前后 20 年时间里，整理出版了 20 多种 500 多万字的著作，受到了国内外许多著名科学家的赞扬。

石声汉，农史学家、农业教育家、植物生理学专家。晚年致力于整理、研究中国古代农业科学遗产工作，先后完成《齐民要术今释》《四民月令校注》《农政全书校注》等 15 部巨著，是中国农史学科重要奠基人之一。

缪启愉，农史学家，农业古籍整理和研究专家。作为研究中国农业遗产的先驱者之一，以校释《齐民要术》蜚声海内外，《齐民要术校释》获得了国家多个奖项。先后出版《四时纂要校释》《四民月令辑释》《齐民要术校释》《元刻农桑辑要校释》。他还参加了中国农史研究里程碑式著作《中国农学史》和《中国农业科学技术史稿》的撰写和统稿工作。

余瀛鳌，江苏阜宁人。曾任中国中医研究院学术委员会委员、全国古籍领导小组成员、中华中医药学会医史文献分会主任委员等。主编《中医古籍珍本提要》《宋以前医方选》等。参与主编《中医大辞典》《中华大典·医药卫生典》《中医名词术语精华辞典》等。整理、审订数十种古医籍，有多种著作获得重要奖项。

（三）民族古籍研究专家

季羡林，山东聊城人，字希逋，又字齐奘。国际著名东方学大师、语言学家、文学家、国学家、佛学家、史学家、教育家和社会活动家。早年留学国外，通英文、德文、梵文、巴利文，能阅俄文、法文，尤精于吐火罗文（原始印欧语系中的一种独立语言），是世界上仅有的精于此语言的几位学者之一。季羡林可谓梵学、佛学、吐火罗文研究并举，中国文学、比较文学、文艺理论研究齐飞，其著作汇编成《季羡林文集》，共 24 卷。

饶宗颐，字固庵、伯濂、伯子，号选堂，广东潮州人。是享誉海内外的学界泰斗和书画大师。他在传统经史研究、考古、宗教、哲学、艺术、文献以及近东文科等多个学科领域均有重要贡献，在当代国际汉学界享有崇高的声望。中国学术界曾先后将其与钱锺书、季羡林并列称为"南饶北钱"和"南饶北季"。著作有《殷代贞卜人物通考》《选堂集林·史学卷》《甲骨文通检》《敦煌书法丛刊》。

吴雅芝，鄂伦春族，主要从事图书资料整理及民族传统文化研究。她多年潜心研究，先后撰写了多部民俗专著，发表了 20 多篇有价值的学术论文。1999 年，她应邀赴韩国参加第二届亚细亚国际民俗研讨会。在会上，她宣讲的论文《鄂伦春族熊图腾兼其他动物崇拜》引起了强烈反响。在从事民族文物及民族研究的同时，还相继出版或参与出版了《中国少数民族传统体育运动》《中国古代的酒与饮酒》《中国民间节日文化辞典》。

第二节　不同类型的古籍专业人才培养

目前对古籍修复人才的培养以短期培训为主，短期培训中存在培训师资不唯"大师"论，培训费用、培训课程、知识传播与接受的矛盾。解决以上问题需要古籍单位管理者的重视，建立人才激励机制，充分调动古籍工作者的积极性；创造好的工作环境，修复业务外包，加紧古籍数字化进程；高校图书馆古籍人才培养与院系、古籍研究所实现内部横向联合；在古籍领域建立互联网平台，便于古籍工作者随时了解古籍工作动态。

掌握古籍知识，需要以下三方面的能力：古籍的阅读实践、古籍工具书的使用、古籍知识的积累。这三个方面是相互联系、不可分割的。阅读古籍是通过综合运用文字、词汇、语法、修辞、写作等各部分有关知识进行的。文字学的知识，可以用来克服古今字、正异体字、繁简字、通假借字带来的阅读障碍；词汇学的知识，可以用来克服词义变化带来的阅读障碍；语法学的知识，包括实词用法、虚词用法和文言句法特点等知识，可以用来克服由于古人用词、造句方法的某些不同带来的阅读障碍；修辞、写作的知识，可以用来领会句、段以致全篇的确切含义。古籍知识的积累离不开古书阅读的实践。只有勤读博览，熟读深思，日积月累，逐渐掌握一定数量的文言词语，以及用词造句的规律，才会对文言融会贯通。此外，要比较集中地学一点文言基本知识，一定要学会使用关于古代语文的工具书。总之，阅读古籍要有正确的观点和初步的古籍知识，同时要掌握古代的语文工具。

一、古籍保护人才培养

古籍文化遗产保护传承分为古籍鉴定与修复、古籍编目与整理、古籍传媒与出版、古籍文化策划与推广四个层级，这四个层级确定了我国古籍保护传承人才的发展方向。古籍文化遗产保护传承现状与危机包括古籍遭到严重侵蚀，原材料紧缺，专业高端保护人才严重匮乏，学生对古籍相关专业冷淡，学校教育水平参差不齐等。古籍文化遗产保护传承的趋势是高端人才的梯队培养，高端人才即高学历（职称）、高技能、高协同的复合型人才，古籍的高端人才需要多学科、多部门协同创新、共同培养。古籍人才不仅需要扎实的修复基本功，还需要深厚的文化积淀。古籍人才培养应立足我国本土文化现实，尊重古籍文化艺术，了解中西古籍文化的差异。

古籍文化遗产保护传承工作的关键在于高素质的人才队伍建设。古籍保护人才培养的主要方式如下：培养一批技术精湛、素质较高、具有一定专业知识的古籍保护人才；举办不同层次、类别的培训班，培养古籍保护人才。从目前古籍保护人才培养的现状来看，人才培养的力度还需要加大，古籍工作人员队伍需要更加稳定。结合古籍收藏特点，有针对性地区分人才的层次和重点培养方向，拓展人才使用的渠道。

高校图书馆古籍保护一直面临诸多困难，包括古籍保护管理方式陈旧、缺乏古籍修复的专业人才、古籍保护技术设施不完备、古籍保护的数字化表现形式单一。保护好古籍文献不能缺少专业型人才的管理，只有高素质的知识型人才加入，才能承担起古籍文献资料的保存、管理、开发、利用工作的重任。具体措施如下：加强古籍修复人才的培养，培养古籍修复高学历的知识型人才，加快古籍数字化建设人才的培养，开展古籍再生性保护工作人才的培养。专业人才的培养是高校图书馆古籍保护工作顺利开展的人才保障。

少数民族古籍同样是中国特色社会主义文化，民族古籍记载了各少数民族政治学、经济学、历史学、民族学、哲学、宗教学、语言学和文学艺术等人文社会科学方面的内容，还记载了医药学、化学、生物学等自然科学方面的内容，民族古籍是人们认识各少数民族的"活化石"。要让民族古籍事业向纵深发展，必须对已经整理出来的民族古籍进行翻译和研究，这就需要大量的民族古籍专业人才。可以采取高等教育培养、在职培训培养和师傅带徒弟培养等多渠道、多层次、灵活多变的方式来培养民族古籍人才。同时，要加强民族文化的普及工作，使人们对民族文化有很强的认同感和归属感。

二、古籍修复人才培养

掌握古籍修复技术需要长期的实践，古籍修复人员的培养是一个长期的过程。要分析古籍修复人才的能力需求和基本特质，制订有针对性的人才培养方案，应用型古籍人才的培养要关注修复技能学习的过程性，要培养从业人员的独立思考能力和自学能力。是否具有良好的职业道德和职业操守也是人才培养能否成功的重要考量指标之一。

从知识传播的角度看，应加强在职人员的培养。借助信息传媒技术，建立修复师在线学习交流的平台，拓宽修复人员学习的渠道。让修复人员到资质条件比较成熟的单位进行学习，提升修复人员的技术水平。设立校外实习基地，让在校古籍修复专业学生有机会从事古籍修复实习，为古籍修复行业更深层次的理论研究提供人才储备。

我国已开展古籍修复人才培养工作，除了由国家古籍保护中心主办的各级各种古籍保护修复技术培训班外，还有以联合办学形式成立的古籍修复专业，由教育部正式注册的各类院校独立开设的文物保护与鉴定专业等。

古籍修复人员培养路径包括：根据古籍修复专业的特点，招收适合从事修复工作的生源；根据专业发展需求设置课程，优化课程结构；根据专业特色，安排充足古籍修复课总课时；创建省级古籍修复人才培养平台，促进古籍修复经验的交流和共享；建立师生交流群，分享修复经验；培养古籍修复学生精益求精的"工匠精神"。

三、民族古籍人才培养

古籍保护整理工作的全面展开，给古籍保护单位带来了挑战和机遇，同时对少数民族古籍保护整理人才的专业素质也提出了全新的要求。特别是少数民族古籍内容包罗万象，涉及学科领域广泛。因此，民族古籍整理人员应具备以下几个方面的素质。

①具备民族古籍学的知识（包括民族古籍相关的目录学、版本学等）。

②具备文史学科和应用汉文翻译少数民族文字古籍的基础知识。

③具有应用现代化新技术的能力（计算机、缩微、印影操作等方面的技能）。

④具备古籍修复的技能。

⑤具备爱岗敬业的精神和工作作风。

古籍保护、整理、研究工作时间长、枯燥烦琐。因此，特别需要培养勤勤恳恳、兢兢业业、忠于职守、尽职尽责、爱岗敬业的精神和工作作风。

少数民族古籍文献是民族传统文化与历史的积淀，是中华民族文化的瑰宝。为促进民族文化的传播与继承，充分发挥少数民族古籍文献在弘扬民族文化方面的作用，应该注重培养和造就一批专业精、知识广博、富有责任心和甘于奉献的少数民族古籍研究人才。第一，应适应少数民族古籍文献的数字化趋势，提升相关人员的计算机应用知识水平与能力。第二，培养一专多能的少数民族古籍复合型人才。少数民族古籍整理、保护和数字化是一项融计算机知识、古籍版本知识与多种语言知识于一体的工程。它不仅需要从业人员精通古籍文献的分类、编目等知识，还要懂得网络、多媒体等现代技术知识，而且对少数民族传统文化具有高度的热情和责任感。第三，有针对性地培养本民族的古籍人才。例如，鄂温克族、鄂伦春族、达斡尔族的古籍文献很多都是以满文、蒙文等文字记载。目前，亟须培养一批年轻的古籍翻译整理人才。第四，切实提高民族古籍从业人员的专业知识水平。第五，多元培养古籍人才。引进古籍人才，提高现有人员工作能力，培育少数民族古籍研究专业化队伍。加强少数民族古籍文献学科队伍建设，形成成熟、稳定的著者、研究、工作群体，促进少数民族古籍研究的全面开展和纵深发展。

第三节　古籍修复人员的内在素养

对于古籍修复者而言，除了需要掌握娴熟的古籍修复技能之外，还须具备以下理念和修养。

一、审时度势，制订修复方案

雕琢玉器需要"相玉"，所谓"一相抵九工"。医生治病有治疗方案，修复古籍前同样需要对古籍破损程度进行检测，审视"气色"，方能"对症下药"。全面而细致地利用工具，凭借修复经验和获得的破损数据，分析破损程度与情况、了解纸张类别、制订古籍修复方案，是修复古籍的第一步。

古籍修复方案要基于古籍修复的基本原则，结合现代仪器，对书籍纸张进行无损检测后，由获得的具体数据进行判断。因为古籍用纸一般采用手工纸，其所处环境、存放条件的差别，使得书籍本身以及破损的情况千差万别。根据仪器得出破损数据、分析纸张类别后，必须结合修复者的修复经验来选择合理有效的修复方法。

依据破损的具体情况，审时度势，切中要害，选择最优的修复手法是至关重要的一步。谋定而后动，修复手法影响修复的整个过程。在修复前了解清楚情况，将要修复的过程想透彻，并对接下来的修复步骤进行预估是修复前的必备过程。

遵循制订的修复方案进行古籍修复前的准备工作也至关重要。准备工作包括古籍修复者在修复前对破损的书进行数据、影像的留档与记录，准备修复用纸以及修复所需要的工具等。古人云"兵马未动，粮草先行""唯事事，乃其有备，有备无患"。细致的准备工作有利于接下来的修复过程。

修复方案中除了修复技巧的选择、修复前的准备之外，还包括对修复结果进行自我总结。因为修复过程不仅是化腐朽为神奇的过程，也是一种经验与教训、思考与实践的积累过程。只有善于积累与总结，才能在修复过程中不断提炼出新的经验。

修复工作有一定的原理，却没有一定的方法，实践中需要修复者自己琢磨并寻求行之有效的方法来解决问题。两利相权择其重，两弊相衡择其轻。修复者对修复方法的合理利用以及修复者日益精湛的修复技术，能使破损的古籍恢复其本来面貌。

以清代抄本《望月楼琴谱》的修复为例，其因保存不善，纸张老化较为严重。修复前首先要进行古籍破损的情况分析，利用仪器对古籍纸张进行无损性检测。经过一系列的检测，得出这册书的主要病灶为纸张老化，具体表现在以下几方面。

①纸张非常薄，为 0.037 毫米。

②纸张已有酸化情况，pH 为 5.41。

③书口破损严重，缺少护叶以及书的封面、封底。

④书叶纸张薄而透出背面文字，并且纸张之间因为薄，容易吸附在一起，给翻页造成干扰。

接下来就要根据所得到的数据，结合基本的修复原则制订修复方案，以解决纸张因老化而变薄这一情况。

①托裱法。这种修复方法是在破损的书叶后托一层修复用纸。优点是有效增加了原书纸张的厚度，并且解决了原书书口破损的情况，省时省力。缺点是根据检测结果，书叶纸张的 pH 高于 5，且并未酥脆老化。而采用托裱整张书叶的修复方法用糨糊较多，在今后的保存过程中纸张容易受到虫蛀的影响。

②金镶玉法。这种修复方式据说始于明代。古籍的纸张色泽因时间久远而泛黄如金，书的天头地脚以及书背都镶衬以质量上乘的洁白的衬纸，因此金镶玉装又称"惜古衬"。因这种装帧衬纸的面积大于原书，像古人穿的长袍短套，故又称"袍套装"。优点是因镶衬质量上乘的宣纸作为衬纸，可消除因原书纸张过薄而使得其反面的字迹透在正面这一老化现象，而且并未过多地使用糨糊，有利于古籍今后的保存。缺点是改变了书籍原有的装帧。

③衬纸法。这种方法是在原书的夹层添加与原书一般大小、颜色与书叶的色泽接近，并且其厚度不能超过原书叶的修复用纸作为衬纸。其优点为加强了原书纸张的厚度，使得书籍在使用过程中更加赏心悦目，延长了书籍的使用寿命。其修复过程并未过多地使用糨糊，有利于古籍的保存。按古籍修复要求所选用的衬纸，并没有改变原书的装帧。

综合以上方法的特点，决定采用衬纸法对这本清代抄本进行修复。

接着根据选择的修复方案进行修复前的准备工作。准备工作包括选择并且染制古籍修复用纸，选择衬纸护叶以及封面用纸等。

完成准备工作之后，按古籍修复的步骤按部就班、有条不紊地进行修复，修复效果良好。随后总结修复经验，即修复过程必须基于修复的基本原则；修复过程有一定的原理，却没有一定的方法；选择行之有效的手法能使书籍更加赏心悦目，同时延长书籍的使用寿命。

二、孜孜以求，具有匠心精神

"自非向明举之，略不觉补"是描写古籍修复技艺高超的句子，意思是如果不是向着亮光把书拿起来看，大致看不出修复过。做到这点，不仅需要修复者具备娴熟的修复技能，而且需要有孜孜以求、勇于钻研的匠心精神。

从某种意义上说，传统的古籍修复技术并没有脱离造纸的基本方法。

①修复前需要将破损的书叶逐一平铺在工作台上，工作台类似于造纸步骤中的工具 —— 竹床和竹帘。

②修复书叶时需要将破损的书叶润湿，类似于造纸过程中需要将加工后的竹纤维加入水后才能抄纸。

③修复书叶需要使用淀粉类的黏合剂，而晋代造纸工业便发明了施胶技术，即将植物淀粉渗入纸浆中搅匀，再进行抄纸，以改善纸张质量。

④修复用的纸为毛边，其目的是使修复用纸与破损书叶纸张的纤维有效渗透、缠绕。

造纸时，将青竹经过三泡、三洗、两次蒸煮后形成竹纤维，将其放入纸槽中，通过抄纸器在纸槽中漂荡两三次后快速提起滞留，沥干水分形成湿润的纸膜。漂荡两三次抄纸的目的是使竹纤维更好地分布并紧密交错，以增强竹纤维的相互缠绕的效果。

从事古籍修复的"匠人"不仅要具备纯熟的技艺，还要具有一颗"匠心"。纯熟的技艺可通过时间的积累来获得，但"匠心"却不易具备。

古籍修复是一个延续古籍"生命"的过程，历代修复者在修复过程中不知不觉地遵循了手工造纸的一些步骤与原理，所以修复者了解造纸过程有利于分析纸张类别，更有利于提升修复的技能。

破损线装书基本的修复过程如下。

①用无损仪器对破损的书籍进行检测，分析推断其具体"病因"。

②根据检测结果进行修复前的准备工作，包括根据书叶纸张的种类、帘纹、

色泽等选择修复用纸。若发现修复用纸的色泽略失旧气，则需要对修复用纸进行染色加工等。

③将书叶打开后，逐叶进行修补。修复用纸为毛边，其目的是使修复用纸的边缘呈纤维状，以便深入破损的书叶纸张中，使之黏合后无凹凸感。书叶修补完成后，将五六叶错开放在吸水纸上为一层，用喷水壶在上面洒水使之湿润，然后盖上吸水纸，接着重复这一过程直至书叶铺完。盖上夹板、压上重物，一天后进行倒叶，这一过程叫作"喷水倒平"。

④经过喷水倒平这一步骤后，对干透的书叶进行折叶，同时修去修复用纸的余边。

⑤书叶经过修补，破损处和补纸的接口黏结处比原来多了一层纸，因此需要用平面锤将高出的地方锤薄。

⑥修复过程中须酌情用水使破损书叶舒展，因为修复的黏结剂糨糊也富含水分。修复后，书叶纸张蓬松，需要对书进行压实处理。具体方法为将整本书码齐放在两块夹板中间，连同夹板一起放入压书机里进行压平。

⑦压制几天后，根据原装帧形式进行装订。

这就是古籍修复的基本过程，但有时会遇到特殊情况，须修复者酌情采用些小技巧。

三、熟悉古籍装帧，避免错误修复

对于古籍修复者而言，应保持一种不断学习的心态，多方面掌握古籍装帧和版本方面的知识。

我国古代书籍的各种装帧形式各具特点，因不了解古籍装帧而引起的一些错误的修复，会留下许多"后遗症"，从而破坏古籍的原有状态。这有悖古籍修复的基本原则。

四、熟悉古籍的版本，利于古籍修复

"版本"一词最早出现在宋代文献中，其本意指雕版印本。《梦溪笔谈》中有"板印书籍，唐人尚未盛为之，自冯瀛王始印五经，已后典籍皆为板本"的记载。

版本由四个要素构成：文字、材料、形态和制作方法。版本的形态是指版本

的式样，包括版面式样、整体书样和装帧式样。印本是古籍版本的重要类型，且其版式结构具有相对稳定性和代表性。印本书叶由相应的书版印成，每一块板都有一定的格式，这种版面的格式叫版式。

每种古籍都有不同的版本，不同版本之间或多或少地存在差异。所以，古籍修复者应具有一定的版本学知识，才能在修复过程中更好地贯彻"整旧如旧"的修复原则。

在修复过程中，科学的理念与精绝的技艺一样重要。古籍修复的技能代代相传，每个时代都有其风格特点，不同的修复者在继承修复技能时对修复的理解不同，就会产生迥异的修复理念。例如，为了使用方便而改变其原有装帧的"整旧如新"，为了美观而采用的"美化性修复"等。本书主要阐述的是为了保持古籍的文物价值，在保留破损古籍原有装帧的基础上，使其恢复原貌并保留其旧气的修复过程。

在修复过程中还要重视对破损书籍的检测与分析，修复准备环节则强调对修复纸的选择、染色与加工。修复完成后，为版本鉴定的需要，不进行补字、描栏等，修复技术及其内容基于中华人民共和国文化行业标准《古籍修复技术规范与质量要求》（WH/T 23—2006）。

一册破损的古籍往往存在多种不同的破损情况，如因为虫蛀而引起的破损往往伴随着书叶的粘连或霉变现象，而书叶的破损现象又往往是由书叶的老化而引起的。

第四节　文献修复师国家职业标准

一、文献修复师职业概况

（一）文献修复师概述

文献修复师又称图书资料业务人员，主要从事以纸、织物为载体，以写、绘或印刷方式制成的，具有中国传统装帧形式的文献修复工作的人员。

文献修复师共分五个等级，分别为五级文献修复师（国家职业资格五级）、四级文献修复师（国家职业资格四级）、三级文献修复师（国家职业资格三级）、二级文献修复师（国家职业资格二级）、一级文献修复师（国家职业资格一级）。

文献修复师一般在室内开展工作，要求手指灵活、动作协调，具有较强的色觉辨别能力。其文化程度至少要高中毕业（或同等学力）。

（二）文献修复师的培训要求

1. 培训期限

全日制职业学校、大专院校教育，根据其培养目标和教学计划确定。晋级培训期限：五级文献修复师不少于 120 个标准学时；四级文献修复师不少于 150 个标准学时；三级文献修复师不少于 180 个标准学时；二级文献修复师不少于 180 个标准学时；一级文献修复师不少于 150 个标准学时。

2. 培训教师要求

培训教师应具备一定的文献修复专业知识、实际操作能力和 2 年以上本职业工作经验。培训五级、四级、三级文献修复师的教师应具有本职业二级文献修复师职业资格证书或相关专业中级以上专业技术职务任职资格；培训一、二级文献修复师的教师应具有本职业一级文献修复师职业资格证书，以及本级别 5 年以上工作经验或相关专业正高级专业技术职务任职资格。

3. 培训场地设备

有采光、通风条件良好的标准教室；配备文献修复专用的操作台、工具和设备。

（三）文献修复师的鉴定要求

文献修复师的鉴定要求适用从事或准备从事文献修复工作的人员。

1. 文献修复师的申报条件

（1）五级文献修复师的申报条件（具备下列条件之一者）

①取得中等职业学校相关专业毕业证书后，连续从事本职业工作 1 年以上。

②在本职业连续见习工作 2 年以上。

③参加本职业五级正规培训，达到标准学时数，并取得结业证书。

（2）四级文献修复师的申报条件（具备下列条件之一者）

①取得本职业五级职业资格证书后，连续从事本职业工作 3 年以上。

②取得大学专科相关专业毕业证书后，连续从事本职业工作 1 年以上。

③连续从事本职业工作 5 年以上。

④取得本职业五级职业资格证书后，连续从事本职业工作 2 年以上，参加本职业四级正规培训，达到标准学时数，并取得结业证书。

（3）三级文献修复师的申报条件（具备下列条件之一者）

①取得本职业四级职业资格证书后，连续从事本职业工作 3 年以上。

②取得大学本科相关专业毕业证书后，连续从事本职业工作 1 年以上。

③取得本职业四级职业资格证书后，连续从事本职业工作 2 年以上，参加本职业三级正规培训，达到标准学时数，并取得结业证书。

（4）二级文献修复师的申报条件（具备下列条件之一者）

①取得本职业三级职业资格证书后，连续从事本职业工作 5 年以上。

②取得硕士研究生相关专业毕业证书后，连续从事本职业工作 2 年以上。

③取得本职业三级职业资格证书后，连续从事本职业工作 3 年以上，参加本职业二级正规培训，达到标准学时数，并取得结业证书。

（5）一级文献修复师的申报条件（具备下列条件之一者）

①具备相关专业大专以上学历，取得本职业二级职业资格证书后，连续从事本职业工作 5 年以上。

②取得博士研究生相关专业毕业证书后，连续从事本职业工作 1 年以上。

③具备相关专业大专以上学历，取得本职业二级职业资格证书后，连续从事本职业工作 3 年以上，参加本职业一级正规培训，达到标准学时数，并取得结业证书。

2. 文献修复师的鉴定方式

文献修复师的鉴定主要通过技能考试来鉴定。考试分为理论知识考试和专业技能考核。理论知识考试采用笔试，按考试评定标准评分；专业技能考核分项目进行，按各项目考核评定标准评分，取考评小组考评人员总分的平均分。两种考试（考核）均实行百分制，60 分（含）以上者为合格。二级和一级文献修复师还须进行综合评定。

理论知识考试每个标准教室配备 2 名考评员；专业技能考核，五级、四级考评人员不少于 3 人，三级考评人员不少于 5 人，二级（含）以上考评人员不少于

7人。

理论知识考试为 120 分钟；专业技能考核为 180 分钟。

理论知识考场不少于 40 平方米，备有 20 套以上课桌椅，单人单行，有良好的照明、通风环境。专业技能考核场所为采光、通风条件良好的标准教室，配备 5 套以上文献修复专用操作台、工具和设备。

二、文献修复师的基本要求

（一）文献修复师的职业道德要求

文献修复师要有职业道德基本知识，遵循职业守则，即确立职业观念，履行社会职责；适应时代需求，勇于开拓创新；真诚服务读者，文明热情便捷；维护读者权益，保守读者秘密；尊重知识产权，促进信息传播；爱护文献资源，规范职业行为；努力钻研业务，提高专业素养；发挥团队精神，树立职业形象；实践馆际合作，推进资源共享；拓展社会协作，共建社会文明。

（二）文献修复师的基础知识要求

文献修复师要掌握古籍修复技术基本理论、古籍修复技术起源和发展、古籍修复工具、设备和常用材料使用方法，感知古籍修复档案知识、中国古籍史知识、古籍保存保护等方面的知识。

（三）文献修复师的相关知识要求

文献修复师的相关知识要求包括相关法律法规知识、相关安全操作知识、相关卫生和环境保护知识、计算机操作基本知识、综合文化知识、文化艺术知识、外语知识、古汉语知识。

三、文献修复师的工作要求

不同等级的文献修复师有不同的工作要求，这里仅列举五级文献修复师、四级文献修复师、三级文献修复师的工作要求，以供参考（表 2-1～表 2-3）。

表2-1　五级文献修复师工作要求

职业功能	工作内容	技能要求	相关知识
装订与装裱	装订线装、包背装书籍	①能按照《古籍修复技术规范与质量标准》WH/T 14—2001 完成线装书籍的装订工作 ②能按照《古籍修复技术规范与质量标准》WH/T 14—2001 完成包背装书籍的装订工作	①《古籍修复技术规范与质量标准》WH/T 14—2001 中的相关要求 ②线装书籍装订方法 ③包背装书籍装订方法
	装裱立轴、横披	能完成立轴、横披装裱工作	①《古籍修复技术规范与质量标准》WH/T 14—2001 中的相关要求 ②立轴、横披装裱方法
文献修复	修复准备	①能采用刷染、拉染、浸染三种方法完成染纸工作 ②能调制国画色 ③能采用清托、浑托两种方法完成染被工作 ④能采用冲制、熬制两种方法制作糨糊 ⑤能完成淀粉的提取工作 ⑥能用纸张测厚仪测量纸张厚度	①刷染、拉染、浸染三种方法 ②调色的基础知识 ③清托、浑托染被方法 ④糨糊的科学制作方法 ⑤小麦淀粉的提取方法 ⑥纸张测厚仪的使用方法
	修复工作	①能按照《古籍修复技术规范与质量标准》WH/T 14—2001 完成线装书籍的装订工作 ②能利用纸浆补书机，按照《古籍修复技术规范与质量标准》WH/T 14—2001 完成书叶的补修工作	①《古籍修复技术规范与质量标准》WH/T 14—2001 中的相关要求 ②线装书籍装订方法 ③纸浆补书机的操作方法

表2-2　四级文献修复师工作要求

职业功能	工作内容	技能要求	相关知识
装订与装裱	装订蝴蝶装书籍	能按照《古籍修复技术规范与质量标准》WH/T 14—2001 完成蝴蝶装书籍的装订工作	①《古籍修复技术规范与质量标准》WH/T 14—2001 中的相关要求 ②蝴蝶装书籍装订方法
	装裱册页	能完成立蝴蝶式和推篷式两种装帧形式册页的装裱工作	①《古籍修复技术规范与质量标准》WH/T 14—2001 中的相关要求 ②蝴蝶式和推篷式的装裱方法
文献修复	修复准备	①能提出修复步骤 ②能测量文献相关数据 ③能完成单叶和整册书籍去污工作	①文献修复的基本步骤 ②文献的相关数据及其测量方法 ③单页和整册书籍冲洗方法
	修复工作	①能完成单叶和整册书籍去污工作 ②能采用干揭与湿揭方法完整揭开书叶 ③能完成书叶衬纸工作 ④能完成书籍按背工作 ⑤能按照《古籍修复技术规范与质量标准》WH/T 14—2001 的要求，镶衬拓片 ⑥能按照《古籍修复技术规范与质量标准》WH/T 14—2001 的要求，完成包背装书籍的修复工作	①单叶和整册书籍冲洗方法 ②书叶干揭与湿揭方法 ③书叶衬纸方法 ④书籍按背方法 ⑤镶衬拓片的方法 ⑥《古籍修复技术规范与质量标准》WH/T 14—2001 中的相关要求 ⑦包背装书籍修复的基本方法
修复档案	填写修复档案记录	能填写修复档案记录	①修复档案记录的内容与填写要求 ②计算机操作知识

表2-3　三级文献修复师工作要求

职业功能	工作内容	技能要求	相关知识
装订与装裱	托拓片	能完成托拓片工作	托拓片的技法与要求
	装裱手卷	能完成装裱手卷工作	装裱手卷的技法与要求
	装裱拓本	能采用五镶法与挖投法完成拓本装裱工作	①五镶法的技法与要求 ②挖投法的技法与要求
文献修复	修复准备	①能初步辨识和选择修复材料（纸张、丝线、染料） ②能制订修复方案中的基本修复步骤	①纸张、丝线和染料的辨别方法 ②修复方案的基本内容和制定原则

职业功能	工作内容	技能要求	相关知识
文献修复	修复工作	①能按照《古籍修复技术规范与质量标准》WH/T 14—2001 的要求，用金镶玉法装修文献 ②能按照《古籍修复技术规范与质量标准》WH/T 14—2001 的要求，修复蝴蝶装书籍 ③能按照《古籍修复技术规范与质量标准》WH/T 14—2001 的要求，修复册页装书籍	①金镶玉装修文献方法 ②《古籍修复技术规范与质量标准》WH/T 14—2001 中的相关要求 ③蝴蝶装书籍修复方法 ④册页装书籍修复方法
建修复档案	校验修复档案记录	①能校验修复档案记录 ②能对修复档案记录单上的数据进行统计和归纳	①文献修复档案记录校验要求 ②修复档案记录数据的统计和归纳方法

四、文献修复师的理论知识与专业技能比

文献修复师的理论知识比重如表 2-4 所示，专业技能比重如表 2-5 所示。

表 2-4　文献修复师的理论知识比重

<table>
<tr><th colspan="2">项目</th><th>五级 /%</th><th>四级 /%</th><th>三级 /%</th><th>二级 /%</th><th>一级 /%</th></tr>
<tr><td rowspan="2">基本要求</td><td>职业道德</td><td>5</td><td>5</td><td>5</td><td>5</td><td>5</td></tr>
<tr><td>基础知识</td><td>25</td><td>15</td><td>15</td><td>5</td><td>0</td></tr>
<tr><td rowspan="6">相关知识</td><td>一、装订与装裱</td><td>35</td><td>35</td><td>35</td><td>—</td><td>—</td></tr>
<tr><td>二、文献修复</td><td>35</td><td>35</td><td>35</td><td>40</td><td>40</td></tr>
<tr><td>三、修复建档</td><td>—</td><td>10</td><td>10</td><td>15</td><td>15</td></tr>
<tr><td>四、培训</td><td>—</td><td>—</td><td>—</td><td>25</td><td>20</td></tr>
<tr><td>五、管理</td><td>—</td><td>—</td><td>—</td><td>10</td><td>10</td></tr>
<tr><td>六、理论研究</td><td>—</td><td>—</td><td>—</td><td>—</td><td>10</td></tr>
<tr><td colspan="2">合计</td><td>100</td><td>100</td><td>100</td><td>100</td><td>100</td></tr>
</table>

表 2-5　文献修复师的专业技能比重

<table>
<tr><th colspan="2">项目</th><th>五级 /%</th><th>四级 /%</th><th>三级 /%</th><th>二级 /%</th><th>一级 /%</th></tr>
<tr><td rowspan="3">能力要求</td><td>一、装订与装裱</td><td>50</td><td>40</td><td>40</td><td>—</td><td>—</td></tr>
<tr><td>二、文献修复</td><td>50</td><td>50</td><td>50</td><td>60</td><td>60</td></tr>
<tr><td>三、修复建档</td><td>—</td><td>10</td><td>10</td><td>30</td><td>20</td></tr>
</table>

项目		五级 /%	四级 /%	三级 /%	二级 /%	一级 /%
能力要求	四、培训	—	—	—	0	0
	五、管理	—	—	—	10	10
	六、理论研究	—	—	—	—	10
合计		100	100	100	100	100

相对于其他学科，我国古籍数字信息专业是一门比较冷门的学科。❶我国社会已进入信息化时代，同时我国古籍保护工作也迈入了以信息为重要资源的新阶段，我国古籍数字信息专业在未来有较好的发展前景，学习这个专业的学生也会有良好的就业前途。❷数字信息专业于 20 世纪 60 年代末兴起于国外，而后在 20世纪 70 年代发展了多种信息门类，再到 20 世纪 80 年代中期明确了信息的含义，最后在 20 世纪 80 年代末迅速扩展到计算机、管理等各个领域。❸值得一提的是，我国在 20 世纪 70 年代后期就引入了信息专业这个概念，并效仿国外建立了各方面的数字信息专业，而且在进入数字化时代以后将古籍行业也纳入了数字信息专业的建设中。❹发展至今，我国古籍数字信息产业规模逐渐扩大，但由于古籍专业人才学习的方向不符合社会需求，所以毕业后在就业发展方面并不理想。为了解决数字信息化背景下的就业问题，古籍专业人才必须做出一些改变，尽可能多方位地学习知识，使自己成为古籍行业真正需要的人才。

五、学习如何规范元数据标准

在以前，古籍专业人才一般是用扫描、识别等手段将纸质文本转换成数字文本，并将其存储到计算机数据库中，从而达到保护古籍的目的。但是，用这种方式保存下来的古籍查找起来不太方便，尤其是异同版本、注释语句不同、人名地名读法不一等特殊古籍。❺因此，数字信息化背景下的古籍专业人才应当学习如

❶ 张露月：《信息技术背景下基于网络学习共同体的高校英语教学与教师发展研究 —— 评〈信息技术环境下大学英语及其教师专业发展研究〉》，《中国科技论文》2020 年第 7 期。
❷ 姚丽亚：《教师专业发展视角下小学教师信息素养提升策略》，《今传媒》2020 年第 7 期。
❸ 路秀华，李静：《地方师范院校信息与计算科学专业发展的教学对策 —— 以廊坊师范学院为例》，《廊坊师范学院学报（自然科学版）》2020 年第 2 期。
❹ 朱红艳，陈一梅，姜静华，等：《高校图书馆嵌入式信息素养服务的可持续性成效研究 —— 以上海交通大学图书馆为例》，《图书情报研究》2020 年第 2 期。
❺ 曲娜，程凤芹：《电气信息类专业课程建设规划与研究》，《中国新通信》2020 年第 8 期。

何规范数字化古籍的元数据标准，以方便古籍查询者通过索引快捷地找到想要的数字化古籍。这是因为，没有学过古籍相关知识的数字化信息技术专业人才很难制定出让所有古籍查询者都认可的元数据标准，而学过古籍相关知识却不懂数字化信息技术的人很难实现古籍从纸质文本向数字文本的转换，也就更不可能制定出合理的规范数字化古籍的元数据标准。因此，古籍专业人才必须在学习古籍相关知识的前提下积极探寻数字化信息的相关技术，从而直接制定出统一的、符合需求的数字化古籍元数据标准，开发必要的与其他信息系统对接和共享数据的接口，为全国各地的古籍查询者提供专业化的数字信息资源，为古籍的保护和修复做坚实的后盾。例如，古籍专业人才可以为数字化古籍研制出统一的版本信息、收藏信息、作者信息和作品信息，并制定出相应的元数据标准，让古籍查询者能够轻松、快速地搜索到所需要的数字化古籍资源。

六、学习如何设计数字格式系统

信息技术的广泛应用使古籍数字信息化成为必然，同时也可以保护古籍的完整性并推动古籍的学术研究。然而，在运用数字化的方式来保护古籍时会出现很多与格式相关的问题，这就需要相关人才给予解决，那么古籍专业人才就应以古籍的数字化格式为方向进行深入研究，为未来的职业发展打下坚实的基础。

在将古籍转化为数字文本时，不仅要确定古籍的版本信息、收藏信息、作者信息和作品信息等数据标准，还要在录入数字系统前明确古籍图片、文档的数字格式。但当前的数字化古籍的格式有很多，名目也不少，严重阻碍了古籍查询者的工作。因此，古籍专业人才要掌握制定数字化格式的相关知识，从而根据古籍的特点制定出与数字化古籍相适应的、统一的数字格式。❶

首先，古籍的数字化格式要与存储系统相适应，为了使古籍查询者可以统一查询出自不同系统的数字图片或文档，古籍专业人才要了解如何与开发系统的公司沟通，研究可兼容多种数字格式的系统。但为了古籍数字系统的长远发展，古籍专业人才最好主动与业界主要机构联合起来，制定出适合所有数字古籍文件格式的系统，而且要兼容简体和繁体两个版本。又因古籍中存在很多同音不同义、通假字等现象，所以设计的系统还要有为古籍进行注音的功能，为古籍查询者提供科学、严谨、规范的数字古籍信息资源。

---

❶　张素平：《高校体育教学信息化发展分析——评〈信息技术与体育教育专业课程整合〉》，《中国科技论文》2020 年第 4 期。

其次，古籍数字化格式系统还应具备全文搜索的功能，因为现代人喜欢数字化格式文档的主要原因之一，就是这种格式具有搜索速度快的特点。如果古籍专业人才没有将全文搜索功能考虑到古籍数字化格式系统的设计中，那么制作出来的系统就很难吸引大量用户，进而会影响数字古籍的使用率和保护效果。

最后，用于检索数字化古籍资源的字词应当用特殊标记凸显出来，从而方便古籍查询者在检索数字文档时使用。

上述基本都是文字方面的格式问题，但不可忽略的是许多古籍中还有图片，它们与文字共同组成了古籍，是不可或缺的信息资源，因此在转化时要按照原书的格式来安排数字古籍的图片与文字，以保证数字古籍的科学性和可信性。这说明图片的数字格式也很重要。如今，我国数字图片处理技术发展得比较成熟，形成了多种多样的图片格式，也具备较强的可压缩性。但是，古籍中的图片过多，所需存储量很大，而且对计算机的运行能力有较高要求，所以古籍专业人才应努力学习如何设计出既具有高压缩性能且不影响图片清晰度的古籍数字格式系统，为古籍查询者提供有原始风貌的数字化古籍图片资料。

以上这些都是古籍专业人才在了解数字格式系统设计的过程中所应考虑的，古籍专业人才应尽量设计出性质高、功能全的古籍数字化格式系统。

七、学习如何开发特色数字资源

规范元数据标准和设计数字格式系统知识，从古籍保护的角度来分析古籍专业人才的学习方向，这样虽比早期的数字古籍阅览进步了一些，但在特色资源方面还存在一定局限。尤其是不同古籍对句读、偏僻字注释、人名地名的标引等的处理都有所不同，加之中国历史久远，拥有的古籍资源特别多，并且因各种原因被分开安排在各种互相没有联系的部门进行保管。❶ 因此，数字信息化背景下的古籍专业人才应当学习如何开发《资治通鉴》《续资治通鉴》等各类特色数字资源，并与古籍整理专家共同找出每一本古籍的特色，使数字化古籍的格式更加规范。之所以要与古籍整理专家协商，是因为古籍专业人才所掌握的现代化科学技术与古籍整理专家所具备的知识有所差异，古籍特色数字资源的开发工作不能仅靠现代化科学技术来完成，必须加上古籍整理、古籍研究、古籍开发等相关知识。此外，为了更清晰地向古籍查询者透露本部门所拥有的特色数字古籍资源，古籍专业人才还要懂得应用统一的古籍分类法来凸显该内容。

❶ 高政：《应用型高校大学生就业现状分析及对策》，《黑河学院学报》2020 年第 6 期。

八、学习如何完善汉字字符代码集

我国古籍中有很多古汉字，而且字形多样，大多不同于现代汉字的字形，而当前计算机所能存储的汉字是现代常用汉字，所以古汉字的处理是古籍数字化中需要解决的一个大问题。为此，古籍专业人才要结合所学的古籍知识和现代化科学技术来完善汉字字符代码集，解决古汉字的存储问题。当前，我国有不少学者在努力完善汉字字符代码集，并以国家名义发布了《信息交换用汉字编码字符集基本集》，这个信息交换用汉字编码字符标准，最早只收录了 6763 个汉字字符，现在已经收录了 65531 个汉字字符，但依然不能完全满足古籍数字化的需求。❶为了更好地发展数字古籍，古籍专业人才可以学习如何完善汉字字符代码集，成为专门研究汉字字符代码的一员，从信息交换用汉字编码字符入手为古籍的数字化发展做出贡献。

九、学习如何建立古籍专题数据库

数字化古籍数据库涉及互联网技术和古籍研究者两个领域，因此要建立数字化古籍数据库，就要求古籍专业人才既懂古籍相关知识，又掌握互联网相关技术。当然，古籍专业人才不必如古籍研究者和互联网技术人才那样深入研究，他们只需要学习一些能够满足古籍数字化研究的基本知识即可。除了上述五个方面，古籍专业人才还需要学习如何对古籍数字化专题进行分类。在当前的古籍数字化研究中，我国古籍数字化已经呈现出专题专项的发展趋势。从学术层面来讲，就是把与某个古籍专题专项相关的所有资料罗列出来，并建立专门的数据库。比如，如果要建立以《西游记》研究为专题的数据库，那么可以先把数字化存储系统中与《西游记》研究相关的所有文献罗列出来，并以此为基础细分出该专题研究的作者简介、时代划分、体裁归类、文学特点等类别，从而让古籍查询者能够按照专题的小分类来快速地找到自己所需的数字资源。要做到这一点，古籍专业人才就必须学习古籍数字化交叉学科知识，培养研究古籍专题内容的能力，如技术标准、发展方向、选题设置、学科应用等，并对古籍专题进行专业化类别划分，建立古籍专题数据库。

---

❶ 李涛：《初探我国中文古籍数字信息专业人员未来求职发展方向》，《就业与保障》2020 年第21 期。

第三章　古籍的损坏、修复与保护

中国传统古籍虽因其所用的纸张、布料耐久性较好，具有保存时间长的特点，但随着时间的推移，由于外界因素和纸张、布料的自身因素，会因虫蛀鼠咬、水湿霉变、风化焦脆等原因影响而逐渐损毁。千百年来，人们为保护这些珍贵的文化遗产，研究、总结出了精湛的古籍修复技艺。传统古籍修复技艺对延长纸质文物的寿命、保护文化遗产起到了重要作用，是世界上公认的实用、有效的保护方法。

第一节　古籍损坏的原因

一、外界因素

（一）阳光

阳光可抑制和杀灭细菌，还可以去潮湿，驱除藏书中的害虫，这对古籍有一定的保护作用，但阳光也是一种损坏古籍的理化因素。因为纸张属于高分子化合物，如果长期受阳光照射，会变得干燥而失去韧性，强烈的人工照明也会造成这种后果。据测定，波长短于 4860 埃的光对纸张有光解作用，阳光中的紫外线波长恰恰短于这个界线。另外，阳光还能使空气中的氧变成游离态，产生光氧化作用。古籍纸张褪色、变色、发黄、变脆，许多都是光氧化作用的结果。

（二）温湿度

温度和湿度这两个互相关联的理化因素，对古籍保存有直接影响。有实验表明，当温度超过 10℃，古籍纸张内含的酸碱杂质对纸张的破坏作用可以增加 3 倍。较高湿度条件（相对湿度 70% 以上）易为微生物的繁殖创造条件。纸张属于有机物，在温湿度适宜的情况下，昆虫和霉菌很容易繁衍。

（三）有害气体

空气中的二氧化硫（SO_2）、三氧化硫（SO_3）等气体对古书有危害作用，其中二氧化硫危害最大，因为二氧化硫属于酸性气体，而纸张属于植物纤维，其对酸类物质的抵抗力较弱，遇酸后会产生酸性水解反应，使纤维素的机械强度下降，从而使纸张强度下降，发黄、变脆、变质致使韧性减小。纸张的酸性化是纸张"自毁"的主要原因。破损的古籍一般都有酸性化的倾向，即 pH 小于 7。

（四）虫蛀鼠咬及微生物的影响

据统计，危害古籍的昆虫有七十多种，常见的有书蠹鱼、蛀虫、书虱等。书蠹鱼在阴暗、潮湿的环境里易生长，它们常把古籍咬得千疮百孔、污渍斑斑、残缺不全，蛀洞像筛子眼一样布满全书。古籍修复中大量工作就是修补被蠹鱼蛀坏的书叶。

危害纺织物的微生物主要有根霉、曲霉等霉菌。霉菌在其生理活动中常常产生多种酶及有机酸等，是破坏丝织物的源泉。据统计，大部分霉菌喜欢在弱酸环境下生活。古籍函套在制作过程中一般会使用糨糊，天然植物纤维一般也呈弱酸性，所以容易生长霉菌。

有害微生物之所以能危害文物材料，是因为它们能以文物材料为培养基地，分解或液化其物质材料。纤维质文物材料多含有纤维素、淀粉、明胶等材料，如果保存不善，微生物在温度和湿度适宜的条件下会大量繁殖，使纸张强度减弱并且产生霉变。

（五）火灾

书籍为易燃物，一遇火往往导致灭顶之灾。古代房屋多为木质结构，特别容易遭受火焚。火灾有因雷电引起的。据记载，明永乐十九年（1421 年）"三殿"——太和、中和、保和殿因雷电发生火灾，大学士杨荣奋不顾身，指挥侍卫把文渊阁等处藏书搬移至东华门外，才保住书籍未被烧毁。火灾也有因烛火不慎引起的。古代照明用火烛，这给书籍带来了巨大的安全隐患。常熟绛云楼就因一星闪着火花的烛芯不慎被剪入废纸堆而失火，当时烈火冲天而起，楼被烧成灰烬，不仅毁尽钱氏所藏的数万卷书画，也结束了钱谦益与柳如是夫妇"风飘花露频开卷，月照香婴对校书"的美丽故事。

（六）灰尘

灰尘中混杂的物质甚多，腐蚀性和营养性的颗粒都会沉积在灰尘里，在书籍上形成难以消除的黑色覆盖面，既污染纸张又会腐蚀书籍。

二、自身因素

古代造纸原料取自植物纤维，一般分为两大类，即韧皮纤维和茎秆纤维。韧皮纤维包括麻、楮、桑、藤等，纤维较长。茎秆纤维包括竹类、麦秆、稻草等，纤维较短。不同的原料制成的纸，其纸纤维的长与宽不同，耐折度、拉力、抗酸度也不同。一般而言，长纤维比短纤维要好，纤维长与宽的比例越大越好。所以由楮、桑、藤等植物纤维为原料制成的宣纸要比由竹类等植物纤维制成的竹纸质量好。由竹纸印刷的古籍更易受到外界因素的侵害，造成纸张老化。

古代纺织品是由纤维加工而成，按化学、物理性质及外形可分成两大类，即植物纤维和动物纤维。函套采用的棉布属于植物的种子纤维，其化学成分主要是纤维素。锦缎类蚕丝属于丝纤维，为动物纤维，其主要化学物质是蛋白质。植物纤维易氧化和水解，丝纤维所含蛋白质易受到细菌、霉菌等的侵蚀和虫类的蛀蚀，使得织物发生霉烂或产生孔洞。

三、人为因素

由于自然及社会的种种原因，古籍在聚散过程中经常会遭到损坏。这些遭受损坏的古籍如果不加以修复，很不利于保存和利用，损坏程度会随时间的推移越加严重，最后变成一堆破烂不堪的纸。

第二节 古籍载体的耐久性分析

一、古籍载体的损坏

古籍载体是支撑古籍信息内容的物质材料。导致古籍载体损坏的原因有许多，可能是因为古籍载体形状发生变化，从而失去了原来的作用，不能很好地保护古籍，或者古籍载体直接遭受损坏，不能再对古籍进行保护。载体损坏的形式主要有物理性损坏与载体变质两大类。

当载体受到损害，其相关物理特性和化学性质仍维持原来的状态时，这种损坏叫作物理损坏。这种情况下，虽然载体失去了原本的功效，不能够对古籍进行相应的保护，但是其自身的性质并没有改变。常见的物理性损坏主要有载体受到污染，或者是载体自身粘连在一起，或者是形状发生了改变等。

形变通常是指古籍载体材料的形状和尺寸发生变化。包括永久形变、残破、洇化等。永久形变是指在去除外力之后仍不能恢复到其原始状态的变化。例如，纸张遇水会变皱，书脊也会随之弯曲。残破包括古籍载体的残缺或破损。例如，古籍载体的部分损坏、断裂等。洇化也被称为跑墨，是指笔迹中的着色剂扩散或渗透到纸张上笔迹之外的区域。虽然着色剂的主要成分没有发生任何化学变化，但是形态的变化也会使笔迹变得模糊，使人们无法辨认。物理损坏通常较为明显，大多的物理性损坏速度快，有些甚至会瞬间发生。

与物理性损坏不同，化学性损坏是一个比物理性损坏更加难以解决的复杂问题。化学性损坏最大的特点在于损坏过程比较长，可能在较短的时间内并不能看出问题所在，比如当载体发生破裂时，我们一眼就能够看出它的损坏程度，但化学损坏就不具备这种特点。藏品的载体材质大多是高分子化合物，当其受到热、光、紫外线、氧、臭氧及各种化学品（如污浊空气中的硫化物、氧化物等）作用时，就可能发生变色、龟裂、强度降低等物理或化学性能变化。这些外部的不良因素可能引起载体材质的高分子主链断裂或交联，导致其结构变化且性能降低。载体变质是缓慢的化学过程，在其变化过程中不断释放出可见的物理性损坏信号，只要及时发现与关注，就有可能通过各种方法阻止变质，挽救古籍载体。

纸质文献载体主要由纸张与字迹的着色剂组成，字迹是着色剂（如墨水、颜料等）通过各种方式（书写、印制等）在纸上形成的信息符号，包括文字与图案，使着色剂显示出字迹的主要成分是色素。纸质文献的载体变质往往会出现色变与纸张机械强度下降等不可逆的劣变现象，不仅严重影响文献的利用，还有可能降低文献的利用价值。

（一）色变

色变是指文献载体变质后，其颜色发生改变。一般来说，色变有三种类型，即褪色、变色与泛黄。褪色与变色主要针对字迹的色素而言，泛黄则涉及纸张颜色的变化。

褪色是指字迹的颜色由深变浅的过程，最常见的褪色是颜色由亮泽转为灰暗，如字迹、图案的褪色等。变色是指某字迹的颜色不正常地向另一种颜色转变，使字迹失去了最初的颜色特征。褪色与变色都是色料受外界因素影响，其发色基团被破坏而出现的外观现象，其本质是字迹色料的分子结构被破坏。泛黄与变色不同，它不是由外在因素造成的纸张颜色变化，而是由纸张本身的材料因素导致的。纸张大多数都是用植物纤维制成的，所以其中会有一些微量化合物，颜色本身就呈现黄色，而且随着时间的增长，纸张的白色会逐渐消散，也就是说，白色消散之后，黄色的有机物就会显现出来，从而导致纸张泛黄。因此，有时候可以通过纸张的泛黄程度来判断纸张是什么时期制作的。

（二）纸张机械强度下降

纸张变质后不仅会出现泛黄现象，其机械强度也会下降，可以通过测量纸张的机械强度来测定其变质程度。纸张的耐折度是测量纸张受一定力的拉伸后，再经来回折叠而使其断裂所需的折叠次数，以次数表示，次数越多，纸张机械强度越高。耐折度表达了纸张的抵抗能力，是对纸张强度和韧性的综合度量。纸张变质后一般会脆化而不再柔韧，易折断或裂为碎片（称为纸灰），因此经不起折叠，其耐折度会降低。我国造纸部门依据纸张的耐折度对纸张的坚牢程度进行了大致分类：耐折度达 100 次以上为坚固纸张，耐折度在 20 ～ 100 次为欠坚固纸张，耐折度在 20 次以下则为不坚固纸张。钞票纸的耐折度一般都在 1000 次以上。这种方法不仅测出的结果比较可靠，同时方法本身操作性很强，对技术要求不高。评价纸张机械强度的指标较多，如耐折强度与撕裂强度。

耐折强度简称为耐折度，用来表示纸张抵抗往复折叠的能力，可以通过耐折度测定仪测定。撕裂强度又称撕裂度或撕力，是指一定长度的纸条被拉断时所需的力量，可以通过纸张撕裂度测定仪测定。

（三）纸质古籍载体的寿命

关于藏品载体的寿命定义，目前考古学界有着较为统一的标准。人们认为一个藏品载体从制成开始，到因为损坏而无法使用或不再具有原本的价值为止，这一段时间就是藏品载体的寿命。通常情况下，古籍载体的寿命从内部原因和外部原因两方面进行判定。内因是决定古籍载体是否能经久耐用的重要因素，外因是有可能造成载体损坏的各种外界因素，它贯穿在文献的利用、保存与维护的全部过程中。鉴于此，可以将古籍载体的寿命划分为理论寿命与实际使用寿命。

文献载体的理论寿命是指，当古籍载体在比较适合的环境中保存时，载体保持原有的物理性质和化学性质的最长的时间。这一时间长度可能会与古籍载体本身的材质有着莫大的关系。除此之外，现实环境中也会有非常多的因素影响古籍载体的实际寿命，因此，仅从古籍载体的材料判定藏品寿命是远远不够的，结果也不够准确。实际情况中，实际寿命可能和古籍载体的理论寿命相差很大。

此外，还有利用耐久性与耐用性来表示古籍载体寿命的，在中国台湾地区耐久性也称为保存性。耐久性是指载体长期保持化学与物理稳定性的能力，耐用性是指载体在使用中耐磨与耐撕裂的能力。耐久性相当于载体的理论寿命，主要与载体材质的物理性能及化学性质密切相关。耐用性是载体物理强度和塑性的体现，与载体的物理性损坏相关，是载体材质能够经受广泛利用和制订科学存放方案的基础。对于纸质文献而言，耐久性更多涉及纸张发黄、变脆的时间，以及字迹中色素的抗变色、褪色的能力；耐用性则涉及纸张耐折叠、耐撕裂的程度，以及字迹色料耐磨的程度。古籍载体的化学成分及其制作方式，对文献载体的耐久性和耐用性影响很大。

二、古籍书写材料的耐久性

纸质文献上的字迹是色素附着在纸上的信息符号。色料是使纸张着色的物质，而纸张是色料的载体。色料中的色素决定了在纸张上所写的文字、图画留存时间的长短，色素往往会影响纸张褪色的程度。

（一）天然色素的稳定性

人类从 3 万年前就开始萃取自然的色料，直到 19 世纪，色料的来源都是自然的矿石或动植物。进入 20 世纪，人类才开始普遍利用化学方法来合成染料与颜料。因此，古籍的字迹大多采用天然色料。

天然色素顾名思义就是取自天然色料中的色素，这些色素往往来自动植物或大自然中其他原材料，一般不经过化学加工，只经过一些物理上的加工就投入使用。这些色素本身由于取材不同，自身的稳定性也不同，从而用到古籍当中就会导致在古籍纸张上留存的时间有所差距。这就是色素对古籍耐久性的影响。

天然矿物色素来源于金属矿与非金属矿，大多不溶于水或其他溶剂。所以在实际使用过程中，为了方便涂写，大多数的天然矿物色素通常会和胶类的物质相互混合，再在古籍纸张上进行涂写。天然矿物色素的稳定性较好，大多数耐光。为了区别不同的耐光强度，人们将耐光能力的强弱从一到八依次分成八个等级，一级的耐光能力最差，八级的耐光能力最好。天然矿物色素的耐光力可以达到五到六级，甚至有一些可以达到八级。故天然矿物色素的稳定性非常好。

植物色素通常取于植物的根、茎、皮、花、果实的汁液，天然的植物色素稳定性较矿物色素差，受外界因素影响较大。在低温或干燥情况下，性质一般较为稳定，但温度升高可能会加速变色反应。环境中的酸碱度会改变植物色素的分子结构或化学成分，导致其颜色发生变化，光（特别是紫外线）可以使这类天然色素分解或氧化而褪色。可用作染色的植物有 4000 ～ 5000 种，在中国使用最广泛且历史悠久的有茜草、紫草、苏木、靛蓝、红花、栀子、冬青、茶、桑等。由于种类繁多，性质也较为复杂，其耐久性很难一概而论。有研究指出，黄檗和紫草最不耐光照，苏木、槐米、栀子耐光度一般，茜草和靛蓝耐光度较好。

动物色素取于动物。大部分动物色素从动物皮毛或者器官中提取而来。在实际运用中，动物色素的应用案例比较少见，因此对动物色素稳定性的研究也比较少。

（二）古代字迹的色料

中国古籍大多色彩非常丰富。现在使用较为广泛的合成化学颜料是在清朝末期才传入中国的，在此之前，我国就有非常多色彩鲜艳的字画，这说明清朝以前我国已广泛运用色料。大部分的色料都源自天然的矿物质，或者是植物，少部分源自动物。总而言之，这些色料在伟大的劳动人民笔下发挥着独特的影响，被

运用在了越来越多的字画当中，也给中国古代绘画以及文字带来了极大的发展。●

下面对几类流传至今且常见的字迹色料的耐久性及耐用性进行分析。

1. 中国古墨

中国大量汉族古籍的字迹是由中国古墨书写的，例如稿本、抄本、绘画、钤印与碑拓等。中国考古发现，殷商时期龟甲、兽骨上有古墨书写的文字。

中国古墨主要原料是煤烟、松烟与动物胶等。其化学性质稳定，耐光耐腐蚀，形成的墨色持久不变。除以上主要成分外，墨锭还加有鸡蛋白、鱼皮胶、牛皮胶和各种香料、药材。古墨中的胶料将色素固着在纸张上并形成墨膜，因而较耐磨与耐水。

2. 墨水

在某些地区，人们并不使用毛笔书写，而是使用比较坚硬的一类笔，就是用更为坚硬的材质，将头削尖，再蘸墨水写字。随着社会文化的发展，人们发现用这种笔写出的字不太美观，所以根据笔的特点，研制了专门用于书写的墨水，故硬笔书写所用的墨水和毛笔书写所用的墨水是不一样的。

3. 天然矿物质颜料

天然矿物质颜料又称为"石色"，其色素是从矿石或有色土中提炼出来的。一般情况下，人们要想制成天然矿物质颜料，首先要将含有颜料的矿石打碎并研制成粉末，然后加入一定比例的胶，将胶和矿石粉末相互融合，并加以保存，在使用时取出适量混合物，用毛笔蘸水即可。从天然矿物质中提取出的色素，是所有天然色素中稳定性最好的，在古时也常常作为颜料使用。

天然矿物质色料的书画，其损坏多由于胶料。在颜料制作中为了防止胶（主要成分为动物性蛋白质）的变质，往往会添加明矾，明矾为酸性物质，会加速纸绢的酸化。当纸绢等载体受损后，附着其上的颜料也随之开裂与脱落。

4. 纯金属颜料

纯金属颜料包括金属箔与金属粉末，其中金属粉末是用金属箔研制而成的。人们将金属粉末加胶料调制而成的涂料称为泥金、泥银等。

（1）金箔与泥金

金箔是中国传统绘画与工艺中经常使用的金属材料，用纯黄金制作而成。金箔非常轻薄，如同薄纸一样。将金箔研磨成金粉并加入胶料即为泥金，可用泥金

● 夏绿寅：《显微镜探知中国古代颜料》，《彩绘文物艺术考古》2007年第1期。

作画或书写文字。

（2）银箔与泥银

银箔由纯银制成，呈银白色。泥银由银粉与胶料调和而成。

（3）铜箔

铜箔的颜色与金箔形似，但价格较金箔便宜得多，常替代金箔使用。

（4）铝箔

铝箔与银箔一样呈银白色，因价格低廉常作为银箔的替代物使用。

5. 天然植物色料

天然植物色料一般是从植物的根、茎、叶、花与果实中提取的汁液。天然植物色料的稳定性次于矿物质色料，比较容易受到温度以及酸碱度的影响，从而改变性能，比如产生褪色或者变色等现象。

6. 动物色料

目前已知的动物色料来源主要有蛤蚌壳、珊瑚与胭脂虫等。一些古画中的洋红提取自珊瑚、蛤蚌或鸡冠，其色彩经久不变。

7. 血经

血经是中国一种非常珍贵的古籍，它的字迹中的色料是将古代高僧的血液与墨、金箔混合形成。这种色素的稳定性非常差，基本上见光就会分解，对于温度和酸碱度也十分敏感。

三、纸张的耐久性

纸张的耐久性由内部因素和外部因素共同作用，经过科学研究得出，纸张的稳定性会直接影响纸张的耐久性。所以保存纸质文件时不仅要注意到外部因素，还要从纸张本身的材质出发，了解影响纸张耐久性的内部因素，从而更好地保护文献资料。

对纸张耐久性因素影响的原因，主要和纸张所采用的原材料以及纸张原材料纤维的长度有关。

纸浆是造纸的基本原料。植物纤维是古代使用最广泛的造纸原料。古人将植物收集并加以处理，把植物纤维经过加工提取出来，从而制作成造纸所需的纸浆。纸浆的主要成分为纤维素。辅料是为了满足不同需要而添加到纸浆中的一些其他物质。

纸张的变质在前文已有相关的讲述，主要由于纸张的纤维发生了变化。这些变化可能由物理因素引起，也可能由化学因素引起，最终影响到纤维素的化学结构，使纸张的耐久性受到损失。

（一）纸浆基本成分的稳定性

从化学稳定性上看，纤维素最为稳定，半纤维素次之，木质素（简称木素）最不稳定，半纤维素及木质素容易受到光线、氧气等外在因素的影响而变质。

1. 纤维素

纤维素是一种天然的高分子化合物，在适宜的条件下非常稳定。如果不是遭受了强酸、强碱，或其他刺激性因素，纤维素能够非常稳定地保存很长时间，甚至几百年。在温度升高的情况下，纤维素的稳定性会降低，其中的大分子会随着温度的升高变得非常活跃，到达一定温度时就会发生断裂，从而纤维素的稳定性也就遭到了破坏。

纸张中所含纤维素成分越高，纸张的稳定性就越强，从而纸张的耐久性也越高。纤维素的化学稳定性为纸质文献的长期保存奠定了基础，纸张所含纤维素的成分越高，纸张的耐久性就越好。

中国古代所造的纸纤维素含量很高。除了已经提到过的原因外，还有一个非常重要的原因，即中国古代造纸过程一般都要经过一个不可或缺的步骤——蒸煮，这一过程也可以认为是发酵。通过蒸煮得到的纤维素，基本上不含有其他杂质，最终制作纸张的纸浆里，所含非纤维素的比例非常低，因此，造出的纸一般会偏碱性。

纤维素的化学成分较为稳定，使得纤维素含量较高的宣纸有了"纸寿千年"的说法。但世界上所有物质都处在永不停息的运动和变化之中，随着时间的推移，物质原有的特性也会发生不可逆的变化，要永久保持其原有的理化性质及功能是不可能的，即物质的变质是绝对的，但发生变质的时间长短与物质种类及所处环境有关。时间因素是自然界不可抗的力量，纤维素也会随时间而逐步氧化，最终失去原来的白度与韧性，即发生老化。

纤维素除了会受到温度、湿度以及酸碱度的影响外，还会受到光的破坏。在纸张的制造过程中不可避免会添加其他物质，加入其他物质，势必会影响到纤维素自身的化学性质。纤维素本身对于紫外线等波长较短的光较为敏感，若添加的物质中含有对光十分敏感的材料，那制成的纸制品可能对光更加敏感。

2. 半纤维素

与纤维素不同的是，半纤维素并非线性高聚物，而是含有短侧链的多聚糖。半纤维素聚合度较低，其强度低且化学性质不稳定。

造纸的过程中加入或者适当地保留半纤维素，可以提高纸制品的韧性，从而提升纸制品的寿命。由于半纤维素化学分子式比较特别，如果添加过量会影响纸制品的耐久性，添加量需要根据不同的需求、不同的用途进行配比。

3. 木质素

木质素质地脆弱，化学性质比较活泼。木质素最容易氧化，尤其在光照、高温或酸碱的影响下，氧化更为迅速。

木质素是一种光敏性材料，如果在造纸过程中不慎留在了纸浆中，造出的纸会对光敏感，甚至有的纸张在经过长时间的光照后会变色，而变化后的颜色取决于木质素具体的种类。

研究表明，如果纸张中含有较多的木质素，即使在最佳保存状态下纸张最多也只能保存不到200年的时间。因此，木质素也是影响纸张稳定性和耐久性的重要因素之一。

由上可见，木质素是破坏纸张耐久性，导致纸张发黄、发脆的主要有害成分。制作高品质的纸张或耐久性好的纸张，要求木质素含量越低越好。

4. 水解

水解是让纸张改变其原有理化性质的重要因素之一，主要使纸张变质，从而影响纸张原本的性能。一旦纤维素发生水解，纸张就会很快改变原有的形态，遭到破损。水解的原理就是破坏纤维素的分子结构。前文已经提到过，纤维素是一种高分子化合物，水解的过程就是分解这一高分子化合物的过程。水解对于纸张的损坏，主要体现在以下方面。

（1）纸张发黄并开裂

水解不仅会改变作为纸张主要成分的纤维素，而且会消耗纸张中的水，使纸张开裂、发黄、易碎。某些酸度较高的纸质文档在保存一定时间后虽然仍保持完整，但是纸张十分易碎，稍微触摸就会掉下很多碎屑。在国外，这种现象被称为"纸张自毁"。

纸张水解的过程中最主要的作用因素是水，含水量越高，纸张就越容易发生水解，同时水解的速度也就越快。纤维素的水解过程和其他纤维不太一样。纤维素的水解需要酸性催化剂，只要是酸都可以对纤维素的水解起到促进催化的作用。化学反应当中，酸性催化剂不会被消耗，因此，当催化过程快结束时，纤维素的含量较低，而酸的浓度和初始时相比并没有发生变化，水解的速度就会加快。

（2）为破坏纸张的其他途径打开缺口

导致纸张变质的主要破坏途径有三大类，除水解外，还有氧化及交联。水解反应的发生，为另外两大破坏反应打开了缺口，一系列破坏纸张的变质反应会随纤维素的水解接踵而来。

研究表明，除了有酸作为纤维素的催化剂外，纸本身其实也有酸碱度。如果纸本身偏酸性，在空气湿润的环境当中，这些纸就容易发生水解，从而导致纤维素键的断裂。更严重的情况下，纸张会褪色，酸性越强，这种反应就越激烈。

5. 纸张 pH 与纸张寿命

碱性纸耐酸侵蚀，但由于纤维素处于高碱性的条件下氧化分解的速度也会大大加快，因此强碱性并不完全利于延长纸的使用寿命。对于古籍用纸，强酸和强碱对纸的耐久性都会造成很大的破坏。

基于此，许多国家与国际组织都将纸张的pH，以及纸中是否残留适当的碱，作为评价纸张耐久性的主要指标。

（1）美国材料与试验协会

美国材料与试验协会将纸张保存性分为LE-1000、LE-100及LE-50三个等级。

①LE-1000。LE-1000是指纸具有数百年到1000年的寿命，这可能是纸的最高预期寿命。它要求纸张使用碱性填料，如用碳酸钙制造的中性或碱性纸，萃取纸张的 pH 应在 7.5～10.0 之间。

②LE-100。LE-100是指纸的最高预期寿命可达100年左右，它要求纸张为中性纸或碱性纸，萃取纸张的 pH 在 6.5～7.5 之间。

③LE-50。LE-50是指纸张预期能保存50年，寿命中等，萃取纸张的 pH 不得低于 5.5。

（2）我国的相关标准

我国《信息与文献　文献用纸耐久性要求》（GB/T 24423—2009）尽管没有具体指明耐久纸可能保存的预计年限，但对需长期保存的纸质文献的纸张要求如下：第一，碱保留量。每千克纸中碳酸钙含量不低于 0.02 千克；第二，纸张的卡伯值应低于 5.0；第三，试样冷水抽提液的 pH 应在 7.5～10.0 的范围内。

（二）辅料对纸张耐久性的影响

造纸过程中，除了植物纤维外，很多时候还需要添加其他一些原材料以满足不同的用纸需求。将这些原材料添加进纸浆之后，会使纸浆的酸碱度发生改变，这种改变有两方面原因。第一，这些原料可能自身就存在偏酸或者是偏碱性的情况；第二，这些原材料之间可能会发生化学反应，或者是和纸浆发生化学反应，从而影响纸浆酸碱度。

19 世纪前，我国纸张都是手工制造的。造纸原料主要采自植物纤维，用石灰乳、草木灰水做蒸煮剂将其浸透制成纸浆，抄纸时纸浆放入抄纸槽，搅拌均匀，浸入纸模捞起纸浆即成纸。其他的辅料加入得也非常少，即使会加入一些其他材料，但是基本对于纸张本身的酸碱性不会造成影响。因此，中国古籍用纸在当初应是中性或偏碱性（pH 在 7.5 ～ 8.5 范围内）。当古籍用纸偏碱性时，如果这些古籍在保存过程中遭遇了酸性环境，古籍本身所带的碱性就会与之发生中和反应。这样一来，也会减缓古籍所受的损害。

清朝光绪年间，我国从西方引入了机器设备，从此造纸进入工业化时期。造纸机器的引入，不仅使造纸时间大幅缩短，也促进了当时的人类对于造纸技术的探索。为了产生更大的经济效益，人们把造纸中所使用的胶改为明矾与松香的混合物，这种物质本身就是偏酸的。明矾水解后形成硫酸，这些都是造成纸张纤维素水解的主要催化剂，因此那个时期的部分纸质文献难以持久保存。

（三）中国古纸的酸化

国家古籍保护中心将古籍的损坏分为 11 类，即酸化、老化、霉蚀、粘连、虫蛀、鼠啮、絮化、撕裂、缺损、烬毁与线断等，其中酸化是最普遍的。

20 世纪 60 年代以来，古籍酸化不断加剧。纸张出厂时的 pH 并非不会改变，纸张的酸碱度会随周围环境的变化而变化。污浊空气的酸性物质、装具制成材料所释放的酸，甚至纸张老化过程中自身产生的酸等，都会使原来并非酸性的纸张转化为酸性，使原来酸性纸张的 pH 更低，这种现象就是酸化。纸张酸化后，其直观表现是纸张机械强度下降、发黄变脆、易裂、易碎，严重时轻轻触摸就可能碎屑遍地。调查显示，国家图书馆收藏古籍的平均 pH 从 20 世纪 60 年代的 7.0 ～ 7.5 已经下降到 6.0 ～ 6.5。

绝大多数古籍的纸张最初是中性或微碱性的，究其酸化的主要原因或具有共性的原因主要有以下两方面。

第一，空气中的污染物。空气中的污染物很多都是酸性物质，显然会对纸张造成一些影响。

第二，不良装具促进纸张酸化。有的装具在生产过程中也会偏酸，当这些装具和古籍直接接触时，就会导致纸张酸化。

古籍在长期保管过程中，其原有的装具（如函套、书盒等）可能损坏而更换为以现代酸性纸（如酸性纸板）制成的装具，酸性纸中的酸就会迁移到与之直接接触的古籍上。除装具外，用酸性纸或现代印刷品（如报纸）接触、覆盖或包裹古籍，都会使酸性物质迁移到古籍上，导致纸张的酸化。

第三节　中国古代对书籍的保护

古代皇家藏书地向来有"金匮石室"之称，取其"重缄封、慎保存"之义。我国寺院藏书都藏于专设的藏经楼，各寺院设立经藏已成定制，或阁，或堂，或院，或楼，把经书集中起来统一放置，有利于图书的统一管理与保护。隋唐时期，有的寺庙为了保护佛经，还采用秘藏的方式。第一种是在深山洞窟里凿刻石经。宋辽时期，辽国所藏石刻经书可谓中国寺院藏书奇迹。位于今北京市房山区云居寺的"石经长城"，历经千余年，累刻 1122 部 3572 卷 14278 块石刻佛教大藏经，是世界上绝无仅有的石刻《大藏经》和篇幅最长的文字石头书；第二种就是将经书藏于佛阁密室内，如著名的敦煌石窟，这和金匮石室的作用异曲同工。

除了在石头上刻经、把经放入石室，还有专门的石函藏经。如《宋史·列传第二百一十四·忠义十·徐道明》中记载："徐道明，常州天庆观道士也。为管辖，赐紫。德祐元年，北兵围城，道明谒郡守姚訔请曰：'事急矣，君侯计将安出？'訔曰：'内无食，外无援，死守而已。'道明亟还，慨然告其徒曰：'姚公誓与城俱亡，吾属亦不失为义士。'乃取观之文籍置石函，藏坎中。兵屠城，道明危坐炳香，读《老子》书。兵使之拜，不顾，诵声琅然；以刃胁之，不为动，遂死焉。"说的是宋代玉虚观道士徐道明，在德祐元年（1275 年）北兵围城时，把观中的书籍藏于石函又隐放在坎中，并危坐其上。当士兵以刀威逼他离开时，他毫无惧色，最后为护道书而死。从这段文字中可以看出，当时出现石头做的函套作为护书用品。

中国古代诸多藏书家往往也是大学问家，他们爱书、藏书，对书的保护不遗余力。私人藏书有放入石室保存的记载：宋末元初胡三省撰《资治通鉴广注》，其稿在战乱中失散，故发愤而作《资治通鉴音注》，后携稿藏于袁桷东轩石室，故得以保全。宋代流传下许多爱书、护书的佳话。如藏书伉俪赵明诚与李清照在归来堂上论金石。据李清照《金石录后序》记载："收书既成，归来堂起书库大橱，薄甲乙，置书册。如要讲读，即请钥上簿，关出卷帙。或少损污，必惩责揩完涂改，不复向时之坦夷也。"说的是藏书既丰，遂打造起书库大橱，将书目登记造册，按目录安置，要看的话需取钥匙登记后领取。看完书后书叶如稍被污损，要擦拭干净方复归橱。文中提到的保护方式是把卷帙（帙，卷轴装书籍的布袋）放在大橱里，每次读完，弄脏的地方要擦拭干净方复归橱。这是对书籍的防尘、防污方式的记录。

和李清照同一时代的南宋藏书家陆游，其藏书存放似乎杂乱无章，如在其诗中一再描述自己深陷书围的情形："倒掩衡门手自关，老身著布乱书间。"（《斋中杂兴》）"万事莫论羁枕梦，一身方堕乱书围。"（《怀故山》）意旨书斋之内到处都是图书，竟至阻人出入。这与李清照的"簿甲乙，置书册"式的严谨管理大为不同，但书籍的随意堆放并不意味着陆游对藏书疏于爱护。相反，陆游十分爱惜图书，非常注重对藏书的保护。他时时整理书籍，为书拂尘，如《暮春》（其四）所言"流尘闲拂坏垣书"。除了清洁书籍外，他还注重晾晒书籍，既防发霉，又防虫害。《曝书偶见旧稿有感》《曝旧画》等诗都写到了晒书的情形。陆游的藏书斋名叫"书巢"，为此他专门写了一篇《书巢记》，以神采飞扬的笔调来形容其藏书："吾室之内，或栖于椟，或陈于前，或枕藉于床，俯仰四顾，无非书者。吾饮食起居，疾痛呻吟，悲忧愤叹，未尝不与书俱。宾客不至，妻子不觌，而风雨雷雹之变，有不知也。间有意欲起，而乱书围之，如积槁枝，或至不得行，则辄自笑曰：'此非吾所谓巢者邪？'乃引客就观之，客始不能入，既入又不能出，乃亦大笑曰：'信乎其似巢也。'"（《渭南文集》卷一八）

文人爱书，会在家中选择干燥的房间用于藏书，书柜中也会添加一些药物以助护书。

《唐才子传》中卢仝有诗云："此宅贮书籍，地湿忧蠹朽。"《齐民要术》中记载"书厨中欲得安麝香、木瓜，令蠹虫不生。"明代叶盛有《书橱铭》，曰："读必谨，锁必牢，收必审，阁必高。"可见旧时的藏书家一旦得到珍贵书籍，往往藏于幽庭秘阁。

古代护书除对藏书地点、看书的制度方面有所讲究以外，尤其注重对书籍本身的防蛀措施。为了防止虫蛀，古人想出了一些方法，比如曝书。司马光爱书如命，尝诏告其子公休爱惜典籍："吾每岁以上伏及重阳间，视天气晴明日，即设几案于当日，所侧群书其上以曝其脑，所以年月虽深，终不损动。"可见古人对于晒书防蛀已经有特定的方法。

用特殊的纸来防蛀、防霉，自古就有记录。宋代图书历来为中外学者所称道，因为宋版书注重用纸、用墨的精良、巧妙。高濂曾云："宋人之书，纸坚刻软，字画如写，格用单边，间多讳字，用墨稀薄，虽着水湿，燥无湮迹。开卷一种书香，自生异味。"文中提到的"异味"便是椒纸味。椒纸出现于宋代，纸张用罗椒果实水浸液处理，再装入书箱及函套中防蛀。用椒水处理后的纸具有抗蛀性，同时有种特殊香气，因此叶德辉称这种宋版书"椒味数百年而不散"，有所谓的"书香"味。宋代的沈括在《梦溪笔谈》卷一中提到嘉祐中馆阁之书"悉以黄纸为大册写之"，人称"黄本书"。黄本书的纸张用黄檗（一种芸香科的植物）染成，可以防止虫害。

明代南海（今佛山一带）发明了"万年红"防蠹纸。这种橘色的纸作为线装书的护叶或衬纸，既能防止虫蛀，又有美化书籍的效果。经现代科学激光光谱分析，防蠹纸涂有用铅、硫黄、硝石等化合而成的"铅丹"（也称"红丹"），铅丹的主要化学成分是四氧化三铅（Pb_3O_4），呈橘红色，蠹虫接触铅丹就会死亡。同时，四氧化三铅在空气中的化学性稳定，可以在较长时期内防止蠹虫。

中国古代还常用芸香避蠹。芸香又名"香草""七里香"，花和叶子有强烈的刺激气味。《寿亲养老新书》中也提到"古人藏书，谓之芸香是也。采置书帙中，即去蠹"。明代宁波天一阁的藏书多用芸香，至今 300 年不生蠹。所以，古代不少藏书楼名称中都有"芸"字，如"芸台""芸阁""芸署"等。

第四节　现代古籍保护的基本方针与策略

《国务院办公厅关于进一步加强古籍保护工作的意见》中指出，古籍保护要贯彻"保护为主、抢救第一、合理利用、加强管理"的基本方针。需要说明的是，这里提出的保护指的是在古籍还未损坏，或者是损坏程度较小时对其进行的保护，是为了防止其发生二次伤害的主动性保护。而抢救则是指古籍已经受到了很大程度的伤害，这个时候需要对它进行最后的挽留措施，所以这是一种被动性的保护。

一、古籍保护的基本方针

"保护为主、抢救第一、合理利用、加强管理"的方针具有两层含义：一是保护古籍是第一位的，利用古籍是以保护为前提的，是在合理范围内的利用，是有限制的利用；二是在继续强调抢救性保护的同时，逐步加强预防性保护。

古籍保护应强调有效保护，加强合理利用。古籍与普通文献不同，是不可再生的文化遗产。古籍具有文献、艺术、叙述等重要价值，因此保存其原本是第一要务。如果不加以保存，就无法将古籍继续传承下去，但利用古籍是保存古籍的意义之一。因此，为了正确处理旧书的保存和使用之间的关系，就必须采取"有效保护，合理利用"的原则。

"有效保护，合理利用"，即在使用古籍，特别是那些利用率高或价值高的古籍时，应处理长期利益和眼前利益之间的关系，不应该为了个人眼前利益而滥用古籍的原始文本，导致古籍载体过早损坏。因此，就流传于世的古籍珍品而言，原则上讲，应以收藏为主，通常提供复制品进行利用，而不应直接使用原版。只有这样，幸存下来的古籍才可以继续流传下去，并尽可能完整地传承给子孙后代。

古籍保护应强调抢救性保护，加强预防性保护。在问题发生之前进行预防，不仅可以减少对古籍载体的损坏，而且可以避免抢救性保护产生的风险。因此，预防性保护是一种更加积极主动地保护，这是国际遗产保护领域关于文化遗产保护发展方向的共识。

就投资古籍藏品收集保护的所有成本和收益而言，预防性保护要优于抢救性保护的。尽管预防性保护的成效并不能立刻显现出来，但它比被动保护更具有科学性和前瞻性。虽然预防性保护在前期投入的人力、物力成本比较高，但对还未损坏的古籍的保护是全方位的，因此，其成本效益低于抢救性保护的成本效益。抢救性保护只针对已经损坏的古籍藏品，因此效果会更明显，但抢救性保护需要付出的代价更高，且已经损坏的古籍藏品不可能完全恢复原样。❶

当前，随着我国经济水平的不断提高，文化保护也受到了国家的重视。目前已经有越来越多的博物馆、图书馆以及相关的场馆开始行动，加大对古籍文化的

---

❶ 刘家真、廖茹：《我国古籍、纸质文物与档案保护比较研究》，《中国图书馆学报》2012 年第 4 期。

保护力度。同时，越来越多的古籍的研究活动也随之开展。除此之外，古籍收藏单位还开展了知识讲座、专业化的培训，这些举措都是为了加强对于古籍的保护。相关组织应提倡广大的市民群众以一种更加积极的态度了解古籍文化、看待古籍文化，并且加入古籍文化的保护当中去。

目前，在我国的古籍保护工作中，抢救性保护仍然是主要的工作方针。如果不能及时抢救损坏的古籍，那么无论保护工作做得多好，已经损坏的古籍载体也无法恢复。

二、古籍保护的基本策略

在"保护为主、抢救第一、合理利用、加强管理"的方针指导下，古籍保护的基本策略可以概括为三点：以防为主，防治结合；分级保护，优先重点；健全制度，加强管理。

（一）以防为主，防治结合

古籍保护是指为保存古籍原本进行的全部活动，是由主动保护与被动性保护联合构成的无缝体系。主动性保护（防）与被动性保护（治）是相辅相成、缺一不可的。鉴于主动性保护的前瞻性以及被保存的大多数古籍尚未损坏，古籍保护的策略应以防为主、防治结合。

（二）分级保护，优先重点

中华民族 5000 多年的文明史源远流长。据不完全统计，我国公藏的古籍从宋代到清代共 20 余万种，版本有 45 万～ 50 万种。此外，还有大量古籍散佚在民间古籍收藏单位和个人手中。

中华文明 5000 年的历史承载了大量的文化内涵，也铸造了大量极为珍贵的文献资料和古籍资料，对于这些古籍的储存和保护需要引起人们足够的重视。当前我国虽然有许多收藏古籍的单位，但这些单位由于地理位置或者是其他因素的影响，工作条件以及保护措施有较大差异。有些古籍保护单位的储存条件很差，要提高古籍保护力度，就需要从这些单位入手，规范储存措施，再对其进行统一化的管理，期望实现对古籍更好的保护。以前，古籍保护工作往往优先保护那些最为珍贵的资料，随着国家实力的增强，对有价值的、尚未被关注的古籍也应当实施相应的保护措施。

不仅在主动性保护中应该实行分级保护，在抢救性保护中同样应该进行分级处理。尽管近年来古籍修复人员的短缺有所缓解，但仍然很难满足古籍修复的需求。而分级保护可以基于古籍的珍贵性和损坏的严重程度来进行，为古籍安排适当水平的修复人员，制订多种不同的古籍修复计划，集中力量和资金，根据古籍的受损程度和价值差异对不同的古籍进行不同程度的修复，使古籍得到有效的保护。

（三）健全制度，加强管理

为了加强对古籍保护的管理，我国建立并逐渐完善了一系列有关古籍保护的政策，如古籍普查和登记制度、古籍分类保护制度、古籍重点单位保护制度、古籍的修复与利用制度等。尽管这些政策已经出台，可是在实际工作中有没有得到全面的应用，还不能下定论。由于这些政策出台的时间较短，因此，没有前人的经验可以借鉴，广大工作人员应在日常工作中贯彻落实相关政策，根据不同古籍进行相应的调整，对古籍实现真正的保护。

第五节　现代古籍修复与保护体系的构建

一、古籍保护与修复保障体系规划

古籍的修复不单单对考古学界有非常大的影响，还会影响到整个社会的发展。古籍中存在着的不只是一段历史，还包含了历史中的经济、政治、文化、军事等各方面的知识，这些知识往往不为人知，因此，古籍的修复归根结底是为了让人们了解历史，并通过那一段历史了解到当时社会文化等方面的发展。随着社会的发展，古籍修复和古籍研究活动再也不是只有工作人员才能亲身经历的事情，需要社会各界人士引起重视，共同为古籍的修复构建一个良好的平台。只有真正将保护古籍落到实处，才能将我国宝贵的文化遗产保护好、传承好。

（一）强化全社会古籍保护与修复意识

要想真正将古籍保护落到实处，引起整个社会的重视，首先就是要对古籍修复与保护的工作做一个详细的介绍，让人们真正了解古籍保护的重要性，从而引起更多人的重视。古籍是社会发展中不可再生的宝贵资源，将这些资源分门别类进行整理，了解这些资源的用途，对于中华民族来说是意义重大的一件事。不仅如此，它对于提升民族素质，加强民族凝聚力，促进社会的发展，提升中国的文化软实力都有着非常重要的积极影响。

在宣传古籍保护工作时，可以通过丰富多彩的相关活动，激起人们的民族自豪感，自然而然地就会有越来越多的人关注到古籍的修复。政府等相关部门应该带头做好表率，加大对于古籍修复的宣传力度，让更多人了解古籍，并加入这个行列。越来越多的文化节目以文物保护为切入点，目的就是让古籍走进人们的生活，让人们了解古籍所承载的文化内涵，从而发自内心地认识它、走近它并且喜爱上它。越来越多接地气的活动如火如荼地开展着，这些活动缩短了古籍与公众的距离，提高了公众对古籍保护的了解程度，加强了人们对传统文化的认识。

（二）加强相关政策法规建设

政府部门在古籍保护中应该发挥表率作用，及时出台相关政策，这样古籍保护工作才有标准去执行。当前对古籍的保护主要依靠国家的政策法规，因为很多人还不了解其意义所在，也无法体会到古籍的重要价值，因此，需要相关部门出台相关政策法规约束古籍市场中的不规范行为，从而使古籍保护有一个更好的环境。当前世界其他国家已经采取和制订了非常多有关古籍的保护措施和计划，同时对于古籍的保护也提出了非常多可行性建议，其中不乏很多经过实践验证或者是在实际情况中总结出的经验，都是值得我们借鉴学习的。

古籍保护与修复的相关法规指的是国家或有关立法部门通过对古籍市场的调查研究以及取证，归纳总结出对整个古籍市场的一种规范性要求，古籍保护与修复如果有了国家法律做保障，就会达到事半功倍的效果。尽管目前已经有相关法规实施对古籍的保护，可仍有很多不法分子对古籍造成不可挽回的损害。我国大多数相关机构的资金来源主要是政府的财政拨款，目前还没有法律或法规可以保障用于保护和修复古籍的资金的稳定性和连续性。为此，必须加快相关工作，特别是在资金、机构和人员编制方面的立法工作，以确保古籍保护和修复工作的顺利进行。在古籍保护与修复工作中，必须严格执行相关法律规定，必须严惩违法行为，古籍保护和修复部门及其工作人员必须履行法律规定的职责，需要根据法律授权参与相关事务。

政策和法规之间的关系是相辅相成的，只有出台了相关的法规政策，在实际操作当中才具有强制性。当务之急要出台与法规相匹配的政策，全面完善政策和法规之间的有机联系。另外，随着全球化浪潮的发展，国际交流显得越来越重要，古籍可以成为我国和其他国家交流文化、经济的切入点，这也是保护古籍的意义之一。

（三）加强组织机构体系建设

应加强从中央到地方的专门古籍保护与修复机构、古籍保护与修复部门等的建立，有助于古籍保护与修复工作的顺利开展，促进相关文化事业的发展。

我国古籍保护和修复工作起步较晚，专门的古籍保护和修复机构建设还很不完善，近几年才开始改进。我国古籍工作不仅应加入一些国际组织以更好地保护古籍文物，还应该在全国范围内建立自己的保护组织体系。比如，在全国建立以古籍保护为主题的图书馆，推动古籍走进大众，走进生活。另外，除了图书馆外，相应的专业组织也应该紧锣密鼓地开始筹备活动。目前我国最主要储存古籍的地方就是博物馆，但是博物馆大多数需要展览各种类型的文物，并不能对古籍起到有力的宣传作用。不仅如此，尽管所有的省份都有古籍保护的组织，但是很多地方并没有切实地将这些组织的用途发挥出来，这也是古籍工作需要注意的地方。因此，对于古籍的保护和修复，任重而道远。

开设古籍修复部门需要耗费大量成本，因此许多地级城市的古籍保护机构没有能力开设这一部门，当前应该大力促进古籍修复部门的建立。除了成本外，缺少相关的科研人员也是当前最大的问题之一。当前很少有高校开设古籍修复相关的专业课程，每年培养出的人才并不足以满足古籍修复市场的需求，基于此更应该加大古籍修复的宣传力度，从而引起各单位和大众的重视。因此，除了要设立古籍修复部门外，也有必要在一些高校开设相关的课程，并且加强高校以及地方政府之间的联系，真正做好古籍修复与保护。

（四）重视与完善普查登记工作

普查登记主要是针对古籍与历史档案，即对现存的古籍与历史档案的种类、数量、级别等次、破损情况和保护环境等进行调查、鉴定和记录。古籍普查登记是古籍保护与修复的基础性工作，是古籍抢救、保护与利用工作的重要环节。通过普查登记工作，编制出全国、本地区或本单位需要保护与修复的古籍目录清单，定期向上级机构汇报普查登记结果，及时分析其结果，对古籍档案等级和破损等级进行分类，实行分级保护和修复措施；根据古籍的保存条件和环境，提出符合本地区特点的修复等具体计划，对于不符合古籍档案仓库内部环境或消防等外部环境要求的单位，提出隐患改造方案；对于仓库条件差和管理不合格的仓库管理单位，根据古籍档案的级别，将其存放在级别较高的收藏单位或其他条件好的单位，所有权保持不变，并且仓库的整改结果由专家认定，满足保护要求后，才可以归还古籍档案。

普查不应该只包括图书馆，还应该涵盖收藏古籍的博物馆、档案馆以及社会组织和私人收藏。按照古籍的珍贵程度，将其分成不同的等级，或者根据古籍记载的相关内容进行分级。比如，可以根据古籍的内容划分为历史类、艺术类或者是小说等，将古籍分类后，可以在每一类下再设其他小类，由此就能将古籍进行层层分类。分类后，可以确定和调查古籍的保存程度。需要注意的是，对于不同年代、不同类型、不同分类下的古籍可以采用不同的损坏程度来定级，这些工作都完成之后，可以将数据传输到互联网上，建立古籍数据库。规范的数据库可以帮助古籍修复，帮助古籍资料的记录，方便研究人员进行相关的研究工作，同时也方便广大群众形成对古籍的认知。公共收藏机构中保存的大多数有价值的古籍都是来自私人收藏，但是，普查工作仍少有涉及私人收藏，因此应进一步做好对民间私人收藏的普查工作，这对古籍保护具有重要意义。

（五）制订并实施保护计划

关于古籍工作，可以从两个层面来制订计划。首先是宏观层面，从国家角度和法律法规制定的角度出发，期望能最终实现对古籍的保护与修复，这是一个长期目标，并不是一蹴而就的。因此，在这个长远目标当中需要划分一个个小目标，按阶段对这些小目标进行考核，从而实现最终的目标。其次是微观层面，是比较现实的层面，需要古籍收藏机构和单位切实开展对古籍的整理修复工作，共同行动，为古籍修复大业迈出至关重要的每一步。

古籍工作不仅是对那些已经受到伤害的古籍进行修复，对于那些还没有受到损伤，或者是损伤比较小的古籍，也应该进行预防性保护，关于古籍的保护，应该从损害发生之前到损害已经发生的很长一个阶段实行保护，并不是只把眼光放在那些已经损害的古籍上，因此，需要制订一系列的长期计划。这一计划按照一定的分类，可以将其分为原生性保护和再生性保护。原生性保护，指的是在损害还没发生的时候，就主动对古籍进行检查分类，以及对那些受到细小损害的古籍进行修复，使古籍能够更长久地被保存下来，为后人带来研究价值。再生性保护指的是古籍受到损害之后，利用一些科技手段或者操作技巧，对古籍实现修复，希望古籍能够达到一个比较完整的状态。

制订历史文献、档案的保护和修复计划对文献机构来说是非常有必要的，科学而完善的文献档案保护计划可帮助相关机构明确文献保护和修复的目标和任务，建立自上而下的责任体系，阐明其各自的权利与义务。文献档案保护和修复计划的内容与组织的收集范围、服务目标以及计划的实施时间和步骤密切相关。文献档案保护和修复计划应涵盖馆藏管理的各个方面，并根据馆藏的不同特征提供不同的修复方法。要考虑的属性包括馆藏组成的特性（物理成分和知识特征）、资料的相对重要性、开放使用类型（开架或其他位置存放）、使用频率等，同时要防止高温或潮湿，提供适当的存储空间，建立应急和防灾机制，做好防盗工作，为古籍提供基本保护。

对于古籍的保护和修复除可以提升全民素质之外，对于国家本身来说，也是继承和发扬中华民族的传统文化，发挥人民的主观能动性的有力措施。在当前的发展阶段，人民对于文化的需求相比以前有了大幅提升，所以在这一阶段应该抓住机会，将古籍推广到大众面前，让大众认识到古籍是一种什么样的存在。国家图书馆于2011年制订了"民国时期文献保护计划"，这一计划希望将民国时期的古籍文献推广到人们的日常生活中，让人们对古籍文献有更深的了解，保护计划的内容可以概括为六点：一是在全国建立古籍文化的搜索平台，大众可以通过这个平台对古籍进行搜索和了解。二是和国外实现更加深入的活动交流，积极地向国外学习优秀经验。三是提升古籍文献的储存环境，从根本上杜绝文献可能会受到的损害。四是加强对文献的再生性保护，在文献受损之后能以更高效的方式进行修复。五是加强专业化人才的培养。古籍收藏机构和单位要和各大高校形成紧密的联系，推动相关人才进入工作体系当中。六是提高古籍保护和古籍修复工作的社会认知度，培育公众认识到文献保护的重要性。

（六）建立质量管理体系

质量管理是指确定质量政策、目标和责任并通过质量计划、管理、保证和改进实现的所有活动。质量管理体系的建立也是文献修复和文献保护工作中最为重要的一步，如果没有质量管理体系的监督，即使有了计划、有了相关政策文件，修复工作的质量也不能得到保证，那么文献修复的最终目标也无法实现。

文献古籍的保护和修复是一个比较主观的过程，因为不同的修复工作者所拥有的经验是不一样的，所以在实际工作当中，他们的操作可能会出现差异。另一个值得注意的问题是，在保护和修复古籍中有许多步骤和方法无法用语言和文字准确地描述和量化，有些具体操作是基于个人感觉的，这使得对古籍工作质量的评价带有主观意识。科学评价用于保护和修复古籍的方法、技术、设施和设备，可以避免诸如规划不当、执行效率低下、控制不当、监督不当以及缺乏保护和修复古籍的标准等现象造成的损失。

（七）充分发挥社会力量的补充作用

因为我国要保护和修复的古籍数量巨大，所以即使动员全部现有力量，保护和修复的速度也远远落后于古籍的损坏速度。因此，目前最主要的任务是调动所有可用的资源，参与到修复古籍的工作中。

和政府的财政投资相比，从社会各界筹集而来的关于古籍修复的资金在分配和使用当中更具有灵活性，在这种情况下，一些专门修复古籍的公司便成立了。这些公司主要承担古籍的修复工作，从而实现收益，并且这些公司目前在我国发展的势头比较强劲，已经有了多种类型，分布在不同地区。

珍贵的历史文献、古籍、档案是中华文明的象征，是宝贵的财富，是不可再生资源。我们需正确认识抢救历史文献、古籍、档案的紧迫性、重要性。政府应全力支持社会上有经验、有专业技术的企业和个人力量参与到我国历史文献、古籍、档案等的修复、抢救工作中去。

在新形势下，政府要给予在历史文献、古籍、档案保护工作中作出突出贡献的社会民营企业和社会专业人士充分的肯定，同时要对具备多年专业实践经验的企业给予历史文献档案修复许可资质认可。

在全国社会力量调研中，广东有一家专业性强、规模和技术力量雄厚的古籍保护企业——广州市余平文史典籍保护实业有限公司，它是修复历史文献、古籍、档案的专业公司。此外，还涌现了如山东润古轩文物保护工程有限公司、四川西部文献修复中心、北京古艺山房文化艺术有限公司、南京中友图书文化有限公司古籍修复中心等一批社会力量。这些企业积极参与国家和地区文献的保护和修复，并日益成为重要的辅助力量。

由于专业的古籍保护和修复公司在人力和物力资源配置上具有明显的优势，并且保护和修复的水平和效率很高，因此，政府必须充分认识到社会力量参与古籍保护和修复的重要性，只有调动社会的力量参与古籍保护和修复中，将其纳入保障体系，并建立健全相关制度，建立公平的市场，创建一个由上到下的完整体系，才可以保证古籍保护和修复工作的长久发展。

（八）推动合作与协调的广泛开展

我国当前的古籍工作需要推动跨国、跨地区、跨系统的合作与协调发展，建立一个相互联系、全面合作的网络体系，从而健全古籍保护与修复体系结构。如全国古籍保护工作部际联席会议，由文化和旅游部牵头，国家发改委、教育部、科技部、国家民委、财政部、国家新闻出版署、国家宗教局、国家文物局等部际联席会议成员单位的代表参加。通过联席会议，在国务院的统筹领导下，研究拟订全国古籍保护的重大政策措施，协调解决全国古籍保护工作中的重大问题；讨论确定年度工作重点并协调落实；指导、督促、检查古籍保护各项工作的落实，互通信息、相互配合，形成合力，共同做好全国古籍保护工作。今后的古籍保护与修复的行业协会等组织机构的建立可参照这一联合模式，邀请多方面的相关主管部门、专家、学者、业界精英等共同参与建设。

海外中华古籍合作保护项目就是跨地区合作的一个典型案件。海外中华古籍合作保护项目是 2007 年开展的"中华古籍保护计划"的组成部分。前期已开展了三批以数字化形式记录我国海外古籍的数据库，即"中华古籍善本国际联合书目系统""东京大学东洋文化研究所藏汉籍善本全文影像资料库""哈佛大学哈佛燕京图书馆藏中文善本特藏资源库"。2013 年，"海外（北美地区）中华古籍保护工作研讨会"在北京召开。北美地区收藏中文善本较多的 12 家图书馆馆长或负责人受邀参加。会议决定加强对北美中文古籍的调查、整理和公布，交流海外（北美地区）中文古籍合作保护工作，研讨项目并探索合作机制，特别是就编纂《北美中文善本古籍联合目录》、北美中文古籍数字化和整理出版进行讨论。

我国古籍数量巨大，但由于分散保管、体制、组织等多种原因，古籍保护与修复缺乏全面的管理或管理工作不到位。因此，将古籍保护与修复发展战略规划纳入国家整体发展战略中，整体推进古籍工作发展，增强其创新能力，实行长期战略性的保护策略势在必行。

二、古籍保护与修复的方案及策略

在对古籍进行保护和修复的过程中，除了各方的组织协调工作外，一个科学的方案和细致入微的具体操作措施也是十分重要的。古籍修复和保护的过程当中可能会运用到非常多独特的技巧，操作者需要潜心学习各种操作技巧，并且在实际中加以运用，才可能成为一名优秀的古籍修复工作者。值得注意的是，不同的古籍有不同的材质、质地，破损程度也各不相同。因此，古籍的修复需要有一套完整的措施流程来规范操作者，只有完整地规范修复步骤和措施，操作者在实际工作当中才能按照标准进行工作，古籍的修复和保护最终才能得到保障，而实现古籍修复和保护，这一伟大目标才有可能实现。❶

（一）古籍的分级保护与修复

相关的机构应该根据古籍的珍贵程度对所藏古籍进行划分，采用分级形式对古籍进行修复和保护。这样才能与古籍的修复计划紧密结合，加快目标的实现。

文化和旅游部 2001 年发布的《文物藏品定级标准》规定文物藏品分为珍贵文物和一般文物。珍贵的文物分为一级、二级和三级，特别是具有重要历史、艺术和科学价值的代表性文物被列为一级文物；具有重要历史、艺术和科学价值的被列为二级文物；具有比较重要历史、艺术、科学价值的被列为三级文物；具有一定历史、艺术、科学价值的被列为一般文物。

当前关于古籍的修复和保护所使用的标准是文化和旅游部在 2006 年 8 月 5 日颁布实施的《古籍定级标准》（WH/T 20—2006），这套标准出台后，古籍的价值如何按照珍贵程度进行划分，有一个明确的依据，从而使古籍收藏单位以及私人组织有一个更好的规范。在实际工作中，古籍及修复操作者也可以根据这一规定，对古籍进行优先级的划分。对于珍贵的古籍，修复工作者在修复时要格外注意，要严格按照标准对古籍进行修复，相应的步骤也应该全面。而对于普通的古籍而言，也要按照步骤对其一步一步地进行修复。

（二）确定保护与修复原则

只有制定了相关原则，在实际操作中才有一定的准则，操作者应遵循原则对古籍实行保护和修复。这样一来，不仅可以促进古籍保护和修复工作的规范化，也能够在实际操作当中确保古籍的安全性，防止因人为因素对古籍造成二次伤害，而操作者也能从中学到更加规范的操作技法。

古籍保护与修复在中国已有上千年历史。前人在摸索中总结出"修旧如旧，修旧如新"的修复原则。当一本古籍遭到破坏时，最重要的是恢复其原始风貌，即尽可能地保留其原始特征，目的是确保其资料和文化价值不受损害，保障该古籍在修复过程中不受到二次伤害。但是，"旧"的观念不是千篇一律的，这是因为古籍并不是原封不动地保存到现在，今天存世的古籍大多数发生了变化，而这

---

❶ 边沙：《从古籍修复人员的角度谈古籍的修复与保护管理工作》，《管理观察》2010 年第 10 期。

些变化有自然因素也有人为因素的作用。自然因素会导致纸张变暗、碎裂、发霉、虫蛀等；人为因素主要是修复过程中人为造成的。例如，随便使用手边的可用材料进行修复，或在修复后更改了原始装帧风格。

"修旧如新"是一种修复技术，可更改古籍的原始外观，美化古籍的外观并延长其寿命，同时保留古籍的内容。一些古籍的纸张采用薄纸，有些书品小，并受到各种因素的影响损坏严重，为了使这些古籍得以流传，将新的纸张添加到已修复的书叶的背面，以达到加强书叶的目的。

"新"与"旧"是相对的。目前，我国已经形成了独有的一套关于古籍修复和保护的技法，虽然现在有了更多高科技的选择，但是经过多年演变，在古籍修复和保护的实践当中首选的还是传统技术。古籍修复的主要原则是"修旧如旧"，"修旧如新"只是不得已而为之的方法。

根据已有的经验，可以把实际操作当中需要坚守的原则分为以下几个方面。

第一，最少干预原则。这一原则要求在古籍的保护和修复的实际操作过程中需要根据不同古籍的情况，制订不同的修补方案，尽量在不损害古籍原有内容的情况下，实现对古籍的修复。同时在修复的过程中应尽量较少地使用一些化学材料，减少化学物质对古籍的再次伤害。

第二，修旧如旧原则。这一原则要求在古籍修复和保护过程中，尽可能地不改变古籍原有的风格。并不是说把古籍修复得像崭新的书籍一样就是最好的，而是在不改变古籍原有风格和整体性的前提下，尽量将古籍破损或者其他方面的问题进行修复，从而还原古籍原本的完整性。

第三，可逆性原则。这一原则要求在对古籍进行修复的时候所采用的材料必须对古籍没有任何损害。比如，在对古籍进行粘连的时候，使用的糨糊应该经过一定操作去除，因此，这项原则对于材料本身的要求是非常高的。

第四，保留历史信息的原则。尽管我们希望修复后的古籍可以保证其完整性，但是在修复过程中所添加的一些材料，比如纸张，必须和原始的材料有一定的差距，不能完全一致，这样后人才能明白哪些是经过修补的部分，哪些是古籍原有的部分，不会因此混淆。

古籍的修复和保护是对中华文明遗产的拯救，但是任何事情都是双面性的，古籍修复也是如此。对于古籍本身来说，可以使其更好地保存，但是在古籍修复过程中可能会发生一些意外的事情，非但不能对古籍进行修复和保护，对其而言还可能是一种伤害。一般来讲，可以继续使用的古籍通常没有受到有害物质腐蚀，而且完整度也较高，这样的古籍不应急于修复。局部损坏的古籍可以进行局部处理，但修复范围不应扩大，工作面积应最小化，以保留古籍的原始特征和痕迹。仅当古籍受到严重损坏并且无法达到提取或移动的必要条件，可能会造成进一步的损坏并且未经适当处理就不能正常使用时，才可以进行修补和加固。

（三）拟定古籍保护与修复策略

在对古籍进行保护和修复之前，应该对现有的修复技巧和修复能力进行可行性评估，然后全面了解古籍的破损情况。尽量在不损伤古籍的情况下，实现对古籍的修复。经过专家论证方案的可行性与实操方案，通过相关部门的审批，才能最终执行。在整个馆藏中应思考策略的选择，包括评估不同载体的使用、实施保护和修复、更换载体或购买新复本以比较效益，这样才能确保所选保护和修复策略的科学性、实用性和有效性。

因此，在对古籍进行任何处理之前，有必要进行系统、科学的检查，以了解各个方面的情况并充分考虑每个工作步骤带来的后果。建立古籍保护和恢复策略应基于古籍的损坏程度、纹理类别、笔迹状况等，并应使用现有的技术手段作为保障。修复前应制定明确的目标、实施方式、操作步骤，以计划好的方式进行维修，并制定与紧急纠正措施相匹配的修复策略，以免造成返工和不可弥补的损坏。为了确保安全，对于某些字符不明、状况不清或无法有效恢复的古籍，为确保安全，先暂时放置它们，妥善存放，仔细思考研究，待达到所需的技术水平时再行修复，也可以和社会力量一起进行研究和分析，不可在没有绝对信心的情况下急于修复。

在保护和修复之前，应拍照记录使用的技术方法、使用的材料状况、实施的具体步骤、在特殊情况下应采取的补救行动以及修复后的古籍状况。在实际情况中，如果遇到古籍修复情况特别复杂的时候，可以将古籍需要修复的地方分成不同的类别，再将这些类别进行细化，由此就把大问题变成小问题了。除此之外，在古籍修复和保护的过程当中，对于一些技术的应用也应该考虑古籍是否能承受这些技术，比如说有些古籍，因为保存得不是特别好，所以不能经过水润，但是在古籍修复过程当中经常会用到水润这种方法，因此，在实际的操作当中应该根据具体情况来做具体的判断，制订具体的操作方案，在操作之前完成可行性研究报告十分重要。

（四）建立保护与修复档案

古籍保护和修复档案是指记录古籍保护和修复过程中各个方面的历史记录，

并且以各种方式记录，例如文本、表格、图片、音频和视频以及实物，都是可以采用的方式。

在保护和修复古代书籍时，古代欧洲人非常重视档案的积累，包括标记各色颜料和购买原材料的信息，以便后来的修复者可以根据他们的档案找到相同的材料。相比较下，我国古代古籍修复人员文化水平大多不高，一般凭经验行事，技术口耳相传，缺乏科学总结。古籍保护和修复档案不仅是古籍的"私人档案"，而且与古籍有着重要联系，是古籍保护和修复成果的主要体现。在档案中，既可以看到保护和修复之前的古籍原貌，还能看到修复、造纸和印刷等技术和风格。因此，古籍保护与修复档案的建立、收集、保管等是整个工作过程中必不可少的一个重要环节。

保护和修复古籍的档案应反映出真正的保护和修复古籍的过程，档案记录应在整个过程中执行，包括在保护和修复之前检查古籍是否受损，进行修复准备，完整记录还原过程，在修复完成后验证修复质量，总结修复经验和教训，并进行后续监测。

古籍保护和修复档案具有保存价值是指保存的文字、表格、图画、音频和视频资料以及有形物体，最能反映出复原前后古籍的外观，为子孙后代提供重要的修复信息，为再次执行可逆修复提供依据和参考。

古籍保护与修复档案主要包括古籍的基本信息、保护与修复计划、保护与修复过程、保护与修复前后的影像材料、质量评价和经验总结。每个部分的设置都要求要素完备、逻辑清晰，同时又要满足综合要求，才能使整个档案的内容不仅能重现修复前的破损状态，还能重现古籍修复和复原过程，这反映出修复人员的智力投入水平和技能水平，同样也要对保护和修复后的新风貌进行展示。保护与修复档案可为经验的总结和研究提供第一手资料，从而促进古籍保护与修复工作的科学化。现代信息技术的发展为古籍保护与修复档案的建立提供了新的平台，可以利用摄影摄像技术和计算机存储设备将保护和修复古籍过程的影像资料详细完整地记录、保存下来。

（五）制订载体转换方案

载体转换指的是为了能够更好地保存古籍，将古籍当中的一些信息以另一种方式保存下来，这样既不会对古籍的保存造成影响，又能使古籍当中的一些珍贵信息得以保留。通常情况下，方法是将纸质的古籍通过声音或图像等其他方式进行转换，这些方式现在已经得到了广泛的应用，并且相关的步骤和程序都较为完善和规范。通过对古籍的载体转换可以有效地保留古籍当中的一些重要信息。随着信息化时代的发展，出现了各种新型的古籍载体转换模式，越来越多的古籍能够通过其他方式得以留存，以新的载体讲述它所要传达的一段时期的历史和文化。

1. 缩微复制技术在古籍载体转换中的应用

缩微复制技术是一种现代信息处理技术，涉及多门学科、多个部门，具有强大的包容性和成熟的技术。微缩复制技术使用特殊的设备与技术，将古籍当中的所有细节缩小记录，最终呈现出来，它具有存储密度大、记录效果好、适用范围广、易于还原拷贝和多功能使用等优点。1838 年，英国摄影师丹赛（Dancer）用摄影的方法通过显微镜第一次把一张 50 厘米的文件拍成 0.4 厘米的缩微影像。1854 年，H. 戴蒙德（H.Diamond）对手稿的缩微复制技术进行了试验。1860 年，R. 达格龙（R.Dagron）试制出第一台缩微品的阅读器，解决了缩微后的文字如何阅读的问题。普法战争后，大量利用缩微技术复制古籍的经验，启发了缩微复制技术在图书馆方面的应用，世界上一些大型图书馆相继建立了摄影实验室，并开始复制古籍工作。20 世纪初期，随着摄影技术取得明显进步，古籍缩微复制技术得到更快发展。1905 年召开的研讨图书馆收藏手稿、珍本印刷品等贵重文献复制问题的国际会议上，通过了在世界各国大型图书馆组建摄影实验室的建议。而后，1910 年在布鲁塞尔目录学、文献学国际学会上，首次展出了赫尔德斯米特设计的专用缩微复制机。❶1954 年，联合国教科文组织批准了一项移动实验室计划，该计划可以复制和缩微胶卷，多用于科学技术和文化领域的档案和文件，它的服务地区范围为亚洲、非洲、拉丁美洲国家的图书馆等机构。20 世纪 80 年代，欧美图书馆、档案馆使用缩微平片已相当普遍。

2. 数字化技术在古籍载体转换中的应用

数字化技术是指运用数字编码、数字压缩存储、数字传输、数字调制与解调、文字识别等技术，通过电子计算机、光缆、通信卫星等设备表达、传输和处理所有信息的技术。利用数字化技术可以对纸质文献、缩微胶片、录音录像磁带以及其他载体形式进行数字化格式转换，具体方法有扫描、数码翻拍、全息照相以及信息直接录入等。数字化技术用于古籍保护与修复的特点是占用存储空间较小、传输速度较快、易于检索使用等。数字化技术是近年来发展较快的一门文献载体转换技术，且随着网络化的普及，已成了主流的古籍载体转换技术。通过数字化技术的载体转换，古籍的原始外观和内容可以相对真实、可靠地存储，并且

❶　孙治国：《古籍保护与修复技术研究》，吉林大学出版社，2022，第 163 页。

可以使古籍实体复制品从流通环节中退出来，存储在仓库中密封并长久地保存。数字化技术在资源检索、查找和利用等方面具有快速准确、跨越空间等优势，极大地提升了古籍的利用价值。文献机构应根据文献自身情况，制订相应的数字化载体转换方案，将馆藏资源数字化，建立数据库与网站。目前，通过网络可以阅览甲骨文、敦煌遗书、宋元善本、金石拓本、西夏文献等各类文献资源。可以说，古籍数字化是保护和利用古籍载体最有效、最科学的方式，是文化传播和传承的重大革命。

（六）设立灾害预处理方案

对于保存古籍文献的机构来说，无论是图书馆、博物馆还是私人机构，对于自然灾害的预防，都应该做到提前准备，这是对古籍存放单位的最低要求。相关机构和单位对可能发生的自然灾害有全面的了解和认识之后，不仅可以提前做好预防工作，而且在灾害发生之后也能及时采取补救措施。相关的机构和单位可以从以下几方面制订古籍救援计划：第一，危险评估，确定灾害对建筑物和古籍的威胁因素有哪些；第二，预防，即采取措施避免或减少危险；第三，准备，制订书面的灾难准备反应与修复计划；第四，反应，当灾难发生时应采取哪些措施；第五，修复，在灾难发生后如何修复受损的环境，使古籍免受损害。

国际上的《档案馆灾害预防与控制指南》和《国际图联灾害预防手册》等文件对于如何处理一些常见的灾害已经有了非常详细的介绍，关于人为因素对古籍造成的破坏以及保管不当对古籍造成的损伤，其实也有一些解决办法供我们参考。在博物馆灾害预防方面，发达国家做得比发展中国家要好很多，它们特别重视这些问题，在很早的时候就针对这些问题作了非常详细的调查报告，并根据实际发生的事情整理出了相关的记录，通过研究其中的相似之处和不同之处撰写了很多有关报告供我们参考。我国虽然已经开始对这方面工作进行整理，但目前还处于初级阶段。在2008年汶川地震之后，关于古籍受到的损伤应该如何修复，以及灾害发生之前如何预防古籍的毁坏等方面的研究已经有了一定的成果，并且出版了相应的文字出版物，以供相关人员查阅。四川省档案局于2010年3月根据《四川省自然灾害救灾应急预案》《四川省突发公共事件总体应急预案》《档案工作突发事件应急处置管理办法》等文件的要求，颁布了《四川省国家档案馆自然灾害和突发事件应急处置预案（征求意见稿）》。❶这些应急预案的制定如果能够在实际过程中严格执行，可以很好地预防重大自然灾害对文献造成的损

❶ 孙治国：《古籍保护与修复技术研究》，吉林大学出版社，2022，第165页。

害，对古籍来说也能起到很好的保护作用。如果发生了重大自然灾害时人类有所行动、有所预防，那么保护文献的目的就达到了。对灾害进行充分的了解，做一些预防准备工作，只是保护古籍众多环节中的一步，虽然这些工作目前刚刚起步，但相信随着越来越多的人的积极参与，这方面会做得更好，会有越来越多的措施相继实施。

三、古籍保护与修复工作环境管理

古籍在存放的时候，会受到空气当中水分以及湿度的影响，所以对于存放环境的设置需要格外注意。给古籍创造最佳的保护条件，减缓其自然风化的时间和程度也是古籍保护工作的重要方面，要想为古籍的保护提供好的环境，应该制订一套比较完整的规定，在保护过程中加强工作人员的管理，尽量减少人工操作失误带来的伤害，从而延长古籍的保存寿命，让古籍发挥更大的价值。

古籍库房的选址和建筑设计是决定古籍保护与修复工作环境优劣的重要因素，而日常的环境管理也必不可少。我国已经制定了关于博物馆建筑的设计规范和其他一些设计规范。在这些设计规范当中，都对古籍存放的地点环境做了非常详细的要求，包括在场馆施工的时候不能对古籍的保存产生影响，不能因为装修原因对古籍造成伤害。关于古籍保存库房环境的建设，美国国家标准《图书馆和档案馆资料展示的环境条件》对图书馆、档案馆等文献机构建筑设计有专业细致的规定；我国制定的《博物馆建筑设计规范》《图书馆建筑设计规范》《档案馆建筑设计规范》对库房的温湿度、光照、防烟尘、防有害气体、防盗、防火、防虫、防鼠、给排水、电气使用甚至防雷击等方面均有明确的规定和要求。大多数的古籍修复工作室就近设在古籍库房附近或由库房分割而成，古籍修复工作室与古籍保存环境有相同或类似的特性，但也有其工作要求的特殊性。以下将对古籍保存环境以及古籍修复工作室环境的管理分别进行阐述。

（一）古籍保存环境管理

1. 温度与湿度因素的环境管理

温度可以影响古籍的保存质量。从微观上讲，温度反映了分子剧烈运动的程度。分子运动得越快，物体越热，温度随之升高；分子运动越慢，物体的温度就越低。因此，如果古籍长时间存放在温度较高的环境当中，分子运动就会较快，古籍的温度就会上升，从而影响到古籍的存放，加速环境对古籍的损害，影响保存的时间。

（1）温湿度对古籍载体保存的影响

大多数情况下，温度和湿度共同影响古籍存放的效果。不适宜的温度和湿度对古籍载体有以下影响。

第一，加速古籍载体的变质老化。当温度升高的时候，古籍材料中的大分子运动就会加速，从而提升古籍自身的温度，那么古籍就很有可能在保存过程当中加速风化，进而影响到古籍之后的保存。从另一方面来讲，因为大多数古籍是在修复之后进行保存的，表面已经带有后来加入的其他材料，和最开始的古籍有所不同，存放环境过热，则其中的一些材料会发生物理变化和化学变化。比如，古籍修复时经常用到糨糊这种物质，糨糊遇热之后会融化，融化后的糨糊变成流动的液体，可能会与其他纸张粘连。

第二，导致古籍载体形变。温度忽高忽低还会使古籍载体在形状上发生改变，热胀冷缩对于古籍载体来说同样适用。当温度升高的时候，湿度就会变小，湿度过小容易导致载体脱水、脆化、胶黏剂失效，同时也会使组成载体的物质以不同的系数收缩与膨胀，这种频繁而剧烈的运动会产生破坏性应力，最终改变古籍载体的形状，甚至使其断裂、解体。

第三，引起生物侵害。当温度和湿度适中的时候，会加速环境中生物的孵化和繁殖。这些生物在孵化的过程当中，大多数会释放酸性物质，酸性物质会和书籍纸张中的植物纤维发生水解反应，使植物纤维断裂，这样古籍的保存就更加困难了。

此外，如果湿度太高，纸张会发潮产生水解，导致防水性差的字迹褪色和模糊，从而加速古籍损坏。

（2）温湿度的调控

为了提供更好的保存环境，需要对古籍存放的环境进行调整，将其调整到最适宜的温度和湿度，古籍才能够更长久地保存。温湿度调控的第一步是对古籍存放周围的温湿度进行测量，存放古籍的房间需要有最基础的温湿度调控装置，以便随时对房间内的温湿度进行监测。为了使古籍保存环境处于最佳状态，必须加强对温湿度的调控，以便有效地保护和延长古籍寿命。

温湿度的控制方法主要包括提高门窗气密性、通风和运用各种调节设备。仓库的密封性可以防止并减弱仓库外部不适当的温度和湿度对其造成的影响，因此，要保证仓库的温度和湿度处于相对稳定的状态，有必要定期检查和维护古籍仓库建筑的外墙、屋顶、门窗、水管并采取密封保护措施。

部分珍稀或利用率较低的古籍可用箱柜等装具进行密封保存，尽量使用一些透气性较弱的装具，使古籍隔绝空气；定时对库房进行通风，使仓库内外的空气完全对流交换，并调节仓库内部的温度和湿度，使仓库内的温度和湿度相对稳定。不同的季节和天气使用调节设备调控温湿度，主要有空调、制冷机、排风扇、加湿器、喷淋、采暖管等。古籍库房内调控温度时要注意升温不能用明火，降温不能结露。

不同国家和地区的标准规范对不同类型的古籍库房温湿度有着不同的规定。我国《图书馆建筑设计规范》设定基本书库的温度在 5 ～ 30℃ 之间，湿度在40% ～ 65% 之间；特藏书库的温度在 12 ～ 24℃ 之间，湿度在 45% ～ 60% 之间；特藏阅览室的温度与特藏书库的温差不宜超过 ±2℃，湿度差不宜超过 ±10%。

2. 光照因素的环境管理

光照是指光的照明，分为自然光照和人造光照。光照强度影响着古籍的保存：光照强度越高，对古籍的损害越大；光照强度越低，对古籍的损害就越小。而光照时间，是除了光照强度外对古籍影响较大的一个因素：当古籍长时间曝露在有光环境中时，古籍更容易受到损害；而当古籍存放在比较阴暗的环境中时，古籍受到损害的可能性就会变小。

（1）光照作用对古籍的危害

光具有波粒二象性，即既具有波动性，又具有粒子性。光的微粒称为光子，每一个光子都有一定的能量。科学实验表明，光的波长越短，频率越高，能量越大，辐射就越强，也越容易造成纸张纤维素的断裂。因此，紫外线短波对纸质文献的危害最为严重。

（2）光化学作用对古籍的危害

光照强度和光照时间会影响古籍的保存质量。除了这些因素外，在古籍长时间被光照射的过程中也会发生化学反应，这些化学反应同样会给古籍带来损害。大部分古籍的纸张由植物纤维制作，当光能积累到一定量的时候，会发生化学反应，致使纸张中纤维素等高分子化合物的化学键断裂，从而破坏纸张的柔韧性以及耐久性，而耐久性是古籍能否长久保存的最重要的影响因素之一，一旦耐久性遭到破坏，古籍的存放效果就会变得非常差。纸的主要原材料是植物纤维，而植物纤维的主要成分是纤维素、半纤维素、木质素三种高分子聚合物。其中，纤维素是由 D- 葡萄糖基构成的链状高分子化合物，在光照作用下会发生光氧化反应，生成容易粉碎的氧化纤维素，降低古籍载体的拉伸强度；半纤维素是除纤维素和果胶以外的碳水化合物，是生产纸用化学纸浆时应当尽可能多保留的一种成分，因为它对纸浆的打浆性能和造纸性能具有良好的影响，但半纤维素在光线照射下容易发生氧化反应，造成载体的抗拉强度、弹性模数和透明度等下降；木质素是由苯基丙烷结构单元通过碳—碳键和醚键连接而成的具有三度空间结构的高分子聚合物，新闻纸主要由机械木浆制成，纸张中即含有大量容易氧化的木质素，尤其在光照条件下木质素氧化得更快，会造成纸张发黄、变脆。

在自然界中，光是最常见的电磁波。光对古籍的破坏是一个持续性的过程，因为光能被古籍吸收之后可以储存在古籍当中，而当这一能量达到一个比较高的状态时就会产生影响，从而对古籍造成损害。

3. 光照的利用与管理

尽管光对于古籍来说，可能会带来致命性的伤害，可是人们又需要借助光才能够更清楚地对古籍进行修复和保护，因此，需要在修复过程当中合理地运用光源，在尽量不伤害古籍的情况下和用光源完成对古籍的修复。

（1）自然光照的利用与管理

自然光是指不借助发光工具，在自然界中本身就存在的光亮。在实际的生活当中可以借助一些手段储存自然光照，比如，在装修房子的时候尽量选用颜色较浅的家具或者采用颜色较浅的墙面，这样能够吸收更多的自然光照，使房屋看起来通透宽阔。自然光照是一种比较健康的光照方式，它不用由科技手段发射出，对人体基本上不会造成伤害。要注意合理地利用自然光照，不要让自然光照在不合理的应用之下成为光污染。

我国图书馆、档案馆和博物馆等文献收藏机构的建筑自然采光标准应不低于《建筑采光设计标准》中的规定。

由于自然光照变化幅度大，不易控制调节，古籍直接暴露在自然光照下容易受到损伤。同时，现代建筑普遍使用玻璃幕墙，书库内部容易形成温室效应，高温致使古籍受损的现象也不容忽视。为此，在使用自然光照时，应考虑设置一些过渡隔离空间，安装一些如窗帘、遮阳篷和空调之类的调节设备，尽量不要让古籍直接裸露在自然光线直射的地方。在自然光线照射入口，使用一些反射、过滤光线的材料，既能保证照明的需求，又能适当地降低室温，过滤掉对古籍造成损伤的部分光线。例如，自然光照中含有大量的紫外线，而紫外线对古籍载体的破坏最大，应采取措施过滤掉射入室内的紫外线。传统的做法是在窗户上安装凹凸玻璃、毛玻璃、空心散光玻璃等，利用这些表面不平的玻璃对光线进行多次反射从而减少紫外线的含量，还可考虑在窗户玻璃上涂加一层能过滤紫外线的材料进行防护。

（2）人工光照的利用与管理

人工光照也就是灯光照明，主要用于夜间和密闭空间，也用于白天光线不足的室内空间。人工光源的种类非常多，可以借助于各式各样的工具照明，在现代建筑物中有着广泛的应用。人工光照同样对古籍载体有一定的破坏作用，光照较强的灯具长时间直射会使古籍发黄、变脆。为加强对人工光照的控制，要将建筑物按功能分区，同时根据古籍贮存、展示、阅读等不同需求安装相应的灯具。在充分使用自然光照的前提下，合理使用人工光照，适时适量，不过度使用。可在灯具上使用类似"光触媒"的涂料，这种涂料可以涂在光源或透光物体上，在紫外线及可见光的作用下产生催化降解的功能，能有效地降解空气中的有害气体。为避免灯光直接照射古籍，最好使用偏弱光。光照强度是指单位面积接收的可见光的能量，也被称为照度，古籍、书画等纸质文献照度应在 25 ～ 50 勒克斯以内。此外，人工光照的照射角度也是一个不容忽视的因素。例如，日本东京国立博物馆展览室中灯光大多呈斜 45° 角设计，避免了直射对古籍的损害，并且折射的光线有利于展示古籍，可使其视觉效果不失真。

4. 空气因素的环境管理

（1）空气污染对古籍载体的危害

空气是由多种气体组成的混合物，主要包括氧气、氮气、稀有气体、二氧化碳及其他物质。

不同气体在地球上不同的位置、不同的高度有着不同的分布，所以在进行古籍修复和保护的过程当中，应根据古籍所处的地理位置进行相应的调整。很多有毒气体不仅对人的身体有害，也会和古籍发生化学反应，对古籍的保存造成影响。古籍载体暴露在有害气体中的时候会将气体附着在古籍载体的表面，经过长时间的附着渗透到古籍载体的内部，对古籍造成不可挽回的伤害。有害气体通常和温度、湿度等因素共同作用对古籍造成伤害，在高温度、高湿度条件下，有害气体对古籍载体的危害程度更大。

烟尘污染是指因悬浮颗粒污染而导致的空气质量下降，这些颗粒物质主要有灰尘、尘埃、尘土、微粒、粉尘、气溶胶和沙尘等。根据颗粒大小，烟尘可分为降尘与飘尘。降尘的粒径大于 10 微米，并且会因自身重量自然下降，每单位面积的降尘量可以作为评估空气污染程度的指标。飘尘的粒径小于 10 微米，颗粒很轻，可以在空气中停留很长时间，在空气中的飘浮范围从几千米到几十千米不等，可在大气中逐渐积累并造成污染。常见的霾就是飘尘的一种，它的组成成分十分复杂，包括数百种大气颗粒物。降尘成分十分复杂，包括无机物和有机物，无机物有石棉、二氧化硅、金属物质（汞、铅、铬、镉、锰、铁等）及其化合物，有机物有多种烃类，特别是多环芳烃等碳氢化合物。飘尘具有吸湿性，易于吸收大气中的水分，并在表面形成具有强吸附力的凝聚核，可以吸收有害气体以及高温冶炼过程中排放的各种金属粉尘。某些飘尘颗粒也有催化作用，例如，钢厂排放的三氧化二铁催化飘尘颗粒表面上的二氧化硫变成三氧化硫，吸收水分变成硫酸。

随着社会现代化的发展，我国工业发展的速度越来越快，在这一过程中也对环境造成了很大污染。在工业发展的同时，工业废气使空气污染越来越严重，而空气污染的加剧也给古籍保护带来更多的问题。例如，空气中颗粒物带有酸性，当这些酸性颗粒物和古籍接触时就会发生化学反应，影响古籍的耐久性。

（2）空气污染下古籍的保护

由于空气是流动的，因此，在空气被污染的条件下保存古籍较为困难。空气污染下的古籍保护应从古籍库房的内外两方面进行考虑。

①外部空气污染预防。预防的关键是在修建库房之前，对周围的环境进行可行性研究，尽量选择远离污染源的地方，尤其要远离重工业工厂。若实在难以避免，则应该把库房建在污染源的上风口，因为在刮风的时候烟尘会随着风的方向流动，位于污染源上风口对古籍造成的影响比较小。

②内部空气净化防治。古籍库房在设计内部格局时，应充分考虑通风要求，以在发生紧急空气污染时能在短时间内排出。同时，加强门窗的密闭性能，并在古籍库房内建立突发事件临时隔离区。库房内部的建筑材料、各类电器以及家具设施应尽量采用较少挥发有害气体的产品。每天定时开窗，保持室内空气清新、流动，有条件的可安装空气监测设备，实时观测空气污染程度，以便及时采取相应对策。库房内还应定期清扫，将散落在地面、空气、装具和古籍上的尘埃微粒清除。从净化原理的角度来看，空气的净化方法主要有两种类型：物理吸附和化学分解。当前市场上的除尘器具种类繁多，但工作机制多采用这两种原理，在选用过程中应注意避免使用会产生有害气体的除尘器具。例如，某些静电除尘器工作过程中会产生臭氧，而臭氧是最强的氧化剂之一，为避免古籍遭受氧化破坏，应选择不产生臭氧的静电除尘器。此外，库房内严禁烟火，并可适当摆放一些花

草对库房内空气进行生物净化。

5. 生物因素的环境管理

危害古籍的生物因素主要是各种微生物、昆虫和啮齿动物。

微生物是所有肉眼不可见或看不清的微小生物的总称，包括所有原核生物细菌、放线菌、蓝线菌、支原体、霉菌、原生动物和微小藻类等。微生物是一个庞大的生物群，有几十万种之多，而且不断有新种类被发现。微生物具有个体微小、构造简单、数量众多、分布广泛、适应性强、繁殖速度快和容易变异等特点。危害古籍的微生物主要是部分细菌与霉菌，它们能够在古籍库房内的一般条件下生存，特别是在一定的温湿度环境中生长更快，会对古籍产生不容小视的危害。

对古籍有害的微生物的防治措施具体包括以下几方面。

第一，库内温湿度控制。最合适有害微生物生长的温度通常为 18 ～ 28℃，最合适的相对湿度通常为 95%，所以有必要控制仓库的温度、湿度和相对湿度。在低温度和低湿度条件下，古籍中的有害微生物的生长会受到抑制，并且孢子很难发芽。可以运用空调和除湿机等设备调节温度和湿度，也可以采用自然通风和机械通风的方法。但是，自然通风通常受到仓库外部环境的限制，采用自然通风时要注意外部环境变化。如果外部温度高于内部温度，则可以通过通风来提高内部温度；如果为了降低仓库内部温度，仅当仓库外部温度低于内部温度时才能进行。如果外部的绝对湿度低于内部的绝对湿度，则可以通过通风降低仓库的湿度；如果外部的绝对湿度高于内部的绝对湿度，则仅可以通过通风来提高仓库的湿度。

第二，库房清洁卫生。经常对库房进行打扫，可以及时地清理掉一些污染性物质，从而加强对古籍的保护。如果湿度正常或稍高，可以使用略湿的布除去灰尘；如果湿度低，则用湿布除去灰尘。在库房中使用防发霉的涂料是保护古籍很好的办法，涂上这些涂料之后，房屋就不容易受霉菌影响，而古籍越少接触到霉菌物质，其被腐蚀的可能就越小。除此之外，还需要为所有的古籍配备不同的装置器具。器具在选材上应做到不与古籍发生化学反应，不会给古籍带来伤害。同时在制作器具的时候也要注意，尽量减少和古籍的摩擦，不对古籍柔软的纸张造成影响，也不能过于坚硬，以免在放置过程当中出现磕碰时损害古籍。

第三，使用安全有效的防霉剂。直接在古籍当中使用一些化学试剂，可以避免微生物在古籍当中生长及产卵繁衍。要选择对古籍没有任何伤害，同时没有过多化学添加剂的防霉剂，因为防霉剂本身是由化学物质组成的，这些物质很有可能会和古籍发生化学反应从而对其造成伤害。防霉剂的浓度不应该过高，浓度过高腐蚀性就会更强。防霉剂应该具有较长的保质期，且不会随着空气当中湿度和温度的变化而降解。

第四，清除措施。如果在储存过程中，古籍不小心受到微生物污染，需要立即对古籍进行修复和保护。一般情况下，可以从物理保护和化学保护两方面进行修复。

物理灭菌是指利用物理方法对古籍遭受的微生物危害进行消除，一般通过控制温度、湿度以及光照等物理因素实施。真空干燥灭菌就是从温度方面进行灭菌的一种方法，这种方法通过将古籍周围空气的温度缓慢地降到冰点，使危害古籍的微生物逐渐失去活性，最终因为细胞结构被破坏，而导致微生物的死亡。采用这种方法的时候，古籍周围的空气会逐渐变得稀薄，对于微生物而言，其呼吸也会变得困难，加速了它们的死亡。同时，空气以低氧或绝氧状态干扰细菌正常的呼吸，而干燥过程会导致细菌脱水、盐分增加，从而干扰其正常的代谢活动。微波辐射可使有害微生物脱水，使微生物蛋白质凝结然后死亡。使用 γ 射线照射则可以使有害微生物的活性酶失活，分解微生物 DNA 或其他物质，从而导致其死亡或诱变。

化学熏蒸除了可以消除微生物之外，还可以起到预防的作用。常用的药物是甲醛，这是一种能无色液体，具有特殊的刺激性味道，很容易蒸发并溶解在水中。甲醛是一种能破坏生物细胞蛋白质的原生质毒物，具有很强的杀菌作用，其杀菌机理是使细菌的蛋白质凝结、脱水后杀死细菌。具体方法是将甲醛和水以 1：1.25 至 1：5 的比例混合在容器中形成水溶液，均匀搅拌，然后用湿布擦洗书架、门、窗和装置外表，晾干后再次用抹布擦拭，同时用加入甲醛溶液的喷雾器对四周和地面喷射，最后关门密闭熏蒸，过程通常为 3 ～ 5 天。通过这个方法不仅可以有效地杀死古籍中的微生物，还可以有效预防微生物生长。

随着古籍载体新材料的不断运用，我们应该在长期实践中不断地积累和总结更多对古籍有害微生物的防治措施，以便更有效地保护古籍。

除了微生物之外，昆虫也是影响古籍修复和保存很重要的因素之一。古籍容易招致昆虫，是因为在古籍制作以及古籍修复和保护的过程当中，经常会使用糨糊。糨糊是一种高分子化合物，其和古籍所使用的纸张中的植物纤维，都是昆虫喜爱的食物。一旦昆虫附着在古籍上，轻则会使古籍当中出现很多虫洞，重则导致古籍破损，对于古籍整体性的影响非常大。

我国古代有曝晒驱蠹、染纸避蠹和药物防蛀等针对昆虫损害的保护方法，结合现代实际情况，对于如何预防和如何治理昆虫的问题，笔者有以下几点建议。

第一，加工纸质时添加防虫药物。古代以铅、硫黄和硝石等为原料，在空气中高温生成橘红色粉末状的红丹，现代则采用一氧化铅或碳酸铅制成四氧化三铅，利用其毒性和散发出的刺激性气味来防虫。

第二，放置防虫药物。比如香茅等植物会挥发一些气体，能够有效地驱赶昆虫，这种比较自然的方式是比较容易做到的。

第三，熏蒸。熏蒸法灭虫见效快，范围大。将一些化学药品放置在古籍的周围，并升温，可以有效地挥发出一些化学气体，但这些化学气体可能在驱赶昆虫的同时也给古籍带来伤害，因此需要提前准备材料，并且要对古籍无害。

第四，冷冻驱虫法。美国耶鲁大学图书馆发现，蛀虫在零下 40℃ 的环境中被冷冻 48 小时之后会死亡，所以可以采用这种低温冷冻法灭虫。

第五，辐照法。这种方法是最受欢迎的一种方法，既可以有效地杀死昆虫，同时不会对古籍造成任何影响，经过照射之后，古籍原本的形态、颜色以及字迹的清晰程度都不会有丝毫的改变。

古籍经过装订、修补，因有浆料或因粘有食物还会引致鼠咬。被老鼠咬过的古籍大都四周缺损，严重的会造成部分书叶损毁，特别是书口、书背，是经常被老鼠啃食的部位。有时老鼠甚至会把古籍咬碎做窝，留下遍地鼠粪，对古籍保存造成严重的环境污染。

防治鼠类的主要方法有：首先，对于存放古籍的房间，要及时做好清洁工作，鼠类动物经常藏身于脏乱差的地方，做好卫生工作可以减少这些现象的发生；其次，对库房周围的房间也进行清理，清理食物残渣，使老鼠没有机会靠近古籍。在对古籍修复的过程当中，使用的工具一定要适量，因为这些工具当中往往含有很多营养物质，会成为老鼠的食材。除此之外，可以在使用工具的过程当中加入一定量的老鼠药，这样即使老鼠靠近古籍周围，也会因为老鼠药而死亡。老鼠药的添加，要按照严格的标准进行，不能过量也不能过少，使用的材料应该对古籍无害，否则老鼠药中的某些化学成分可能会影响古籍的稳定性和耐久性，从而给古籍之后的保存带来很大的困难。由于防治鼠害的长期性和艰巨性，文献机构应制定长远规划，责派专人定期监测环境变化，坚持长期治理，以达成效。

（二）古籍修复工作室环境的管理

为保证修复过程中的古籍安全、工作质量和修复速度，对古籍修复工作室环境进行合理布局与设置必不可少。

1. 修复工作室的布局

第一，修复古籍所使用的房间的布局一定要合理，并且适合该类古籍的修复。比如，房间中的椅子一定要固定，不能出现晃动，若在修复古籍的时候桌椅发生晃动，可能会带来非常细小的误差，这对于珍贵的古籍来说可能伤害极大。除此之外，应该做好防滑工作，无论是地面、桌面还是其他工具表面都应配备防滑的工具，以防止在进行古籍修复的过程当中，由于摩擦力的影响使古籍摔落。

第二，修复工作室要配备盥洗、储物柜、排风橱、垃圾桶等设施。同时，在古籍修复和保护过程当中经常使用一些酸性或者碱性较强的物质，因此，需要为这些化学用品配备专用储存空间。

第三，修复工作室应尽可能做到不同功能区域分隔开。比如，在配置或者清洗不同类型的化学物质的时候应在不同的区域进行操作，这样既不会污染其他化学试剂，同时也能够对古籍起到很好的保护作用。

2. 修复工作室内环境要求

（1）光照

上文已经提到，光照会给古籍的保存带来很大的影响，在强光和长时间的照射下，古籍吸收大量的光照，会使纸张中植物纤维的活性降低，发生断裂，给古籍的稳定性和耐久性带来一定的影响，因此需要对修复工作室内的光照环境进行严格要求。尽量采用自然光照对古籍进行修复和保护，因为自然光照的辐射比较小，对古籍造成的伤害也较小。如果条件不允许，不能保证充足的自然光照，可以引入人工光照，但人工光照一定要运用适当，对于照明工具也应该有所规范。一般情况下，在给古籍进行色彩或者文字修复时，由于操作难度比较大，对于光照的要求也更为严格，这时需要将光照强度、光照颜色调整得和古籍展览厅一致。尽量不要在晚上或者接近黄昏的时候对古籍进行修复，因为这个时候的光照颜色不太准确，可能会造成修复工作出现误差。另外，不要在色灯光照下对古籍进行修复，这种情况下误差不仅更大，同时光照本身对于古籍而言也是一种伤害。

（2）温湿度

修复工作室内的适宜温度在 15 ～ 25℃，相对湿度在 50% ～ 70%。温度和湿度都会对古籍造成不同程度的影响，若温度和湿度忽高忽低，甚至会对古籍修复当中使用的一些化学材料产生影响，最后影响古籍修复的结果以及古籍的后期保存。古籍修复工作室应该配备空调等设备，对温度和湿度加以控制，尽量不对古籍造成伤害。

（3）防尘

修复古籍的室内一定要打扫干净，同时注意密封性，尽量选择密封性比较好的房间进行古籍修复。灰尘当中的很多颗粒物会和古籍发生化学反应，从而影响古籍的稳定性和耐久性。喷涂和清洗要使用挥发性材料、试剂，修复工作室应配备排风柜，修复人员要穿戴口罩、手套、工作服等防护装备。

（4）化学药品管理

修复和保护古籍所使用的很多化学试剂都具有毒性，应该按照严格的规定存放和使用。在使用化学试剂时，应该按照相关标准严格地执行，不能随意使用。虽然化学试剂对古籍修复和保护具有很好的作用，可一旦使用过量也会对古籍造成非常严重的伤害。在试剂瓶上，尽量完善标签，标明试剂存放条件、名称以及用量，这样可以起到很好的提醒作用。每次使用完化学试剂之后，应该及时放回原处，对于多拿取的化学试剂，要及时地销毁，以保证工作室环境的稳定，从而实现对古籍的保护。

（5）存放古籍的相关设施

对于一些非常珍贵的古籍，应该采用特殊的存放工具进行存放，同时配备保险锁。

古籍修护工作室应制定安全操作管理注意事项等安全规定。比如，在工作人员进入工作室之前需要进行安检，防止其携带有害工具和有害物品。同时也要做好工作室的监控工作，避免因操作不当对古籍造成损害而又无人监管的情况。对于一些电器的使用也应该格外注意，因为电器在使用过程当中会发热，会对古籍产生一定影响。除此之外，还应该注意化学试剂的具体使用情况。

很多自然灾害都会给古籍带来致命性的影响，所以在建立相关修复工作室时，一定要做好前期的可行性研究工作，对工作室的选址以及修建提前做好规划，选择适合古籍存放的气候和环境，避免自然灾害给古籍的修复带来损害。对于一些特殊的地区，比如经常发生洪水的地方，则应该做好工作室的排水和防潮工作。

古籍保存与修复的环境管理还包括书库改善、器材配备和装具制作以及视觉环境、听觉环境、心理环境设计及室内装饰美化和室内功能设计等。

（三）古籍保护与修复的环境管理发展趋势

由于现代社会大量使用各类化学品，造成了严重的环境污染，为此，人类在反思自己行为的同时，开始引入一些先进的管理模式，以消解环境污染带来的种种危机。

IPM 管理，即综合治理，其在不破坏自然平衡的前提下，能够对古籍做到最高标准的保护。IPM 的概念形成于 20 世纪 70 年代的美国，当时人类大量使用化学试剂盒，虽然杀死了很多有害昆虫，但对自然的平衡也带来了很大的伤害，因此很多人士提出了这一概念。IPM 管理不仅对环境的保护有着极为重要的推动作用，同时也促进了对食品安全的保护，所以其得到了很多国家的认可，也被应用到了越来越多国家的治理体系当中。

日本国立国会图书馆于近年正式引入 IPM 管理模式，对文献进行虫害防治与环境保护。这一模式在科学分析当地环境成分的基础上，采取了一系列的生物防治措施。温度、湿度、光照、空气污染和灰尘是造成藏品损毁的主要原因，为此，图书馆应积极控制好空气、湿度、灰尘、温度和光照等文献收藏环境因素。日本国立国会图书馆采取了一些切实可行的措施，同时咨询了相关方面的专家，并和一些相关机构共享这方面的信息，并积极推广在藏品入库前杀死害虫、使用鞋套来避免灰尘、用温湿数据记录器来记录藏馆内的环境温度变化曲线并定期巡视、做好陷阱检查、收集损害记录等措施。另外，其入库文献管理和设备维护方面的相关责任人定期召开会议，通过网络邮件共享信息，定期交流病虫害综合治理方面的信息并讨论对策。日本国立国会图书馆通过实施 IPM 管理方案来控制文献的病虫害，而不再只依赖于化学方法，并致力于通过控制收藏环境来实现预防性保护。

IPM 管理和我国自创的一些方法有着异曲同工之妙，这些方法在出发点和落脚点上与 IPM 管理有着较高的吻合度。因此，我国可以合理地运用这一管理模式，加强对我国古籍的管理。同时，发达国家在这一产业已经发展了数十年，有着较高的技术和足够的经验，因此向这些国家学习也是快速提升我国古籍保护和修复能力的一种有效方法。

需要注意的是，中国的国土面积非常广阔，气候差异也比较大，不同的地方在对古籍进行修复和保护的时候，应该因地制宜，不能制定完全一致的标准。同时在对具体细节的控制方面，也应该结合实际情况制定不同的标准，这也是古籍修复当中需要注意的一个问题。

第六节　古籍修复的原则、程序与方法

一、古籍修复的原则

古籍修复专业人员在丰富的古籍修复实践中总结出了宝贵的经验，并在理论上提出了古籍修复的基本原则，具有重要的指导意义，现归纳如下。

（一）安全性原则

古籍修复是一项专业性非常高的工作，其目的旨在保存和展示古籍的文献与历史价值。因此，在修复的过程中，保证古籍的安全是第一位的，包括修复工作环境的安全、修复措施的安全、修复材料的安全，以及古籍文献信息的安全。❶古籍修复的工作环境，要求在温湿度、光线、灰尘、虫害的控制，以及防火、防盗措施的安排方面与古籍库房一致。古籍修复采用的技术和方法务必安全，有的修复措施出发点是让古籍外观美观，却造成了文献信息不可逆的损失，如染色、揭薄等，是对古籍的二次破坏。修复材料不应含有对古籍不利或有害的成分，如木浆纸中含有大量的木炭素和其他杂质，极易对古籍造成污染，明矾会明显改变古籍纸张的性状，这些都不能用作古籍修复材料。古籍修复过程中，不能改变古籍用纸的长度、宽度、厚度等数值，也不能使文字受到损伤和出现墨迹、颜色洇染等情况，要确保古籍载体承载的各种文献信息的安全。

（二）"整旧如旧"原则

也叫真实性原则。所谓"整旧如旧"，不是企图恢复古籍出版时的原貌，如宋版书在宋代的样子、元版书在元代的样子，因为古籍出版时的旧貌现在都已改变，看不到原来的样子，恢复也就无从谈起。我们能做的是修复和加固古籍残破的部分，且不使其他部分的现有性状发生任何形态的改变，从内容与形态两方面切实保护古籍所有原始信息的真实性。内容的真实性是指维护古籍文字、图像信息的完整，具体包括它们的数量、位置和形状等。形态的真实性是指修复过程中

---

❶　杜伟生：《古籍修复原则》，《国家图书馆学刊》2007 年第 4 期。

忠实地再现古籍的原始文献形态，包括装帧形式、纸张规格、纸张特征等。

（三）最少干预原则

古籍修复工作始终要将古籍修复的面积控制在最小范围内，添加的修复材料要尽可能少，以尽量减少对古籍文献信息的干扰，避免过度修复和妄自补充古籍缺失的内容。比如，有的古籍书叶撕裂比较严重，但还保留着较好的强度，只需用很窄的纸条就可把撕裂的部分修补好，这种情况就不必用纸把整张书叶托裱起来，也不必连同没有破损的部位一起加固。早期的古籍修复有一种"划栏补字"的方法，是用毛笔将版框线、栏线断续不全的部分补齐，字迹模糊的内容根据相同的版本临摹上去。但在实际修复过程中，经常出现栏线没有对齐、补字的字体与原书字体风格相去甚远甚至错字的情况，这就改变了原有的文献信息，可能影响古籍研究人员的判断，而且修复过程不可逆转。因此，在古籍修复人员尚不具备足够的版本学、文字学、典制学知识的条件下，"划栏补字"的修复方法应慎用，特别是对于善本、珍本古籍而言应禁用，因为有时某一段栏线的短缺、某一字的模糊，正是考订该版本的有力证据。

（四）可逆性原则

所谓可逆性原则，是指修复后的古籍在必要时可将修复用的材料从古籍中清除，将古籍恢复到修复之前的状态，为将来出现更好的修复技术后进行重新修复提供可能。古籍修复的可逆，主要是指修复材料的可逆，即使用的修复材料的性状不会发生任何变化，且在采取相应的技术措施后很容易从古籍上拆除或清除。比如，修复古籍使用的黏合剂和用以加固古籍载体的高分子材料，必须具有易溶解性能，可以在不影响古籍载体的情况下被彻底清除，且没有残留溶剂。古人在还不懂得使用小麦来制作糨糊时，使用的是植物胶类黏合剂，此类黏合剂呈棕黄色，非常黏稠，难以用水溶解，许多敦煌写卷书叶使用的就是这种黏合剂，其基本不溶于水，给今天的修复造成了极大的困难。20世纪80年代出现的用聚酯膜粘接古籍的方法被不少国家的图书馆采用，但后来发现这种方法存在明显的缺陷，因其不具有可逆性而被放弃。

（五）选择性原则

据统计，我国图书馆收藏的古籍总数在3000万册以上，其中存在不同程度破损需要修复的在1000万册以上。而目前全国从事古籍修复的专业人员不到百人，按每人每年平均修复 100 册计算，需要 1000 年才能修复完，这还未包括这 1000 年中新增破损的古籍数量。为解决这一情况，除加大古籍修复人才的培养规模外，修复古籍还必须有轻重缓急的安排，这就是古籍修复的选择性。目前，代表性的观点有三种：一是按版本价值高低排序；二是按古籍的破损程度排序；三是按古籍的排架排序。这三种选择顺序都有一定的合理性，但也都有片面性。

事实上，许多古籍的破损状态相对静止。比如，当温度、湿度得到有效控制后，微生物对古籍的破坏便不再扩大，即便是被虫蛀过的古籍，虫眼之间的连接距离短至 2 ～ 3 毫米，书叶的机械强度也并未发生明显变化。相反，纸张的氧化和酸化对古籍的损害应引起足够的重视，有的古籍纸张已到了一触即碎的地步。因此，今后一段时间，修复工作应将重点放在抢救那些老化和酸化的古籍上面，集中有限的修复力量抢救那些 pH 在 5 以下的古籍。

（六）规范性原则

古籍修复工作头绪众多，要保证其顺利进行，必须建立一套严密、科学的规范，包括古籍交接规范、古籍修复记录规范、古籍保管规范等。古籍由库房到修复工作之间的交接，必须有详细的交接记录，记录应一式两份，库房与修复工作间各存一份，作为工作记录；要建立古籍修复档案，对古籍书目著录数据、外观描述数据及附件情况，古籍破损位置、破损原因、破损程度的有关数据，以及古籍修复要求、修复方案、修复过程等，都要进行详细的档案记录；古籍修复过程中的保管也非常重要，既不能丢失，也不能错乱，否则会造成麻烦；待修古籍必须存放在专用的保险柜内，且保险柜应与工作间隔离。

二、古籍修复的程序

古籍修复的基本操作程序，包括以下九个步骤 ❶。

（一）点收

古籍修复前，首先要按委托修书单位开具的书单核点书名、册数、页码，并明确修复要求，注明点收日期和经办人的姓名。本馆自修的书籍，也要按以上要求登记造册、点收清楚，尤其要注意书叶是否残缺、页码顺序是否颠倒错乱等情况。对于没有页码的书籍，应按顺序逐页在书叶的右下角用细铅笔轻轻描上页

---

❶ 潘美娣：《古籍修复与装帧》，上海人民出版社，1995，第 88-92 页。

码，以方便书籍拆散后重新装订。如在点收中发现与原书不符的地方，应与委托单位取得联系，核实情况。

（二）制订修复方案

古籍修复前要组织专家对古籍损坏情况进行会诊，并制订修复方案。首先，要查明古籍损坏程度，这要求全面、细致地对古籍损坏状况进行检查，不能留有遗漏，否则将来需要返工重修，会增加很多麻烦。其次，要对古籍损坏的原因作出正确的分析和判断。如同样是破损，有生物性破损，如虫蛀、鼠啮等；有机械性破损，如人为或器物的划伤；还有风化性破损等，它们的修复方法各不相同。再次，要考察被修复古籍的版本、年代以及原书用纸、印制、装帧等特点。修复普通古籍，通常只要做到整齐大方、牢固耐用、检阅方便即可，而修复年代久远的善本、珍本，则要精心加工，不仅要把古籍损坏的地方修复好，还要尽量保持原书的特色，恢复其原有风貌。最后，修复方案的制订还要考虑委托单位提出的修复要求。

（三）备料

古籍修复除了配备必要的设备（如工作台、贴板、压书机、切纸机、吸湿机等）和工具（如浆笔、棕刷、毛刷、镊子、锥子、刀具、裁板、夹板、竹刮、竹起子、笔船、研石、镇尺、喷壶等）外，还必须准备修复所用的材料，具体包括以下几种。

①纸张。修复古籍一般应使用与原书纸张材料、质地、颜色、厚薄接近的旧纸，如硬黄纸、麻纸、棉纸、旧竹纸、旧宣纸等。这要求修复人员平时应注意收集各种旧纸，如揭下来的旧书托纸、破损的护叶、原书叶里的衬纸，乃至旧画揭裱时揭下的古旧复背纸等，这样一旦有需要，可随时配补使用。如无适当的旧纸，也可用传统工艺制造的新纸经染色后代替旧纸使用。

②染料。新纸做旧所用的染料大多是植物染料或矿物染料，如藤黄、花青、赭石、槐黄、栀子黄、橡碗子、土黄、红茶、徽墨、朱砂等，切忌用一般染布匹的化学染料。

③胶。染制修补古书所用的纸张，除了染料外，还要配合使用胶水。胶水分动物胶和植物胶两种。动物胶如牛皮胶、骨胶等。广东产的牛皮胶最为有名，尤以薄条细粒、色泽淡净者为佳。骨胶是用动物的骨头熬制提炼而成，颜色较深，作胶水时只可利用其上层清液。植物胶有树胶、白芨胶、石花菜胶等。

④糨糊。糨糊可用小麦淀粉或精制白面粉调制。

⑤绢、绫、锦、锦绫等装饰材料。这些材料一般用来制作古籍的封皮、包角、函套、锦盒等。

⑥纸捻钉与丝线。这两种材料用来装订古籍。

⑦清洗剂。清洗古籍污渍所用的高锰酸钾、草酸、双氧水、漂白粉等。

（四）拆书

为了不损坏原本保存完好的书叶，古籍在修复之前都要拆开。拆书工序包括清除灰尘、拆线、拆封面、拆纸钉等四道工序。拆散的书叶和封面都要安放妥当，不可丢失或散乱。宋、元版珍贵的善本书籍，修复工作的间隙应放在保险柜里妥善保管，修复时再拿出来，否则一旦丢失，哪怕是一页的缺失，都会造成无可挽回的损失。

（五）修补书叶

这是古籍修复整个过程中最关键的一道程序，包括清除书叶上的各种污染、选配和染制书叶修补用纸、连接书叶开裂的书口、缀补破损的书叶、裱补糟坏的书叶、揭补粘连的书叶、镶补短小的书叶、书叶的喷水压平等多个项目和多道工序。

（六）封面、封底的修复或重制

古籍的书叶修复后，还要对封面、封底进行整修，具体包括清洗、补缀、选纸制皮、捶平、压实等工序。

（七）装帧

拆散的古籍在书叶、封面及封底修复完成之后，需要按原样装订起来，具体包括折叶、配册、敲书、衬纸、接书脑、齐栏、压实、订纸捻、包角、加护叶、草订、上封面、裁齐、打磨、打洞、穿线、贴签条、写书根、加函套等多项工序。

（八）检查和验收

古籍修复后，应就以上各个修复项目的质量进行检查和验收。比如，对于书叶的修补，要检查糨糊使用是否得当，有没有小疙瘩或粘接不牢的地方；配纸的材料、颜色和厚度是否合适；补缀的书叶是否平整，补缀中有无损伤书叶中的字迹；折页是否平直，书口是否偏斜或损伤；捶书是否均匀平齐。封面的修补，要看纸张是否与书叶配套、平整。装帧方面，要看装订是否牢固、美观；书叶有无缺失，页码顺序是否与原书一致；裁书是否整齐，有无损及原书中的字迹；打磨的地方是否发光、起毛；书角包得是否严紧、挺括，大小是否合适；打洞是否歪斜；装订用的丝线粗细是否合适，颜色是否协调，松紧是否适度；各种特殊装帧的书籍是否合乎特殊要求；等等。最后，根据修复质量的高低给修复成品评级，不合格的应返工重修。

（九）交付

交付是指将修复后的古籍交还委托修书单位的过程。交付时，应按照点收时的记录，当面点验所修古籍的书名、册数、页码等，并在工作单上签署收件人的姓名及交接日期，以备日后查核。

三、古籍修复的方法

（一）去污技法

书叶的污染分为多种情况：有的是在阳光照射、有害气体和灰尘的侵蚀下泛黄或变黑、发灰；有的是被墨汁、羹汤、汗渍、茶水、油蜡等污染；有的是在细菌和真菌作用下产生了霉斑；还有的是受到了蠹鱼或其他有害生物排泄的粪便、虫卵的污染。被污染的范围，有整页被污染和局部被污染两种情况。清除书叶污染的方法有以下几种。

1. 机械去污法

机械去污法是借助小刀、软刷、棉球等工具，以刮擦的方式除掉纸面上的污垢。这种方法只能除去纸张表层的一些污染，且只适用于机械强度较高的纸张。其方法是用锋利的小刀轻轻刮擦污垢，从污垢的中心部位开始，慢慢向边缘部位移动。去污完毕后，应用软刷将去污过程中产生的碎屑、铅笔痕迹、菌丝、昆虫粪便等细心地清除干净。

2. 漂洗去污法

漂洗去污法是将整张书叶浸泡在加热的清水或温热的碱水中，以达到清洗除污的效果。对于书叶因水渍造成的水痕，以及泛黄、发灰、变黑等，可采用热水漂洗法：在带有底塞的水槽中垫上一层纸，将拆散的书叶按顺序一张张地错开排好，以七八张为一层，上面盖一层薄纸，然后放一层书叶，如此反复叠放，以不超过 100 页为宜。将 75～90℃ 的热水沿着槽壁缓缓注入水槽中，直到漫过书叶顶部为止。浸泡一会儿，待水不热后，拔开底塞将脏水排尽。照上述方法反复清洗几次后，将书叶取出，一张张摊放在垫有吸水纸的木板上（可将木板摆成 45° 斜坡状，以便控干清水），上面再盖上几层吸水纸，然后平压重物，每日及时更换吸水纸，直到晾干为止。对污染比较严重的书叶，可用碱水替代清水，碱与水的比例为 2.5∶100，通常将 50 克洗涤碱加入 2 千克 75～90℃ 的热水中即可使用，操作方法与热水漂洗法基本相同。也有用漂白粉代替碱水的，但漂白粉对纸张的腐蚀作用较大，要谨慎使用，对于善本、珍本古籍应禁用。

漂洗去污法有几个必须注意的事项：一是书叶漂洗之前要先做耐洗试验，即将质地相同的废页小块浸泡在漂洗液中，检查其是否有脱墨洇染的情况、纸质是否已变酥。如有脱墨洇染的情况，可在水中加入一些胶矾，以加固墨色；如果纸质已变酥，可在原件上衬一张宣纸，以免原件受损。对于严重脱墨洇染、纸质变酥的情况，则不可用漂洗去污法。二是漂洗过程要迅速、快捷，做到当时漂洗当时洗净，绝对不能拖延时间，更不能漂洗到一半，隔日再干。因为书叶浸在漂洗液中的时间稍长就会泡坏，甚至会成为碎片。三是漂洗完的书叶要及时用吸水纸吸干，尤其是梅雨季节，更要勤于倒页换纸，以防止书叶发霉起斑。必要时使用除湿机去湿、晾干。

3. 局部擦洗法

对于虫卵、虫粪等污迹，可用棉球蘸酒精擦拭，然后蘸清水洗净，下面垫上吸水纸，上面平压重物，晾干后撤去吸水纸即可；对于黄渍严重或有绿霉点、黄霉点的书叶，可用排笔蘸高锰酸钾溶液（1 克兑水 200 毫升），轻轻涂刷在污渍上，再将整页略刷一遍（为使清洗后整页的洁净度一致），等颜色变成茶色后，再用排笔蘸草酸溶液（1 克兑水 50 毫升）淋刷在页面上进行中和，待高锰酸钾留下的茶色褪去，用清水冲洗几遍，最后吸水、晾干；对于红、蓝墨水斑痕，则可采用双氧水擦洗法，操作方法与前基本相同。应用化学药剂会对纸质造成破坏，不利于古籍的长期保存，因此非必要时尽量不要采取此法。同时要根据配方严格按比例配制洗污溶液，不可用量过多、漂洗时间过长。善本、珍本古籍不宜用化学试剂去污。

（二）修补技法

古籍的损坏也分为多种情况：有的是书口开裂，有的是书叶破损（分书叶撕裂、书叶出现孔洞、书叶糟朽、书叶粘连等多种情况），有的是边角破损。应针对不同情况，采取不同的修复方法。

1. 溜口技法

古籍翻阅久了或受到磨损，版心的中缝部位就会开裂，一张书叶就会逐渐变成两张单页，读起来很不方便，也容易撕坏、粘连。可用薄棉纸和浆水等把开裂的书口粘接起来，行话叫"溜口"。具体操作如下：首先将拆下的书叶平摊在工作台上（有字的一面向下），将开裂处对齐并拢，切忌两个半页搭茬或者上下错位；然后用左手拇指和中指压住书叶，使其固定不动，右手持蘸过浆水的毛笔，顺着开裂的方向来回均匀地涂抹书口，抹浆的宽度以溜口棉纸的宽度为准（约1厘米宽）；取一条约1厘米宽的溜口棉纸，一手捏住其上端，一手持其下部，将它轻轻地从下往上贴在书口上，再将一张厚吸水纸垫在上面，用手来回按抚、压平，使溜口棉纸与开裂处粘牢；接着两手持书叶两边的书脑，轻轻将书叶提起，放在吸水纸上，将溜口的书叶一张张错开排放，每五六页夹放一张吸水纸，晾干即可。溜口技法的操作要领是动作要快，抹浆、溜口、夹干必须一气呵成，应赶在书叶受浆后、松胀之前完成，以避免因书叶不平或弯曲难以接合。另外，浆水的浓度也很重要，应视纸张的质地、厚薄、吸水量而定。对于较厚的棉纸，浆水可调得稍稠一点儿，否则补缀起来不易牢固；对于较薄的竹纸，浆水则要调得稍稀一点儿，否则容易起皱，不易捶平。溜口技法除了用于修补书口之外，也适用于书叶撕裂的修补。

2. 补破技法

书叶上的孔洞大多数是由虫蠹、鼠啮造成的，修复前应首先清除书叶上的虫粪和破损纸张的渣屑。修补孔洞的具体操作流程是：将有孔洞的书叶背面朝上平放在工作台上，左手指压住纸张，右手持浆笔沿孔洞周围涂抹稀糨糊，接着用颜色、质地、厚薄相近的配纸按压在孔洞上，按压时要保证配纸与书叶的帘纹横竖一致，一手按住配纸与孔洞周边的接缝处，另一手沿着浆湿印撕去多余的配纸。若是配纸较厚不易撕断，可用毛笔蘸水在配纸与孔洞边的接缝处画一水印，这样就可以比较容易地撕断了。然后垫上吸水纸，将修补好的书叶用手按抚平整，放在吸水纸上，每张相错两三厘米错落摆放，每隔五六页夹放一张吸水纸，最后晾干。须注意的是，孔洞的修补有一定的先后顺序，即先补书叶中部，再补书叶两边；先补大洞，再补小洞。另外，每补四五个孔洞就要掀一下书叶，以免时间过长书叶粘在工作台上。

书叶的边角容易磨损和受到虫子（如蟑螂）和老鼠的啃咬，在这种情况下补破时最好用旧的纸边做配纸，因为书叶边角受阳光照射时间长，颜色相对书叶里面的要更深一些，所以选用旧纸边修补边角，更容易取得色调和谐的效果。但同时也要照顾到书叶里面的颜色，如果色差太大，也会影响书叶整体的美观。对于书叶霉坏的补破，要视具体情况而定：如果霉坏的书叶字迹全无，则无法修补。对于字迹尚可辨认者，如果是全页霉坏，可经漂洗后用托裱法修复；如果是局部霉坏，可在漂洗后用以上补破法修复。

3. 托裱技法

对于书叶糟朽变质而破烂不堪，或蛀孔连成一片，稍一翻动就呈碎片状掉落的情况，已无法用一般的补破方法进行修复，只能采取托裱法。其操作要领是：第一步，铺放书叶。先在工作台上喷洒一层水，将一块比裱件稍大的塑料薄膜或油纸刷贴在工作台上，然后用镊子将残碎的书叶夹住，背面朝上轻轻铺放并拼整对齐。再用喷雾器往上喷一点儿水，使书叶受潮后不易滑动。第二步，刷浆。用毛笔蘸浆水轻轻刷在书叶背面，刷浆时应从书口中间往两边抹，尽量把书叶上的皱褶往外抹平，用力要轻，以避免碎片移位。待整张书叶抹完后，将一张事先准备好的裱补用纸轻轻地铺盖在书叶上，并用棕刷从右到左轻轻刷一遍，使裱补用纸和书叶粘合在一起。然后盖上一张吸水纸，再刷一遍。第三步，揭起书叶。将书叶连同塑料薄膜或油纸一起揭起，翻转过来，平放在工作台上，再用棕刷在塑料薄膜或油纸上刷一遍，即可从左下角开始把塑料薄膜或油纸轻轻掀开。如果塑料薄膜或油纸与书叶有粘连，可用浆笔抹点浆水后盖上，再用手按几下，再继续掀揭就比较容易了。第四步，晾干装订。沿裱补好的书叶边缘上一点儿浆水，将书叶贴在裱板上，待晾至半干时揭下，夹在吸水纸里，压平，待晾干后整理装订。

托裱前应先用笔蘸一点儿水抹在待修古籍的墨色或其他颜色上，观察是否会洇染跑色，如果不会方可采用上述方法。对于容易走色的朱印本、蓝印本或朱蓝格纸的抄本，则可采用飞托法（又称干托法）进行托裱。所谓飞托法，就是不像一般裱补那样先把浆水抹在书叶上，而是在裱补用纸上刷浆，再把裱补纸倒过来刷贴在拼接好的书叶上。其操作时应注意的事项与一般裱补法相同。

4. 揭补技法

古籍受潮或浸水后易发生粘结成块的现象。粘结又分两种情况：一是单纯湿水引起的粘结，由于没有黏合剂的介入，相对比较好处理；二是由黏性物质引起的粘结，比如书墨中的胶质成分或水中的黏性物质，会使书叶粘结得非常紧密、牢固，甚至使整册书结成一块"书砖"或一团"书饼"，处理起来困难得多。粘结书叶的修复工作实际包括两个方面，一是将粘结在一起的书叶逐页揭开，二是根据书叶的损坏情况进行修补。揭开书叶的方法主要有以下两种。

第一，干揭法。适用于受潮时间较久，书叶已经发干，虽粘结在一起但不甚牢固的古籍。具体操作如下：先用双手握住古籍的两头，轻轻地反复揉搓，等板结、干硬的书叶被揉搓到松散、软和时，再用镊子或竹启子将书叶逐页揭开，因此也称"搓揉法"。揭页时如发现书叶破损或脱落，应随时采用其他补破法进行修复，以免零星脱落的小块遗失或无法复位。由于揉搓容易伤纸，这种方法只适用于纸质较好的普通古籍，凡霉烂、糟朽、焦脆或纸质劣脆的书叶，以及善本、珍本古籍，都不宜采用。另外，古籍能干揭的，应尽量避免使用湿揭法。

第二，湿揭法。对于粘结比较紧密，用干揭法难以揭开的书叶，可采用简易的湿揭法：不必拆散书叶，只需把喷湿后的书籍平摊在工作台上，用镊子或竹启子逐页揭开即可。对于书叶局部小面积粘牢者，可用蘸水的毛笔画湿粘结处，再用工具小心揭开。但对于粘结牢固如"书砖"者，则需要采用热水浸泡法或蒸汽穿透法（书叶特别糟朽、焦脆、韧性差者不宜采用）。热水浸泡法的操作流程是：按明矾 3%、广胶 2% 的比例制成胶矾热水（加矾是为了固定墨色；加胶是为了加固纸张，防止书叶在热水的浸泡下松散）；将粘结书叶放入热水中浸泡 1～2 日（可用薄布将书包起，以防泡烂）；待浸透后，取出沥去水分，待书叶晾至半干，再小心揭开，揭开的书叶放在吸水纸上晾干。此外，还要对破损的书叶随时进行修补。蒸汽穿透法是将热水浸泡过的书叶用干净的纸包裹起来，放在蒸笼格里蒸 1～2 个小时。蒸时务求水蒸气穿透书叶，使书叶上的胶质成分得以溶解，这样粘结的书叶就比较容易揭开了。用这种方法揭开书叶时，要求每次从蒸笼里少拿一点儿书叶，揭书叶的动作要快。否则，没有揭完的书叶冷却后更难分开，只能再蒸一次，会增加对古籍的损伤。

5. 镶补技法

古籍在流传过程中，经常会发生丢失的现象。如果一部古籍丢失了其中的几册、几卷，就需要补配，但在补配时很难找到与原书开本大小一致的书籍，不仅晚清时期出版的书籍要比宋元版的小，就是近代出版的书籍，也经常出现补配的书籍比原本小的情况。为使补配书籍与原本整齐划一，需要采取镶补法对补配书籍进行修整。镶补法在具体操作上，有以下两种方法。

第一，拼镶法。具体操作流程是：选择与原书材质、颜色、厚薄相同的纸，根据原本书叶的长、宽裁好纸条，使纸条稍微超过原本书叶的长度和宽度，并且纸条的纹路应与原本书叶相同。在工作台上铺一张稍硬一点儿的纸，长宽均要大于原本书叶。接着把要拼镶的书叶背面朝上摊开，铺在硬纸上，从第一页开始一页页地错开往上摆，两页之间间隔 2 毫米即可。摆到十几张之后，在上面盖一张稍厚一点儿的纸，用镇纸将书也压上，以防止移动。根据纸张的厚薄调好糨糊，把盖在书叶上的厚纸移开，用毛笔蘸糨糊在书叶的四周边缘涂抹，再把两长、两宽的 4 张纸条粘贴上去。粘贴的时候，要从靠近身前的一头往上贴，先拼接天头地脚，再拼接左右两边书脑。贴完后在上面再盖一张纸，用手按压，使纸条与书叶粘牢。最后将它们翻转过来，让书叶正面朝上，按顺序放在夹干书叶的纸板上，盖上纸压平即可。拼镶书叶要一沓一沓地做，最后将书叶按原来的痕迹折好、装订就完成了。

第二，挖镶法。具体操作流程如下：第一步，将补配书叶的版面沿着版框挖下来。为了使挖出来的版框边缘留有毛茬（这样镶补后不会留下纸边的痕迹），不能用刀裁，而要用挑针沿版框划一条深痕。具体方法是把书叶正面朝上放在一块用软性木材制作的木板上，上面用一根透明尺压住版框，并稍留一点儿余地，接着用挑针沿版框划出一条似断非断的线，然后一只手拿着书叶的左上角，另一只手从左到右轻轻撕拉版框外面的纸，兜一圈后，版心和框外的纸就可以脱开了。第二步，对挖下来的版面进行镶补。将书叶背面朝上放在工作台上，在书叶四周涂抹上宽约两毫米的浆水，将一张预先裁好的比原书稍大的配纸铺到书叶上（注意对齐配纸与书叶的纹路），然后用棕刷刷平，使配纸与书叶粘在一起。第三步，去除版框内多余的配纸。用毛笔蘸水在书叶背面沿版框四周划湿，用镊子挑起一只角，把版框内多余的配纸揭开，慢慢撕去，注意不要把镶接的地方撕坏。最后用棕刷再在书叶背面刷一遍，使书叶与配纸牢固地粘接在一起。等到全书都镶补完后，即可夹干、压平、装订。

第七节　古籍修复的工具设备与材料

一、古籍修复的工具设备

中国古籍在纸张的选择、印刷、装帧方式等各方面都有着明显的特点，与外文古籍、现代书籍存在巨大的差异。因此，修复中国古籍所用的工具、设备和材料也应符合其特点，特别是对于手工性和传统性的表现尤为重要。

古籍修复的常用工具有笔刷类、剪锥类、容器类、压板类等。笔刷类主要有毛笔、排笔、棕刷等工具，多用于裱补书叶；剪锥类主要有剪刀、镊子、锥子、敲锤等；容器类主要有喷壶、糨糊碗、箩等；压板类主要有压书板、压铁石等。

古籍修复的常用设备有工作台、压书机、电磁炉、照相机等。工作台相当于大幅面的补书板，主要用于裁纸、整理书叶等；压书机用于压平修补好的书叶；电磁炉用于烧水或蒸揭等工作；照相机是制作修复档案的重要设备。

古籍修复中部分工具设备的具体功用如下。

棕刷用于刷平被修书叶。棕刷经修剪、打磨前端棕丝，用沸水熬煮后，方可使用。

敲锤主要用于钉书眼时敲打锥子。敲锤前端用于敲打书籍孔眼，后端用于敲打装好的纸钉。

木棍、钵用于调制糨糊。传统调制糨糊的工具为瓷碗（钵头），木棍长约50厘米为宜，钵以厚重者为佳。

糨糊碗用于装调制好的糨糊。每次使用后如许久不用应尽快清洗干净，以免长虫发臭。

剪刀用于裁剪破损古籍修补完成后边角多余的修补纸。

美工刀用于割裁多余的边纸。

排笔用于涂抹较稀的糨糊等。使用前需要除去离根的笔毛，焯水后使用。用后洗净，笔头朝下晾挂。

箩用于过滤小麦淀粉中过大的颗粒，还可用于过滤糨糊中的小颗粒。

喷壶用于喷潮破损古籍，以便修复。喷出的水花要细小、均匀。

木尺用于裁书叶，尺子边缘一定要平直。

压书板用于压平书籍。压书籍时上下应垫纸，避免压书板与书籍直接接触，伤及书籍。

压铁石用于装订时固定书籍。压铁石不可太重也不可太轻，重量适当为宜。为防止铁锈破坏书叶，注意将压铁石用纸包裹。

锥子用于钉书眼，主要与敲锤配合。锥尖以细长为佳，以免孔眼过大影响书籍美观。

书锤用于敲平书叶或敲打破损古籍修补后叠加凸起的部位。

锥板用于钉书眼。锥板为木质板，利于锥子打孔眼。

三角尺用于测量书籍尺寸，以及孔眼之间的距离。

裁纸板用于裁纸，或作为修复破损古籍的操作板。注意须保证其平整无弯曲。

毛笔用于修补书叶，镊子用于挑除书叶及修补材料上的杂质等。毛笔为羊毫，镊子须为医用不锈钢镊子，其细尖头利于夹取。

压书机用于压平修补好的书叶，有电动和手动两种，主要作用是利用机械压力或重力挤压纸张中的水分，平整书叶。手动压书机在使用时要注意上下应垫纸，避免压书板与书籍直接接触，伤及书籍，并且不可将书过度压实。

电磁炉与不锈钢锅皆可用于烧水或蒸揭等工作，在修复场地使用电气设备最重要的是注意防火，因为修复场地是多纸张、多水的场所，应详细规定电气设备的每一个使用环节，确保修复场地的安全。

二、古籍修复的材料

修复古籍的常用材料包括纸张、染料、胶水、糨糊、丝绸织物、清洗剂、黄纸板与夹板、纸捻钉与丝线等。修复人员需要对这些材料的性能有一定的掌握，这样才能在修复古籍的时候更加得心应手。

（一）纸张

在人类文明的发展历史中，纸张的发明、推广和普及具有重要意义。不同的历史时期，纸张的生产和组成有所不同，其用途也多种多样。

想要修复一本古籍，首先要对古籍有一个全面的认识，认识古籍所使用的纸张就是其中的一个方面。

据考证，从两汉到南北朝，主要用麻类纤维造纸。新疆出土的晋愍帝三十六年文书、敦煌石窟的北朝写经，用的都是麻类纸张，晋代还出现过用藤本植物制作的藤纸。南北朝时，北方人开始采用楮树皮造纸（详见《齐民要术》）。隋唐时期，除楮树皮外，还出现了檀树、桑树等树皮和海藻等造纸材料。北宋以后，出现了用茎秆纤维（竹类、草类）制作的竹纸和草纸。明清以后，造纸的材料和技术变得越来越复杂，纸张的质量也越来越好。宣纸已久负盛名，在造纸技术飞速发展的现代依旧有着无可替代的优越地位。

要对损坏的古籍进行修复，让它达到一个比较好的状态，首先要对制作古籍的原料有一定的了解。在古籍的修复过程中，比较看重的是修复者的手法以及技巧，但在修复过程中熟知所使用原料的特性也很重要。

下面就从古籍的纸张印刷以及不同版本古籍的特点出发进行详细介绍。

1. 麻纸

我国古代造纸中使用的麻类主要包括苎麻和大麻。苎麻是我国的特产，在国外被称为"中国草"。大麻也是我国古老的麻种之一，通常被称为"火麻"，在国外也被称为"汉麻"。麻纸是由麻纤维制成的纸，以下是较为常见的麻纸品种。

（1）白、黄麻纸

古代官方文书使用的纸张主要是麻纸，根据官阶和文书类别，分为白麻纸和黄麻纸等，其中最著名的是四川生产的麻纸。白麻纸呈白色，正面光滑，背面有点粗糙，附有一些草棍、纸屑，其质地坚固耐用，在没有水分的情况下，长时间都不会变质。黄麻纸为淡黄色，性能和白麻纸类似，不同之处在于黄麻纸通常比白麻纸稍厚并且看起来更粗糙。不论是白麻纸还是黄麻纸，纸张纹理（也称为帘子图案）都相对较宽，大约有两个手指的宽度，并且有些纸张纹理不太清晰。宋代的大部分版印书籍都使用这两种类型的麻纸。金、元两朝初期所用的印刷纸与宋末所用的印刷纸几乎相同。元末刻本的麻纸和宋代麻纸之间没有太大区别，只是纸张的纹理更窄，只有一指左右的宽度。在明朝初期，麻纸仍被用来印刷书籍。麻纸可以抵御风吹日晒，至今流传下来的一些宋、元印本历经数百年依然完整如新。

（2）麻沙纸

宋代的建阳（今福建省建阳区）是刻书的中心，造纸工业发达，其生产一种名为麻沙纸的麻纸，厚度和韧性与麻纸相似。以这种纸印刷的宋版书，叫作麻沙本。

（3）旱滩坡纸

旱滩坡纸是一种由麻纤维制成的古老纸张，纸张薄且纤维编织紧密。

2. 藤纸

藤纸由藤树皮的长纤维制成，质量高。藤纸产生于晋代，于唐代大量生产。

3. 宣纸

唐代宣州府（今安徽泾县）出产的一种优质纸张，地方官员每年都将其进贡给皇室作为"贡品"。根据其生产的地名被称为宣纸。

宣纸的主要原材料是青檀树皮和稻草。明朝前的宣纸完全使用青檀皮制成，经石灰处理、漂白、制浆和抄造。清代以后，开始使用植物皮与稻草的混合浆液，所用的材料与全皮、半皮、七皮三草不同。宣纸凭借其优良的性能得到了当时王公贵族们的认可，越来越多的人喜欢上了宣纸并且开始用宣纸写书、画画。我国唐宋时期的古书画主要使用宣纸，其素有"纸寿千年"之美誉。

宣纸最初属于纯皮棉纸类，之后，随着纸张需求量的增加，考虑到原材料和成本，制浆时会添加适当的专用沙田草。宣纸按组成有单宣、夹宣、二层夹、三层夹之分，规格有四尺、五尺、六尺、八尺、丈二、丈六等，共有六十多种类别，现就常见的几种分述如下。

（1）罗纹纸

罗纹纸大多数为纯白色，或淡黄色，极少部分呈现其他颜色。这一类纸最大的特点是质地非常细腻，从外观看给人非常高贵的感觉，同时其历史也非常悠久。根据考古发现，在宋朝的时候罗纹纸就已被广泛地应用于书籍印刷中。

（2）棉连纸

棉连纸是宣纸的一种，同样也是白色，并且比罗纹纸的白更加无瑕，不含一丝杂质。因此，其对制作工艺的要求非常高，不仅对于原材料有着较高的要求，对于制造者的技术掌握水平以及制造过程当中的时间把握都有着极高的规范。棉连纸在当时并不能大范围地投入生产，平民百姓没有资格也没有机会使用到。明末清初书籍中一些比较精美的版本使用的就是棉连纸。

（3）玉版宣

玉版宣颜色为白色，质地细腻且厚，可以很好地吸收水分，但比棉连纸的韧性差一些。

（4）单宣

单宣也被称为"料半"，也是宣纸的品种之一。它比玉版宣更薄，颜色白皙，质地匀称细腻，性质绵软，韧性更好，有纵横帘子纹路，可用于印书，非常美观大方。清末至民国初期印刷的大多数书籍使用的都是这种纸张。

（5）十刀头

十刀头也称"重单宣"，它与单宣相比更厚，吸水量更大。其韧性很好，可以用作衬托册页和绫。

（6）夹连纸

夹连纸与棉连纸相比略厚，但没有棉连纸柔软。

4. 棉纸

南方地区将棉纸称为"皮纸"，这是一种从楮树皮中提取原料制成的纸。这种纸和其他植物纤维制出的纸不太一样，它的柔韧性非常强，质地却非常细腻，这在当时引起了非常大的反响。之所以起这个名字，是因为把这种纸撕裂之后，断裂的地方会呈现棉丝状。在明代初期，棉纸主要用于印刷书籍，而随着社会的发展，书籍的样式发生改变之后，其不再适用于书籍的印刷。棉纸有以下一些品种。

（1）河南棉纸

河南棉纸因产地得名。其特点是带有一定的颜色，并不完全是纯白色的，而且厚度不太稳定，质地也非常粗糙。

（2）贵州棉纸

贵州棉纸因产于贵州而得名。其质地比河南棉纸更厚，并且在制作工艺上也更加优越，同时非常耐用。

（3）黑棉纸

黑棉纸颜色比较黑，不适用于书籍的印刷，适合作颜色的修补。

（4）迁安棉纸

迁安棉纸产自河北迁安市，因此得名，它通常被称为"毛头纸"。

（5）上海棉纸

上海棉纸质地轻薄且细腻，其他性能接近河南棉纸。浙江、安徽等地区生产的棉纸，由于地理位置和上海较近，所以统称为上海棉纸。

（6）山西棉纸

山西棉纸产于山西并以此命名。其颜色为灰白色，略厚且有韧性，质地类似于河南棉纸，因为产量高并且性能还不错，具有较高的性价比，常被用于印刷书籍。

（7）浙江棉纸

浙江棉纸产于浙江，以产地命名。其质地轻薄且富有韧性，和上海棉纸性能相似。

（8）蚕茧纸

蚕茧纸有两种颜色，一种白皙如玉，另一种略带乳白色。这种纸的质地最为细腻，同时非常轻薄，在阳光下还可以折射出光芒，由于看起来和丝绸较为接近，所以就有了这个名字。

（9）云母皮纸

云母皮纸光滑且韧性好，比较特别的是，其沾水后非但不会发生水解，还会变得更加牢固，因此，经常被用于环境比较潮湿的地方。

（10）藏经纸

藏经纸呈黄褐色，近乎茶色。其质地厚而硬，略有棉性且不透明。宋、元和明三代的大多数释道经典都使用这类纸张。唐代人曾经用这种纸写佛经，藏经纸因此得名。现在藏经纸多用于收藏或者制作书签。

（11）桑皮纸

桑皮纸质地坚硬，有黄、白两种颜色。由于以桑树皮作为造纸原料，所以被称为桑皮纸。宋、元和明曾用这种纸印刷书籍，但在流传下来的印品中很少见到。

（12）高丽纸

高丽纸类似于朝鲜印刷书籍所用的纸，产于河北迁安，为白色，纸张厚而结实，有较为明显的直纹。

（13）库笺纸

库笺纸有白和黄两种颜色，纸质薄厚都有，拥有极强的韧性，尺寸均为 67 厘米 ×67 厘米，清代宫廷内多用这种纸包裹东西，在民间并不常见。

（14）册子纸

册子纸也称为"库钞纸"，是棉纸的一种。为了节省纸张，明朝人用写过字的册子纸印刷书籍。因为这种纸的质量较高，所以印品一直流传到现在。

（15）日本皮纸

日本皮纸也称为"东洋纸"，产于日本，有黄、白两色，棉性和韧性较强。这种纸常见于日本，在民国时期也能够看到用这种纸制作的书籍。

（16）美浓纸

美浓纸纸面有光泽，厚度匀称，绵软且有极强的韧性。这种纸在日本的古籍中广泛使用。

（17）开化纸

南方地区称开化纸为"桃花纸"。由于该种纸最早产自浙江省开化县，所以以此命名。其质地细腻白皙，没有明显的纹路。

（18）开化榜纸

开化榜纸的表面类似于开化纸，但比开化纸更厚，颜色略带青绿色，且质地比开化纸略差。

（19）太史连纸

太史连纸与开化纸相比略黄，质地细腻匀称，绵软且韧性强。

（20）东昌纸

东昌纸产自山东东昌府（今山东西部），因此得名。其性能比较特殊，纸质特别松软，可以吸收较多的水，因而经常被用在古籍修复当中。

（21）油衫纸

油衫纸纸张较厚且有韧性，质地柔软耐用，最适合做书籍封面，无须托裱就很牢固，常作为古籍修复的保护套使用。

5. 竹纸

随着社会经济的不断发展，人们对文化的表达欲望也越来越强烈。用麻或者藤来制作纸张印刷书籍不再能满足人们的需求。因此，人们开始寻找更多的造纸原料以满足市场的需求。

早期的竹纸是在东晋时期的会稽（今浙江绍兴）生产的，大书法家王羲之、王献之父子都用竹纸写过字。唐代韶州（今广东省韶关一带）也生产竹纸。韶州位于五岭南部，气候温暖湿润，竹子生长迅速且数量大，非常方便就地取材。起初，因技术水平不足，竹纸质量低下，纸的韧性和强度差，很容易破也不易复原，所以并不普及。到了 11 世纪，竹纸的生产工艺得到了改进，产量逐渐增加，开始被广泛使用。在南宋淳熙年间（1174～1189 年），竹纸开始在官方文书中使用。随着竹纸生产的发展，竹林的种植范围也相应扩大，劳动人民想出了一整套方法来造林以及采伐和收集竹子，根据竹子的特点，如老软、干湿、好坏等进行分类加工，以充分利用竹子，因此，竹纸的生产持续很长时间。实际上，一些添加了其他草纤维的竹纸，可以称为"竹草纸"，是一种茎秆纤维纸。

竹纸也称"黄纸"，因为它略带黄色，主要包括以下类型。

（1）毛边纸

毛边纸也被称为"南毛边"，呈米黄色，大多产自福建、浙江、江西。纸张带有较多的毛边，正面比较光滑，背面由于含有杂质，所以比较粗糙，同时稳定性较差。

（2）毛太纸

毛太纸也被称为"南毛太纸"，产于福建、浙江和江西，为浅黄色，性能类似于毛边纸，但纸幅与之相比较小。

（3）川连纸

川连纸产于四川，颜色稍黄，也有白色，质地类似于毛太纸。这种纸更具韧性，但厚度不匀称，印出的书也不是很漂亮。

（4）元书纸

元书纸产于浙江富阳、萧山一带，以富阳之大岭、小岭出品的最佳。

（5）梗棒纸

梗棒纸是元末时期用于印书的一种竹类纸，纸面非常粗糙，同时杂质含量非常高，纸非常厚。

（6）赛连纸

赛连纸产于四川，薄而匀称，纸页大且没有矾性，最适合粘补黄竹纸书。

（7）玉扣纸

玉扣纸与毛边纸相似，但是这种纸不太适合用于修复古籍，因为它非常厚，不够柔软，更适合染色制成书的封面。

（8）官堆纸

官堆纸与毛边纸相比略厚，金陵书局过去多用这种纸印书。

（9）连史纸

连史纸因为产自福建连城而得名。纸质材料薄而耐用，类似于棉连纸，只是韧性略逊于棉连纸。这是用于修补和装饰古籍必不可少的纸，可用作常规装订书的补镶、衬纸或扉页。它非常适用于看起来干净漂亮的竹纸书的扉页，但并不适合做书籍封面。

（10）机制连史纸

机制连史纸又被称为"洋连史"。这种纸几乎与连史纸相同，但颜色要比连史纸略黄。纸的正面比较光滑，适合书写。背面十分粗糙，是因为造纸过程当中掺杂了其他杂质，因此，这种纸也有一定厚度。

（11）洋粉连纸

洋粉连纸是机制纸，颜色为灰白色，十分容易断裂，所以这种纸在实际生活中应用得非常少。

（12）山贝纸和本槽纸

山贝纸和本槽纸产自山东。山贝纸颜色黄，本槽纸颜色白，广东广雅书局"外聚珍本"丛书大多使用这种纸印刷。

（13）呈文纸

呈文纸也被称为"隔纸"，纸质较厚，正面光滑，背面粗糙，柔软无力，并不适合书写，所以在大多数情况下，这种纸并不用作印刷书籍的纸张，而用于古籍修复，作为一些装饰物存在。

6. 其他

（1）牛皮纸

牛皮纸是由木浆与强韧植物纤维混合制成的纸，颜色大多数呈黄褐色，少部分呈淡黄色，质地非常坚韧，不容易被撕裂，就像牛皮一样，所以得了这个名字。牛皮纸大多数被用来包裹书籍或者当垫板。

（2）磁青（或古色）纸

古代书籍的封面通常用宣纸来制作，但是由于宣纸容易损坏，现代不再用宣纸制作封皮。一般用宣纸或毛边纸染成磁青或古色（即栗壳色、米色或古铜色），托裱一层质地相同的纸张，以此制成封皮。

（3）虎皮宣

宣纸被染成像老虎皮一样的黄色和白色，然后放在相同质地的纸上即为虎皮宣，通常用作书籍封面。

（4）蜡笺纸

蜡笺纸是用韧性强的植物韧皮纤维制成的纸。因为其表面比较光滑，并且质地较厚，经常被用作书的封面。

（5）发笺纸

发笺纸是一种由植物韧皮纤维制成的极好的书籍封面纸。比较特别的是，在制作这种纸的过程中需要添加动物的毛发来增加纸的柔韧性。因为含大量高分子蛋白质，所以不能够长期储存，但是可以用来制作书籍的封皮。

（6）洒金纸

洒金纸是一种包含金和银的贵重纸张，颜色经久不变，可以用作珍贵书籍的封皮或签条纸。

（二）染料

纸张的选择，包含纸张的颜色、质感、性能和厚度等内容，对于修复古籍非常重要。历史悠久的古籍纸张通常是古朴老式的色调，书籍封面和包角的颜色和现代书籍也有很大差异。为了在修补时保持古籍的原始外观，要尽可能做到"整旧如旧"。特别是在修补稀有古籍时，如果纸张不合适，手稿的样式就会被破坏，精致的古籍将面目全非，既不美观也不和谐。

修复古籍的一种方法是使用旧纸张。利用旧纸的一大好处是和旧书能够形成一个比较融洽的整体，但是用旧纸来修复旧书也有缺点，即容易损坏。大多数旧纸在长期的保存过程当中会产生不同程度的理化反应，从而影响了纸张本身的性质，这与修复古籍是为了保护和延长其寿命相悖，尽管使用旧纸来修复古籍看起来不错，但并不是最优选择。旧纸是不可再生的资源，并且馆藏极为有限，因此，使用如此少量的纸张修复大量古籍也是不现实的。为了满足修复古籍用纸不断增长的需求，最好使用仿古技术将新纸加工和染成与古籍颜色相同的纸，以使其与古籍匹配，且比旧纸坚硬，用于修补古籍既美观且实用。

用于染制纸的染料不能是化学合成的染料。化学合成染料适用于棉和羊毛织物的染色，不适用于纸的染色，原因是化学合成染料有高度的化学侵蚀性，会损坏纸的纤维，并且随着时间的流逝，染色的纸不仅会改变颜色，还会降低牢固度。如果原始古籍因此被损坏，那就因小失大了。

修复古籍时用于纸张染色的染料主要是植物和矿物染料，以下是一些常用的染料。

1. 植物染料

（1）藤黄

藤黄又称为"月黄""越黄"。砍下藤黄树的树皮时，会渗出如漆树一样的黄色树脂，这种黄色的树脂干燥之后，会凝结成固体，而这种固体是有毒性的，所以经常被用作药物研究。藤黄具有一定的黏性，所以在用藤黄制作染料时，不需要额外加胶。可以将藤黄放在冷水中浸泡一定时间使其溶解，但不能使用热水。对于少量的染色，可以将笔浸入清水中，并在藤黄上涂抹几下，只要掌握好色彩的均匀度即可，这种方法比较方便。要对大量纸张进行染色时，先将藤黄放在盘子上，用清水研磨，然后倒在纱布上过滤。藤黄需要随用随化，当剩余的材料重新入水，染料就会变硬，溶解后变成颗粒状，无法使用。藤黄主要用于染黄色纸张，也可以与赭石、花青、徽墨等混合使用，制成各种不同颜色的染料。用藤黄和赭石染出的茶褐色纸特别适合用来修补古籍。

（2）花青

花青又被称为"靛青""靛蓝""靛花青""靛靑""蓝靛"，是一种由"蓼蓝草"（蓼科的草本植物）制成的青色染料。花青在我国很早就被使用了，是民间印制蓝色花布的主要染料。在古籍的修补中，最适合用花青为色泽古雅的蓝色书本染色。结合藤黄、徽墨、赭石，可以得到更多颜色绚烂的染料。

（3）茶叶

茶叶属山茶科，其中含有生物碱和茶碱。通常使用浓稠的红茶汁并过滤掉茶叶染纸。

（4）槐黄

槐黄是从豆科乔木槐树的花中提取的黄色染料，可以用于染偏黄的纸。

（5）栀子黄

栀子黄是一种由茜草科灌木栀子（又名"黄栀子""山栀"）的果实制成的黄色染料，可用于棉花、羊毛、丝绸等纺织品和纸张的染色。

（6）橡碗子

山毛榉科乔木枥树的果实被称为橡碗子。将橡碗子蒸煮后，用其煮出的水可以染纸，十分便捷，操作也很简单。但如果操作不当，则很长一段时间后容易渗出并弄脏古籍，导致古籍粘上斑点和污点，非常难看，因此，该染料可用于修补善本，但稀有的古籍并不适合用这种染料。

（7）糖色

糖色是一种植物染料，可以将纸染成红糖的颜色，也就是茶色或浅褐色。

2. 矿物染料

（1）土黄

土黄是一种黄色泥土，是南京钟山出产的矿物颜料，用其浓汁可以对纸张染色，简单美观，气色俱佳。

（2）赭石

赭石是一种矿物颜料，主要成分是三氧化二铁（Fe_2O_3），红棕色，产自多个地区，坊间传说在江苏省常熟市虞山黄子久墓旁出产的赭石是最好的。赭石是用于纸张、锦缎和绢镶料染色的主要颜料，在其中添加藤黄可变为朱红色，在其中加徽墨可变为古铜色，在其中加朱砂可变为老红色。

（3）徽墨

徽墨在我国有着非常悠久的历史，因为其质地非常好，所以得到了很多文人墨客的追捧。徽墨是我国悠久制墨历史中诞生的精品，所用原料包括桐油烟、猪油烟，另有广胶、麝香、冰片、梅片、金箔等成分。徽墨稍加藤黄、赭石就可以变成淡灰色。

（4）朱砂

朱砂又称为"辰砂""丹砂"，主要成分为硫化汞（HgS），其颜色为红褐色，色彩绮丽，明艳夺目。它产自云、贵、川等地区。朱砂经常用于古籍的修补，通常情况下会将朱砂配以其他染料对纸张进行渲染，修补不太清晰的印章。

（三）胶水

对古籍进行修复的过程中，除了要使用纸张之外，还需要对纸张进行染制，这时则需要搭配胶水使用。古籍相对于其他文物而言较为特殊，在修复过程中也有相应的要求规范，其中胶水的配置就有严格的要求。首先，胶水的质量一定要好，并且不能够和古籍中的纸张发生化学反应或者物理反应，以免对古籍造成损伤。其次，胶水要根据不同的古籍、不同的纸张进行配比。

鱼鳔胶黏性较强，但是因为有非常大的腥臭味，所以不太适用于古籍修复。驴皮胶和鹿胶都是贵重的中药材，从价格上就限制了它们的广泛应用，也不是染制纸张常用的材料。在实际操作当中，常用牛皮胶作为胶水进行纸张的染制。

骨胶由动物的骨头熬制提炼而成，深褐色，做胶水时，只可利用其上层清液。开水冲泡后用小棒轻轻搅动，可使骨胶化开。也可在使用时把它浸溶在30℃的温水中，然后隔水炖化，这样不致烧干、烧焦。骨胶在高温天气中容易腐败，腐败的骨胶丧失黏性，不可再用。

牛皮胶以广东出产的最为有名。广东的牛皮胶胶质醇厚没有杂质，同时价格非常低，因此受到很多人的喜爱，常作为染纸的胶水使用。

胶水的作用是添加在染色水中，让染色的水更加均匀、透彻。将这种混合的水染在纸上之后，纸会变得更有柔韧性，这也是古籍修复在胶水的选择上需要下很多功夫的原因。

（四）糨糊

糨糊是修复古籍必不可少的粘合材料。糨糊的品质直接影响书籍的修补质量，因此，用作古籍修补的糨糊必须具有一定黏度且不会导致纸张产生"暴性"

反应。如果糨糊的黏度太低，粘合效果将在短时间内消失，修复后的页面会自行掉落；如果太黏，水分会迅速减少，纸张则容易出现胡桃般的褶皱，这就是暴性。用暴性糨糊修复古籍是大忌，尤其是那些已保存很久的书籍，这种书的页面弹性非常差，有些已将近糟朽或已经糟朽，如果使用了暴性糨糊，不仅古籍的原始外观不能恢复，还会遭到更严重的破坏。并且，被暴性糨糊损坏的古籍，在之后的修护中也无法揭开，会造成无法弥补的损失。

有腐蚀性的糨糊也不可以用于修复古籍。当前市场上销售的一般用途的化学糨糊均与化学防腐剂混合，会对古籍纸张产生非常大的腐蚀作用。使用这种糨糊修补书叶，腐蚀的黄色印记在很短的时间内就会出现。我国一些技术发达的大城市会使用一种特殊的糨糊修复档案，这种糨糊不与腐蚀性化学物质混合，尽管它适用于现代档案的修复，用于修复古籍也勉强合适，但通常浓稠度不合要求。因此，最好根据要修复的古籍的具体条件来选择、加工和精制糨糊。

由于材料和传统方法的不同，用于修复古籍的糨糊因地区而异。在北方，由于人们喜欢吃面食，所以多采用去掉面筋的面粉来制作修复古籍的糨糊。在江南地区，则常使用精制白面粉（现称为"富强粉"）制作糨糊。

1. 小粉糨糊

在各种糊状原料中，最合适的是小粉，也就是小麦淀粉。小粉制成的糨糊质地柔软、黏度适中、非暴性，可用于修复古籍的页面，并能达到光滑柔软的效果，特别适合用于修复破损的有价值的珍本。小粉糨糊的制作包含以下两个步骤。

（1）制作小粉

用小粉制作糨糊，先要制作小粉，其过程如下。

①研磨。通常，面粉颗粒相对较粗，因此在使用前必须将其磨细。

②和面。在面粉里兑水，把它均匀地揉成大面团。

③出粉。将面团分成大小均匀的小面团，然后用白色的纱布包裹起来，放置在盆里，加入适量的水，在这个过程中要保证面团稳定不晃动。浇水之后，用双手不停地揉捏面团，并且让面团完完全全接触到水。揉捏一段时间之后，面粉之中的白色淀粉就会分解出来，稀释在水中，而剩下的一些粗糙的杂质就会留在纱布里。

④洗粉。出粉之后，水中会含有大量的小粉。经过沉淀，小粉会堆积在盆子的底部。将这些小粉尽可能地和水分离，并且收集起来放到装有清水的盆子里，静置。几天后，盆中的清水会变色，一般会变成淡黄色，温度比较高的时候，会

有真菌发酵。这时用木棍去掉水中的黄色部分和真菌发酵部分，再次倒入清水搅拌，让小粉沉淀。再过几日，仍然会出现淡黄色的水，但是颜色会比上一次更淡。按照之前的方法处理，反复几次之后，小粉的大小就比较均匀了，同时质地非常黏稠，颜色也比较纯净。

⑤保存。这种方式制出的小粉可以在冷水中长时间保存。经过处理的小粉中已经不再含有高分子的有机物，在一般情况下可以长期保存，但是如果温度过高的话，还是可能变质。建议将小粉暴晒，形成干粉，在使用的时候再加入水调制成湿润的黏稠物。

（2）小粉调制糨糊

下面介绍用小粉调制糨糊的主要程序和注意事项。

①水和粉的比例。干性小粉，水与粉之比为 1∶1；湿性小粉，水与粉之比为 4.5∶1。先把小粉泡成稀粥状，然后用铜丝筛子滤去小粉中的粗粒渣滓，备用。

②加矾。熬煮糨糊时按湿粉 1.5%～2%、干粉 2.5%～3% 的比例，添加明矾以增加黏性与耐腐蚀性。需要注意的是，明矾的稳定性并不是很强，并且会和空气中的一些成分发生化学反应产生酸性物质，因此，在明矾的储存上也要多加注意。

③搅拌（开水冲调）。将清水倒入锅中，待水沸腾后将剩余的稀粥状小粉缓慢倒入锅中，并在倒入时持续用木棍搅拌。5～6 分钟后，稀粥状小粉逐渐由薄变稠，最后被煮成半透明状的银白色糨糊。

④用火（炉火熬煮）。用来煮糨糊的炉火不能太大，如果火太大，糨糊会脆而不粘。但也不能太小，如果火很小，糨糊会散而不粘。

⑤半成品的保存。此时糨糊仍是半成品，并且在实际应用中必须根据待修补对象的特定要求随时制备。半成品必须妥善保存，以免发酵变酸并根据需要随时准备调制。其保存方法是浸泡在冷水中，在早春、秋季和冬季，需要每天更换一次水；到了晚春和夏季，温度渐渐升高，如果工作室中没有恒温器，则需要每天多更换几次水，如果有恒温器，则只需每天换水一次。在这种情况下，糨糊半成品的保质期在早春、秋季和冬季为一个月，在晚春和夏季约为 10 天。

⑥厚浆与薄浆。修复古籍所需的浆料可分为两种：厚浆和薄浆。厚浆主要用于粘连东西，薄浆主要用于修复书叶。要注意，糨糊的浓度不要过高，否则页面将被排笔带起来，这本书就可能会遭到损坏。较厚的糨糊一般用来修复厚棉纸、开化榜纸和毛边纸页面，这类页面如果用太薄的糨糊会粘连得不牢固。

⑦捣糊兑水。半成品糨糊兑水前，要先在盆中均匀捣烂。应缓慢添加水，以

使水和糊充分混合成乳状汁液。兑水不能太快，否则糨糊无法完全混合，会形成小疙瘩，从而影响黏度。在寒冷的冬季，如果工作室没有恒温器设备，可以使用热水将半成品糨糊浸泡一下。另外，制得的糨糊不能冷冻，因为冷冻的糨糊会失去黏度不能使用。

⑧清洁卫生。制备的糨糊应该保持清洁卫生，不应该掺杂其他物质。一方面，是为了保证其能够长期储存不变质；另一方面，是为了保证在使用过程中不会因为掺入的杂质对古籍造成伤害。

⑨糨糊的浓度。可以使用波美表精确测量糨糊浓度。修补书叶的糨糊通常使用 2 度，同时需要根据纸张的厚度、质地、性能和损坏程度来控制糨糊的浓稠程度。需要注意的是，对纸浆和纸张各种条件的确定和掌握在很大程度上取决于工作人员在工作中的细心体会和积累的经验，用几句话很难清楚地表达出来，仪表参数只能起到参考作用。

2. 面粉糨糊

面粉糨糊的制造和使用方法和小粉糨糊相近。由于面粉糨糊的纯度不够高，并且里面含有一些杂质，容易变质，因此对于古籍而言，面粉糨糊不是最好的选择。

面粉糨糊的制备方法如下：在中等大小的陶瓷钵头中加入白面粉和明矾（比例为 1：0.02），与冷水缓慢混合（冬天需要使用 30℃ 的温水），用木棍持续搅拌将面粉调成浆头，搅拌至没有面粉疙瘩。然后将开水冲入浆头内（水与粉的比例为 1：4.5），在冲洗的同时持续搅拌并用力调打，直到浆头由稀变稠，颜色从白色变为淡黄色，呈现亮光和小气泡，表明糨糊已经煮熟。如果糨糊为灰白色，没有光亮，也没有变黄，表示糨糊还没有熟，此时必须迅速进行处理。将制作好的糨糊表面抹平并放一层清水，以便随时取用。面粉糨糊的储存、制备和使用方式与小粉糨糊相同。

3. 白芨水糨糊

广东出产的白芨水糨糊是由白芨的茎块制成的。新鲜的茎块含有 14.6% 的水分、30%～40% 的淀粉和 1.5% 的葡萄糖。由于这种糨糊具有很强的黏性，所以用来粘合接缝十分牢固。这种糨糊还可以用于修复厚叶书，如厚纸佛经等。但它不适合修复薄页，因为用白芨糨糊修复的书叶总是会留下难以去除的印记，并且由于其黏性强，当古籍再次损坏需要重修时会难以揭开，其在书本上留下的痕迹浸入沸水中也去不掉，会损坏原书。

4. 石花菜糨糊

石花菜是一种海洋植物，用这种植物制备的糨糊修补出来的东西十分柔软。但制备石花菜糨糊较麻烦，天气热时会有臭味，变质时黏度会变弱。

5. 防蛀防霉

资料记载，我国古人在制备糨糊时会添加香料。在宋代，米芾制作糨糊时一定会加乳香。后来，有人在配制糨糊时加入百部、除虫菊，以增加糨糊的防霉和防蛀功能。乳香和花椒都属于贵重香料，所以在取材上不是特别容易，如果用这些贵重的香料制作糨糊的话，糨糊的制作成本也会大大增加，所以在对那些普通古籍进行修复的时候是不会用到这些珍贵材料的，如果是对那些极其稀有的古籍进行修复，倒是可以采用。近些年来，随着化学研究越来越深入，有人尝试在糨糊当中添加一些其他的物质，以使其能够更好地保存，比如将石炭酸添加到糨糊中。但是，研究发现，这些物质会对古籍纸张造成损害，因为它们中的一些成分和古籍发生化学反应之后，会加速古籍的老化，因此现在用于古籍修复的糨糊不再加入这些东西来防蛀、防霉。

（五）丝绸织品

珍贵的古籍需要雅致美丽的丝绸面料作为封面、函套、包角等。有三种类型的丝绸织物常用于修复古籍。

1. 绢

绢是由真丝制成的平纹丝织物，质地精美，薄而坚韧，产于浙江、上海、江苏等地区。它可以染成瓷青色和古铜色，可用作善本的封面。当染成浅绿色或湖蓝色时，可以作为古书包角的材料。

2. 绫

绫的表面呈现出一种斜纹组织或以斜纹为底的提花组织，是以桑蚕丝或人造丝交织而成的丝织品。浙江湖州的绫具有最佳的质地，表面光滑如镜，底部有花朵和凤凰图案，轻薄柔软，富有民族特色。修复古籍时，绫可用作封面或包角。

3. 锦

锦是缎纹的丝织品，具有华丽的色彩、图案，以及厚实的质地和雅致的风格。大多数现代丝绸被称为"宋锦"和"仿宋锦"，因为它们是模仿宋代的织锦図案制成的。锦有龟背图案、绣球图案、剑环图案、古钱套、席地图案等款式，古朴典雅，最著名的锦品是江苏苏州出产的。锦最适合作为裱制善本的函套、锦盒或册页面子。

（六）清洗剂

1. 洗涤碱

洗涤碱即碳酸钠（Na_2CO_3），用80℃的热水泡开，便可使用。

2. 草酸

草酸即乙二酸（$H_2C_2O_4$）。由一氧化碳和氢氧化钠在高温高压下反应生成甲酸钠，再经高温脱氢生成草酸钠，最后经铅化、酸化、结晶和脱水等工序，得到草酸。这是一种无色晶体，也是一种重要的还原剂，可用于洗涤书叶中的水斑、霉斑、黄斑等污渍。

3. 高锰酸钾

高锰酸钾（$KMnO_4$）又称"过锰酸钾""灰锰氧"，为紫红色晶体，溶于水，是一种强氧化剂，在修补古书中与草酸配合使用。

4. 漂白粉

漂白粉即次氯酸钙[$Ca（ClO）_2$]，含有效氯30%～38%，用以漂白书叶。漂白粉有一定的腐蚀性，经漂洗的书叶纸张纤维容易受到损伤，因此不能用于修复古籍。

5. 双氧水

双氧水即过氧化氢（H_2O_2）溶液，含过氧化氢30%，用以洗涤书叶中因沾染铅粉而形成的黑斑。

另外，还有几种植物可用于洗霉。

①枇杷核，蔷薇科的植物种子。它含有苦杏仁甙、氨基酸、淀粉和游离氢氰酸，可用于旧字画洗霉。

②石菖蒲，天南星科植物。石菖蒲的根茎具气味，常作药用。石菖蒲的挥发油中含有细辛醚、石竹烯等，可用于为旧字画装裱洗霉。

③皂荚，豆科类植物皂荚的果实。它含有三萜皂甙、鞣质、谷甾醇等，也可用于洗霉。

（七）黄纸板与夹板

1. 黄纸板

黄纸板是一种用稻草浆压制的纸板，俗称"马粪纸"。一般用 40 号规格或 2～3 毫米厚的黄纸板，裱以绫、锦，糊制成古书函套或锦盒，坚固耐用。也有用七八层棉料纸合托的硬纸板，功能与黄纸板相同，这是更加考究的做法。

2. 夹板

夹板是由樟木、楠木、梓木或红木制成的平滑木板，上下两层，与书的大小大致相同，中间存放古籍。

（八）纸捻钉与丝线

1. 纸捻钉

纸捻钉用于装订书籍页面。有两种类型的纸捻钉，一种由 10 厘米 ×4 厘米的棉纸条制成，中间宽，两端尖，也称为"纸锯钉"和"蚂蟥襻"，用于装订较厚的书本。接过书脑或金镶玉的书，也会用到这种纸捻钉。另外一种纸捻钉是按棉纸竖纹裁成斜边状，搓成一端大、另一端尖的形状，用于装订薄本书或普通书籍。

2. 丝线

丝线是装订书籍必备的材料，有中、粗、细之分。

第八节　古籍修复技术规范与质量要求

一、古籍修复的主要工艺

①脱酸。用碱性物质脱酸处理后的书叶 pH 应在 7.5～10。

②补书叶。补纸要与书叶质地、厚薄及颜色相近。

③溜口。用厚度为 0.02～0.04 毫米的薄皮纸裁成 1～1.5 厘米宽的长条修

补书口。溜口时不可使用含有木浆成分的纸，以免书口出现波浪形状。

④托。在整张书叶的背面贴纸加固，一般用于纸张强度很差、老化糟朽的书叶。若只是局部纸张的强度丧失，就应局部托纸加固。

⑤裱。在已经托好的书叶背面再用纸粘贴加固，仅用于加固书皮和装裱册页。

⑥机械补书。使用纸浆补书机时，要注意对纸浆量的控制，防止纸浆使用量过大，出现纸浆厚于书叶的情况。

⑦喷水压平。根据书叶修补情况在背面适量喷水，补丁较多的书叶可适当增加喷水量。注意将书叶按顺序铺在吸水纸上，一定要展平再盖上吸水纸和纸板，用重物压平。

⑧单叶衬。衬纸面积为书叶的一半，刚好放在折好的书叶中间。

⑨双叶衬。衬纸面积与书叶相同，对折后刚好放在折好的书叶中间。

⑩错口衬。该方法用于溜口后书口部位较厚的书籍。衬纸宽度同书叶，长度为书叶横长减去 0.5 厘米，按书叶的尺寸对折，衬在对折后的书叶中间。衬纸折口处与书背齐，纸边错开的一端要紧贴书叶中缝。

⑪接书脑。俗称"接背"，即衬纸比书叶宽些，对折以后夹进书叶，再将余出部分折回与书叶边缘碰齐，注意衬纸接出部分要和书籍厚度基本一致。

⑫惜古衬。俗称"穿袍套""金镶玉"。以白色较宽大的衬纸，衬入对折后的书叶中间，超出书叶天、地，书背部分折回与书叶平，以使厚薄均匀。再用纸捻将衬纸与书叶订在一起，注意衬纸接出部分要和书籍厚度基本一致。

⑬镶衬。这种方法适用于书脑特窄、使用金镶玉的方法尚不能完全解决问题的古籍。即在书叶四周粘接宽度在 3～5 厘米的宣纸条，将书叶加长、加宽，然后再衬纸。操作时要注意把粘接处的宽度控制在 1 毫米左右。

⑭挖衬。挖衬用于规格不一的小幅拓片或信札类文献的装订。将拓片或信札展平贴在用宣纸制作的书叶中间位置，加衬纸，然后将文献压住的衬纸部分挖去。操作时注意衬纸的薄厚要和粘在书叶上的文献薄厚一致。

⑮折叶。将书叶对折，折好的书叶通常称为"简子叶"，蝴蝶装书籍书叶有字的一面即正面相对对折，包背装、线装书籍书叶无字的一面即背面相对对折，经折装书叶左右均匀折叠。

⑯剪齐。用剪刀沿书叶边缘将书叶四周多余的补纸剪去，剪齐书叶四边，注意不要将书叶剪伤。

⑰锤平。用锤顶边长 3～4 厘米、锤高 5～6 厘米的铁锤在书叶上修补过的地方轻轻锤打，将书叶锤平。锤书时用力要轻，平稳落下。注意不要将书叶锤伤。

⑱ 齐栏。适用于书脚残破和使用金镶玉方法修复的书籍，即对齐书口下方的栏线。

⑲ 齐下脚。适用于书脚残破程度有限的书籍，即对齐书叶下脚。

⑳ 压平。用书芯压平机将书叶中的空气挤净、压实。注意书芯放入压平机时要平正，防止因压力不匀而将书芯压歪。

㉑ 订纸捻。在书脑靠近书背的 1/3 处打眼、穿入纸捻，以将所有书叶固定在一起。纸捻的粗细应和打眼用的锥子粗细相仿。

㉒ 包书角。用丝织品包裹书背上下的两个书角。使用衬纸接背、金镶玉方法修复的古籍一般都要使用丝织品（最好用绢）将书角包好。

㉓ 扣皮。书皮的长、宽都超出书芯 3 厘米左右，超出部分折回与书芯对齐。这种方法使用较为广泛，蝴蝶装、包背装、线装古籍都可使用。

㉔ 上皮。书皮的一边折回对齐书门，其余三边以书芯为准剪齐或裁齐。这种方法多用于线装、毛装书籍。

㉕ 筒子皮。书皮与书叶规格相同，对折后与书叶同时装订。这种方法多用于线装、毛装书籍。

㉖ 包背。书皮长度为书芯宽度的 2 倍加书背的高度、再加 3 厘米，书皮宽度为书芯长度加 3 厘米。书皮正中与书背粘贴，超出部分折回与书芯齐。这种方法多用于蝴蝶装、包背装书籍。

㉗ 打书眼。打书眼分为打纸捻用眼和订线用眼。装订时应尽量使用原来的书眼。若原来的书眼确实不可再用，方可另打书眼。用锥子在书皮右侧适当位置打眼。

㉘ 订线。此工艺仅用于线装书籍。用针引导丝线依次穿过书眼，使书衣和书芯连在一起。丝线最好选择纯蚕丝线。

㉙ 贴签。把修补好的书名签、标序签粘贴在书衣适当位置。

二、古籍修复的工艺要求

①书叶修补。叶面平整、栏线正直，无死折。修补过的地方不缩不皱、平整洁净。

②字迹。字迹完整，不跑墨、不褪色。

③折口。位置准确，折缝平直。

④补纸。补纸颜色、质地、厚度及帘纹与书叶相仿，边缘必须有毛茬，补纸

与书叶粘连处控制在 2 毫米以下。

⑤霉变、老化书叶的处理。霉变面积 ≤ 60%、强度损失 ≤ 80% 的书叶，一般只做修补，不可托裱。

⑥纸浆修补。使用纸浆修补的书叶，纸浆投放适量并与书叶结合紧密。书叶正面干净，无多余的纸浆残留。

⑦天地两端。天、地两端整齐（毛装除外）。

⑧书口与书背。书口、书背平、直，厚度一致，允许误差 ±2 毫米。

⑨包角。包角严紧，边缘垂直，不松、不皱、平齐。

⑩书皮。书皮平整，无皱折、无糨糊痕、无指甲划痕，能把书芯四周盖严，不露白边，误差 ±0.1 毫米。

⑪书眼位置。书眼位置距离适当，订线后各线段连在一起成一条直线，不歪斜，误差 ±1 毫米，两股线互不缠绕，不露线头。

⑫书口。书籍平放时书口成 90° 直角，不歪不斜。书叶折口垂直码放允许误差 ±0.1 毫米。若有衬纸，折口（或边缘）与书口紧贴。

⑬页码。无颠倒书叶，页码顺序正确。

⑭栏线。书口处栏线整齐划一（或下脚齐）。

⑮纸捻。纸捻粗细、松紧适度，位置恰当。

⑯金镶玉天、地镶料的比例。在书叶天、地两端以外衬纸镶出部分的长度之和不得超过原书的 1/5，天、地的比例为 3∶2。

三、古籍修复的检验

①检验条件：室内，室温（22±2）℃，相对湿度 55%±5%，处在自然光或灯光条件下。

②检验形式：逐册、逐叶检查。

③检验工具：直尺、直角尺。

④检验方法：第一，目测法，通过直接观察，确认书籍经过修复后各方面符合修复质量标准；第二，专家鉴定法，若修复质量存在严重问题，其质量等级须经过具有高级职称的专业人员鉴定。

四、古籍修复的质量等级

古籍修复的质量等级包括优秀、良好、合格、不合格四个等级。

①优秀。完全达到要求的，修复质量为优秀。

②良好。达到修复指标要求的 80% 以上，修复质量为良好。

③合格。达到修复指标要求的 60% 以上，修复质量为合格。

④不合格。达不到修复指标要求的 40% 以上，修复质量为不合格。

第四章　古籍数字化建设探索

古籍是非常珍贵的文化资源，是具有悠久历史的写本图书与印本图书。因为自然环境、历史政治等因素影响，留存下来的许多古籍都呈残缺的状态，并且古籍纸张本身不易保存，为古籍的流传与保护带来了很大的挑战。为了解决这一难题，我国学者正式提出了古籍数字化的概念。古籍数字化是利用先进的信息技术，把古籍上的图文语言转化为数字符号，构建起储备丰富的古籍数据库，使古籍资源能以数字化的形式呈现的一种方式。

第一节　古籍数字化的概念、内涵与特征

一、古籍数字化的概念

有效推进古籍数字化研究与开发工作，首先应当清晰、明确地辨析古籍数字化的概念和内涵。如果缺乏明确概念的指示，古籍数字化研究与开发工作就会走向盲目、无序的状态。这是因为，相较于古籍数字化技术，古籍数字化理论建设的重要性更加突出，如果理论出现错误，不管技术多么先进，也无法有效解决实际问题。❶当前古籍数字化尚未构建起完善、统一的理论体系，导致如今古籍数字化的开发观念迥异、质量差异显著且标准不统一。

---

❶　史睿：《论中国古籍的数字化与人文学术研究》，《北京图书馆馆刊》1999 年第 2 期。

（一）古籍数字化概念的形成过程

古籍数字化概念的出现是在 21 世纪初。2000 年，李运富在《谈古籍电子版的保真原则和整理原则》一文中首次提出了"古籍电子化"的概念："所谓古籍电子化，是指利用现代信息技术，将历来以抄写本、刻铸本、雕版、活字版、套版及铅字印刷等方式所呈现的古代文献，转化为电子媒体的形式。"[1]李运富从技术转化的角度提出了古籍数字化的概念，但明显缺少对古籍数字化目的的界定。彭江岸的《论古籍的数字化》对此作了补充："古籍数字化就是利用数字技术将古籍的有关信息转换成数字信息，存贮在计算机上，从而达到使用和保护古籍的目的。"[2]然而需要指出的是，古籍数字化事实上是一项系统的工作过程，以上两个概念缺少这方面的描述。2001 年，乔红霞在《关于古籍全文数据库建设工作的思考》一文中又做了进一步的归纳："我国的古籍数据库建设即古籍数字化工作伴随着我国数字图书馆发展的步伐，经历了认识、探索、研制三个阶段。在这三个阶段的探索中人们把古籍的数字化归纳为这样一个概念，即利用多媒体技术、数据库技术、数据压缩技术、光盘存储技术、网络传输技术等手段把馆藏印刷型文献、缩微型文献、音像型文献等传统介质文献转化为数字化、电子化的光盘或网络信息的工作。"[3]但这个概念略显复杂，因此张雪梅又做了简化："古籍数字化就是采用计算机技术，对古籍文献进行加工、处理，制成古籍文献书目数据库和古籍全文数据库，用以揭示古籍文献中所蕴含的极其丰富的信息资源，从而达到使用和保护古籍的目的。"[4]但张雪梅的定义又缺少动态过程的描述。其后，刘琳、吴洪泽在《古籍整理学》一书中对古籍数字化作了动态描述："所谓古籍数字化，就是将古代典籍中以文字符号记录的信息输入计算机，从而实现了整理、存储、传输、检索等手段的计算机化。"[5]段泽勇、李弘毅也认为古籍数字化是一个动态过程："古籍数字化就是把人们几千年来常用的文字符号转化成能为计算机识别的数字符号的一种过程。"[6]

综合上述内容，古籍数字化的概念具体可以阐述为，以古籍资源为蓝本，依托信息技术，把古籍的图文语言转化为数字符号形式，并构建起相应的古籍文献

---

[1] 李运富：《谈古籍电子版的保真原则和整理原则》，《古籍整理研究学刊》2000 年第 1 期。

[2] 彭江岸：《论古籍的数字化》，《河南图书馆学刊》2000 年第 2 期。

[3] 乔红霞：《关于古籍全文数据库建设工作的思考》，《河南图书馆学刊》2001 年第 4 期。

[4] 张雪梅：《古籍数字化与文献信息资源共享》，《天津工业大学学报》2002 年第 3 期。

[5] 刘琳、吴洪泽：《古籍整理学》，四川大学出版社，2003，第 335 页。

[6] 段泽勇、李弘毅：《古籍数字化的回顾与展望》，《图书馆理论与实践》2004 年第 2 期。

数据库，使古籍文献信息资源以数字化形式呈现的一项工作。值得注意的是，当前古籍数字化工作在理论与实践方面依旧处于摸索状态，所以，学术界并未对古籍数字化概念达成完全的统一也是十分正常的，这也是古籍数字化发展的必然过程。

（二）数字化古籍概念的提出

古籍数字化旨在打造数字化古籍，应当说，前者是过程，后者是结果。针对数字化古籍展开深入研究，能够促进古籍数字化建设的优化与完善。当前，学术界并未出现关于数字化古籍概念的确切解释。李国新曾在其著作中提及"数字化古籍资源"这个名词，但是并未进行概念阐释。❶

根据上述内容，可以简单界定数字化古籍的概念：数字化古籍即采用数字技术处理古籍后构建起的古籍数据库，是古籍数字化的表现形式。

二、古籍数字化的内涵

（一）古籍数字化的基本性质

根据古籍数字化的概念，可以明确古籍数字化的基本性质：古籍数字化属于古籍整理工作的构成部分，是对现有古籍资源进行的加工处理与呈现形式转化。古籍数字化不只是改变古籍载体，还属于古籍整理与学术研究的范畴。古籍数字化的结果即以古籍资源为蓝本构建起数据库，从而实现对古籍资源的有效保护与便捷利用。完成古籍数字化工作，不但需要工作人员掌握丰富全面的古籍整理知识，而且需要其掌握前沿的信息技术。古籍数字化研究也表现出显著的跨学科特点，需要同时融合古籍整理知识与数字技术。应当说，21 世纪的古籍整理工作必然会朝着数字化方向不断推进。

（二）古籍数字化的基本要素

古籍数字化是一项庞杂浩大的工作，在此过程中，存在着以下几个基本的要素。

1. 加工对象：古籍

古籍数字化的加工对象是古籍，明确古籍数字化加工对象是古籍数字化工作

---

❶ 李国新：《中国古籍资源数字化的进展与任务》，《大学图书馆学报》2002 年第 1 期。

的首要任务。选择数字化古籍时最重要的一点即在众多版本中选择出最优异的一个，如此才能够为广大读者提供更加优质的阅读资源。

2. 加工工具：软件

软件是古籍数字化加工的工具，也是古籍数字化工作的保障。如今，很多软件开发公司都开发出了便捷高效的古籍数字化软件，这对于推进古籍数字化工作具有重要意义。

3. 著录标准：机读目录格式

构建古籍数据库，首先应当确立一套统一的机读目录格式。现行的《古籍著录规则》中很多条目的著录都并不健全、有待优化，不能实现真正意义上的资源共享。

4. 实施者：古籍整理专家和数字化技术专家

在古籍数字化工作进程中，数字化技术主要服务于古籍内容，两者应当完美结合，才能取得良好的工作效果。而想要实现这一目的，就需要古籍整理专家与数字化技术专家在古籍数字化工作中充分协调、相互合作，认真履行自身的职责。

5. 管理协调者：统一管理机构

构建一个统一规划的部门是完成古籍数字化工作的重要前提，该部门需要承担协调安排古籍数字化选题、出版规划与内容审核等工作。❶ 其中，协调选题主要旨在规避重复建设的问题。

三、古籍数字化的特征

分析我国古籍数字化工作的开展情况，可以总结出下列几个非常鲜明的特征。

第一，政府部门的充分扶持。政府部门一直以来都对保护古籍这项工作予以高度重视。从 21 世纪开始，政府部门更是颁布了许多政策充分支持古籍保护工作。当前我国的古籍数字化工作取得了一定成效，其中很大一个原因便是中央政府积极号召，地方政府积极响应落实。

第二，多方力量参与。当前参与数字化工作的主体力量主要是各图书馆和科研学术机构，除此以外，大量的商业机构也开始参与其中。并且，如今不断扩大的国际合作力量也积极参与到古籍数字化工作中，为古籍数字化工作注入了新鲜

---

❶ 毛建军：《古籍数字化的概念与内涵》，《图书馆理论与实践》2007 年第 4 期。

的血液。

　　第三，内容庞杂多样。我国古籍资源数量庞大、类型丰富，围绕古籍资源展开古籍数字化工作的内容也非常庞杂、烦复，涉及各个学科的古籍。为了细化古籍数字化工作，工作人员实施并不断完善专题古籍数字化工作。

　　第四，技术持续升级。古籍的数字化属于古籍整理工作的进一步拓展。古籍数字化过程面临着众多问题，如字库建设、古籍版本选择等，解决这些问题缺乏可借鉴的国外技术。在此情况下，我国古籍数字化工作人员便探索出一套专门的数字化技术体系，用于整理和处置中华古籍。同时，为了不断优化工作，这套技术体系还处于持续改良与升级中。❶

第二节　古籍数字化的必要性与意义

一、古籍数字化的必要性

　　造成古籍损坏的原因包括主观原因与客观原因。主观原因通常是一些人为因素，如人们忽视了古籍保护工作的重要性、管理体制不完善、人为地故意破坏或盗窃等。客观原因一般是人为无法影响的，如频发的、不安定的政治环境，糟糕的自然环境与保护经费的匮乏等。由于影响古籍的原因众多，所以开展古籍数字化建设工作显得十分有必要。在此情况下，应当投入更大的力度加强标准化古籍书库的构建，积极探究保护古籍的新手段。

　　2007 年，国务院办公厅颁布了指导古籍保护工作的重要文件——《关于进一步加强古籍保护工作的意见》。在此之后，文化部（现文化和旅游部）为了更加有序地统筹、指点全国图书馆的古籍数字化工作，专门成立了国家古籍保护中心。国家古籍数字化中心负责的工作内容涉及古籍数字化建设的经费落实、版本选择、标准制定、内容校勘等多个方面，力求构建起富有中国特色的古籍数字化模式。2016 年，国家"十三五"规划正式发布，其中有涉及古籍方面的内容，也意味着正式将古籍整理和保护纳入国家政策之中，这对于促进我国古籍的保护

---

❶　余力、管家娃：《我国古籍数字化建设现状分析及发展研究》，《数字图书馆论坛》2017 年第 11 期。

工作具有重要意义。并且，"十三五"规划还明确了应当构建国家级古籍资源数据库，全面落实古籍的数字化建设工作。实际上，古籍数字化的根本目的便在于实现对珍贵古籍资源的充分保护与高效利用。

李洋表示，开展古籍文献数字化工作具有很大的必要性，不但能够使古籍收藏与使用之间的冲突得到良好解决，而且能促进古籍资源的普查工作，对校勘、笺注等工作也有益处。国内古籍数字化研究已经经过了一定时期的发展，针对其理论与技术方面展开的研究已取得不俗的成果。如今，古籍文献数字化秉承的策略是协调各方机构，制订并落实合理的工作计划，积极培育优秀的古籍数字化建设人才。

梁爱民与陈荔京利用数字图书馆的推广推进古籍数字资源的构建。古籍资源是凝聚着深厚、卓越的传统文化的珍贵典籍，古籍的数字化能够使不同国家的人们更为便捷地针对各国的古籍展开交流，有利于文化的传播与古籍的保护。

胡良与林珊深入、全面地调研了我国具有丰富古籍资源收藏数量的 49 所高校图书馆的古籍数字化情况，发现位于东部地区的高校图书馆数字化发展情况优于西部地区的高校图书馆，综合性大学的古籍数字化发展情况优于专业性大学。各所高校图书馆古籍数字化工作成效有所差异，构建的古籍专题数据库各具特色。总之，建设高校图书馆古籍数字化馆藏具有重要意义，一方面能够为学生提供更加丰富的知识，另一方面有利于促进高校图书馆的升级与竞争力的提升。❶

二、古籍数字化的意义

李广龙指出，在先进科技的支持下，古籍数字化得以不断推进，并取得了不俗的成绩，造就了一种全新的古籍存储与传播方式。古籍数字化在很大程度上改变了人们传统的阅读方式，也催生出一门新的学科 —— 数字文献学。徐金铸等人表示，古籍数字化建设发挥的作用不容小觑：一是有利于古籍资源的长久保存；二是能够促进高校校园文化建设取得更好的效果；三是对高校教学与科研大有裨益。❷胡艳杰表示，交换模式是古籍数字化最突出的优点。古籍数字化的共享交换能够传承弘扬传统文化，推动传统文化的协调发展，还便于古籍资源的备份储存，提升古籍资源的安全性。❸

---

❶ 王会梅：《古籍概述》，安徽师范大学出版社，2018，第 28 页。
❷ 王会梅：《古籍概述》，安徽师范大学出版社，2018，第 31 页。
❸ 同上。

古籍数字化能够实现古籍的有效保护与科学利用，同时也能够更好地发挥古籍文献的文化价值。古籍数字化的实现需要合理融入计算机技术和图书馆人文精神。在数字时代，图书馆人文精神的体现必然需要计算机技术的辅助，计算机技术的长远发展也离不开人文精神的贯彻。

第三节　古籍数字化的发展现状与趋势

一、古籍数字化的发展现状

（一）对古籍校勘的关注

古籍数字化是采用先进的数字技术对古籍展开的一项工作，古籍数字化的内容品质主要取决于古籍本身的内容。我国古籍经过了很长历史时期的发展，在纸出现的早期，古籍主要以手抄形式流传，这一情况直至活字印刷术发明后才得以改变。手抄形式的古籍会不可避免地出现错抄与倒文等文字错误的情况。因此，在开展古籍数字化工作之前，往往会邀请专业人士校勘古籍。古籍数字化要求数据库里不但要表现出古籍的存在样式，还应当确保古籍内容的准确性。

（二）古籍数据库建立取得一定成绩

随着数字技术的发展与普及，很多具有古籍资源的图书馆和图书机构都充分整理了古籍并对其进行了数字化处理，借助先进的数字技术构建起相应的古籍数据库。不同的图书馆所构建的古籍数据库具有一定的差异，各图书馆往往根据自身的古籍资源构建特定主题的古籍数据库，如"馆藏家谱书目数据库""中日古籍全文检索数据库"等。当前，我国古籍数据库建构工作的数量与质量都较为亮眼，可以说取得了一定的成绩。

（三）对古籍数字化建立统一元数据的关注

中华大地上生活着 56 个民族，语言形态非常丰富。将古籍中的多民族语言文字转化为符号代码，从而能被计算机有效识别，这是古籍数字化的主要任务。

如今，在众多计算机语言中，XML（信息技术可扩展置标语言）在古籍数字化工作中备受工作人员青睐。XML 可以有效结合 HTML（超文本置标语言），能够造就更加丰富的语言功能。XML 能够显著节约内存，主要是因为它可以让文本和格式以分开的形式进行存储。此外，XML 的灵活性还十分显著，这主要是由于它在编辑时具有非常优良的自定义功能，能够任意标引。

（四）古籍数字化工作有待协调

如今，众多古籍数字化中心尚未针对数字化产品建立起统一的标准，导致古籍数字化工作暴露出数字化产品重复、工作独立完成难度大等问题。在古籍数字化工作开展的过程中，很多古籍数字化中心也深刻认识到只有相互协作、统一规划，才可以节约时间与资金，取得更加优良的工作效果。

（五）对古籍数字化编目工作的关注

如果要让读者较为清晰、快速地了解数字化古籍的内容与外部特点，古籍数字化中心便应当开展古籍著录和编目工作，形成凝练而准确的机读目录与分类，古籍数字化单位也应当充分掌握科学规范的编目准则。如今，古籍数字化单位主要依据《中国图书馆分类法》中的内容对相关书籍展开分类，依据《古籍著录原规则》GB/T 3792.7—2009 与《中国文献编目规则》等开展编目工作。

此外，一些古籍数字化单位也建立起合作关系，开展联合编目工作，相关工作人员针对著录和编目规则展开深入的沟通和交流，持续健全和优化古籍数字化的编目和著录。

二、古籍数字化的发展趋势

（一）保护数字化古籍原件的趋势

由于古籍大都具有非常悠久的历史，经受了漫长时间中各种外在因素的侵袭与干扰，流传至今，其本身是非常脆弱的。古籍数字化的过程会使用各种电子仪器设备，也会有工作人员翻动书叶的情况，这些因素会或多或少的损伤古籍。为了尽量降低对古籍造成的损伤，古籍数字化工作人员一定要保持足够的耐心对待古籍原件。对于存在损毁情况的古籍，古籍工作人员应当采用合理的技术将其修缮完好。与此同时，需要为古籍提供一个适宜的保存环境，确保数字化古籍原件得到良好的保护。

（二）开发数字化古籍系统的趋势

工作人员在完成古籍数字化工作之后，还应当合理地构建规范的古籍集成系统，这样能够让古籍数字化工作人员更加便捷、高效地归档与整理古籍数字化内容，并实现对其再生价值的良好传播。这一系统不但能够较好地管理数字化古籍，还能较为高效便捷地检索数字化后的古籍内容。尽管如今这一检索功能已经较为健全，但是依旧无法提供特殊检索点的检索服务，这便需要古籍数字化工作人员投入更多的精力强化古籍系统的开发与建设。

（三）数字化古籍再生性保护的趋势

古籍本身属于珍贵的文物，所以一直以来，人们都非常重视其本身的文物价值，除此之外，人们也应当注重其数字化后的再生价值。古籍浓缩了深厚的历史文化价值，因此对数字化古籍实施再生性保护刻不容缓。古籍工作人员应当深入了解全面地探索与发掘数字化古籍的再生意义，构建起数字化古籍再生性保护机制，强化数字化古籍的知识体系建设，搭建起良好的数字化古籍内容共享平台，从而实现对数字化古籍优良的再生性保护。

（四）数字化古籍出版与阅读推广的趋势

随着古籍数字化的不断推进，数字化古籍出版已经成为一种不可阻挡的发展态势。该项出版工作主要利用先进的计算机技术与云技术提取古籍数字化数据库中的资源，完成古籍的出版工作。在这项工作中，不同单位往往承担着不同的职责。图书出版商和数据库提供商需要充分把控好数字化古籍内容的品质，尽可能保证读者对古籍数字化内容的满意度；政府部门则需要颁布合理、规范的古籍数字化出版政策，为其工作实践提供准确的政策引导。此外，古籍数字化出版商也应充分重视对版权的获取与保护，从而让古籍数字化出版工作有序开展。

古籍数字化出版旨在帮助更多读者实现对数字化古籍更为高效便捷的利用，而担负这一工作责任的单位主要是图书馆。为了让更多群体了解、认知古籍的概念与魅力，图书馆可以开展一定的活动推进数字化古籍的阅读推广工作，在阅读推广工作中介绍古籍的内容、形态等多方面的知识，从而激发读者对古籍数字化内容的喜爱，让更多的人了解古籍之美。

（五）提供更加优质的服务

随着古籍数字化阅读推广工作的不断推进，图书馆需要提供新的服务以达到更高的水准。图书馆关注的重心不应落在自身提供的数字化古籍的数量上，而应关注这些古籍数字化内容能否受到读者青睐。图书馆应当以读者的阅读需求为参照，对古籍数字化内容与结构体系展开详尽的分析与研究，对古籍数字化内容进行更具针对性的分类与整合，建立起系统的知识板块，为读者提供长期的追踪服务，确保提供的知识内容能够让读者满意。

如今，我国古籍数字化工作已经走过数十个年头，正从青涩走向成熟，在古籍数字化工作的很多方面都取得了一定的成果。然而，未来古籍数字化的保护与开发利用工作仍旧需要工作者们投入更多的精力。古籍数字化单位应当要求古籍工作者不断扩充自身的知识储备，合理借鉴与参考国外优秀的经验，始终保持保质保量的工作态度，从而在最大程度上发挥出古籍的价值。❶

第四节　古籍数字化建设的制约与对策

一、古籍数字化建设的制约因素

在长期的发展实践中，我国古籍数字化建设工作已经取得了一定的成绩，然而，许多因素仍旧在制约着古籍数字化建设工作的开展。

（一）缺乏科学的战略统筹

古籍的数字化是一项十分庞杂的工作。要确保这项工作有序开展，必须有系统的规划与科学的战略统筹。但是，当前我国政府等官方机构并未对古籍数字化工作进行宏观管理与调控，在此种状况下，古籍数字化建设单位并未形成相互合作的意识，通常以自己的业务需求为基准开展古籍数字化工作。与此同时，各单位的古籍数字化建设工作也暴露出很多不足：第一，选题并不全面，资源通常向热门项目倾斜，特别是一些追求利益的商业机构会集中资源开发一些使用率较高

❶　刘原、张博华：《古籍数字化发展现状及未来出版工作着力点》，《广东印刷》2021 年第 4 期。

的古籍，很多具有良好文化传承价值的冷门古籍却备受忽视；第二，资源过于集中，造成古籍数字化建设的重复率很高，一些热门的古籍资源出现了多种电子版本，这也是一种资源的浪费。

（二）尚未构建起统一、有效的标准

为了有效规范古籍的数字化工作，我国相关机构已经制定并出台了相关标准，但这并没有完全解决问题，我国古籍数字化工作依旧存在制度不合理、内容不完善等不足。如今施行的标准无法组建起一个协调规范的整体，不能充分、全面地指导古籍数字化工作实践。此外，一些古籍数字化单位的建设工作处于自我封闭状态，导致各种古籍加工方式同时存在，以及不同资源库的检索方式、服务模式、访问形式等存在着显著的差异。这些问题使得古籍数字化工作相互割裂，无法很好地实现资源共享，明显弱化了古籍资源库的使用效果。

（三）技术问题突出

现有技术无法充分满足古籍数字化的工作要求。古籍数字化工作中许多方面的技术问题都十分突出。其中，文字处理是古籍数字化工作的重要内容，这项工作很早便暴露出一定的技术问题。古籍中的文字通常都是现代人不熟悉的繁体字，还包括很多生僻字、通假字等。字符集并未全面收录各种文字，影响了古籍数字化工作的开展，同时也干扰了检索的准确度，导致出现检索结果失真的情况。现行的古籍资源库检索形式主要是根据文本关键词进行检索，但图形、图像等格式也是古籍数字化常用的形式。由此可见，当前检索技术的检索深度仍有待提升。

（四）专业人才缺口较大

从本质上来说，古籍数字化属于古籍整理工作的拓展延伸，是以数字化的形式进一步整理古籍。所以，这项工作需要古籍知识储备深厚的人才参与，此外，还需要擅长信息技术的人才的支持。正因如此，我国古籍数字化工作人员主要包括古籍整理人才与信息技术专业人才。然而，不同行业之间的知识壁垒较高，随着学科分类的不断细化，古籍数字化工作更加需要兼通古籍知识与信息技术的复合型人才。如今，这类人才在市场上还非常稀少，人才缺口很大。

二、古籍数字化建设的发展对策

（一）进行统筹规划，促进资源共享

古籍数字化建设工作需要一些核心机构带头组织，进行科学的分工，并对古籍资源建设工作予以合理统筹。为了确保古籍数字化建设工作选题的质量，首先应当支持与发展特色古籍资源的数字化建设，尽量规避重复建设古籍数字化内容。其次，应当凭借科学的统筹规划有效解决各建设单位各行其是的问题，推动古籍数字化共享共建工作达到更高的水平，实现对现有数字化成果的充分利用与整合，有效提升使用效率，减少资源浪费。

（二）健全标准体系，保障建设质量

构建统一协调的建设标准是让不同古籍数字化建设单位有序开展共享共建工作的基础。所以，相关机构与工作人员应当正确对待我国古籍数字化标准建设问题，需要秉承开放性、实用性、统一性的理念，参照古籍数字化建设的相关理论，构建起较为完备的古籍数字化标准体系。该体系需要保证以技术标准体系为主体，并涵盖管理标准体系与工作标准体系等辅助性内容体系，从而促使古籍数字化工作达到更加专业的水准、取得更加优良的工作效果，同时可与古籍开发利用的共享化态势保持高度一致。

（三）解决技术难题，培养优秀人才

如果要有效攻克技术方面的难题，应当从以下两个方面着手。第一，充分提升古籍数字化的质量，有效解决字符集偏小、扫描精度偏低等技术问题，从技术层面确保古籍资源库的高品质构建。第二，加强检索技术，尽可能实现对古籍资源库深入而全面的开发与利用，从而让读者获得更加优质的阅读体验。此外，还应当投入更大的力度来培养技术发展需求的优质人才，应当特别注重培养兼通古籍整理知识与信息技术的复合型优秀人才，立足于科研与实践两个层面展开探究与革新，在保障古籍数字化工作成效的前提下，尽可能取得更为显著的发展。

（四）扩充古籍资源库，学习借鉴国外经验

加强国际合作是很多行业发展的重要途径，古籍数字化工作也不例外。我国

古籍数字化建设单位应当强化与国外相关单位的共建共享，而要实现这一目标，首先需要扩大我国古籍资源库的储备量，其次还应当合理地学习借鉴国外在古籍数字化建设方面的良好策略，弥补我国古籍数字化建设的不足。以古籍资源标准化建设为例，如今国外在这一方面已经发展得较为成熟、规范，合理借鉴国外优良的经验能够推动我国古籍资源的标准化建设。一些学者在分析国外古籍数字化标准建设的举措与情况之后，提出应当针对古籍数字化工作的字符处理、数据加工、数据检索与存储规范等方面进行标准制定。

图 4-1 即古籍数字化发展对策的框架设计，这表明我国古籍数字化建设应当注重从多方面着手，具体包括统筹规划、资源共享、标准体系、质量保障、技术攻关、人才培养、国际合作等。

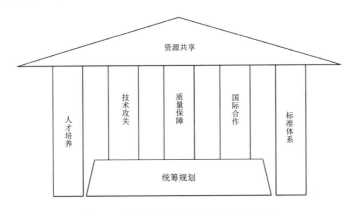

图 4-1　古籍数字化发展对策的框架设计

其中，统筹规划是这些对策施行必不可少的基础，在对古籍数字化建设进行统筹规划时，应当重点从国际合作、质量保障与技术攻关三个方面着手，而标准体系构建、人才培养同样不容忽视，最终的意图在于完成资源共享，从而推动我国古籍的交流与传播。❶

---

❶　余力、管家娃：《我国古籍数字化建设现状分析及发展研究》，《数字图书馆论坛》2017 年第 11 期。

第五节　古籍数字化的技术与应用探索

从技术上看，古籍的数字化在很大程度上都要依靠自然语言处理技术来完成。自然语言处理技术（natural language processing，NLP）是指用计算机来处理人类的自然语言的一种技术。随着实践探索的深入，自然语言处理技术已经从早期的规则方法发展为基于数据的机器学习模型，并且其算法和解决方案都已经较为成熟。近年来，深度学习技术日渐成熟，为自然语言处理技术提供了新的发展机会。

近十年来，自然语言处理技术发展迅速，在很多领域都有所应用，但在古籍数字化领域的应用却较少。一般来说，用于古籍数字化发展的自然语言处理工具有三款：一是由严家杰和安冈孝在 2019 年开发的甲言，这是一款专门用于支持词库构建、自动分词、词性标注、文言句读和标点的古汉语处理工具包；二是由安冈孝在 2019 年开发的 UD-Kanbun，这是一款用于文言文自动分词、词性标注、依存句法分析处理的自然语言处理工具包；三是斯坦福大学自然语言处理组开发的一款开源工具包——Stanza，具有分词、标注词性、分析句法以及识别命名实体的功能，同时还能自动分析现代汉语和古代汉语。

当前，古籍数字化技术主要研究光学字符识别、自动句读与标点、古文分词以及命名实体识别等方面的问题，而较少专门研究词性标注和句法分析等方面的问题，因此本节重点关注自动句读与标点、词语自动切分和命名实体识别等基础技术。

一、古籍自动句读与标点

中文句读与标点是指给连续的汉字字符串（中文句子）加上断开的标记或标点符号，使之阅读起来更合理，也更容易。在古籍中，句子一般是竖直连排的，如果不加断句标记或标点符号，那么同一个文本可能会因不同人的理解而产生不同的意思。因此，古人求学的基础就是断句。现代人长期处于标点符号建立的阅读环境中，而古籍中的断句符号特别简单，容易出现阅读障碍，为了方便读者更轻松地阅读古籍，工作人员需要对古籍进行整理，即为古籍文本添加必要的现代化标点符号。

然而，古文不像现代文，其句读与标点的标记有着严格的要求，所以需要工作人员具备相当专业的知识。就目前的古籍人工整理效率来看，一本几万字的古籍通常需要耗费六七年的时间来整理。而且，人在添加句读与标点时难免会出错，从而影响古籍文本的质量。从这方面来看，自动句读与标点技术的出现不仅能够提升古籍整理的工作效率，还能帮助工作人员减少工作失误。

如今，人们已经给将自然语言处理技术中的序列标注模型引入了计算机自动句读与标点工作，并以此为基础提出了不少古籍断句方法。比如，张开旭等人根据条件随机场提出了一种针对古文的自动断句方法，但不太稳定，在不同古籍中的断句查准率不同，如应用于《论语》的查准率为 76% 左右，而应用于《史记》的查准率则在 68% 左右；❶王博立等人利用双向循环神经网络对古籍文本进行断句，查准率有 74% ～ 75%；❷俞敬松等人运用深层语言模型（BERT）分别对单一文本类古文和复合文本类古文进行断句标点处理，得到的断句查准率为89.97% 和 91.67%，自动标点的查准率达到 70.40%；❸释贤超等人将长短时记忆模型和卷积神经网络模型应用于六种不同朝代的儒释道经典古籍中进行测试，发现长短时记忆模型的自动句读与标点查准率更高，且比上述几种方法都要高；胡韧奋等人根据断句任务中语言特征和标签信息之间的关系设计了深层语言模型＋条件随机场（BERT ＋ CRF）、深层语言模型＋卷积神经网络（BERT ＋ CNN）两种序列标注方法，在诗、词、古文三种文体中分别得到了 99%、95%、92% 的断句查准率。❹

当前，古籍自动句读与标点领域已经出现了一些在线工具和演示平台，如北京龙泉寺的"古籍·酷"、北京大学的"吾与点"、北师大的古诗文分析工具、古联的自动标点系统等。另外，前面提到的甲言也是一种自动句读与标点工具。

古汉语相对于现代汉语而言，存在着很多特殊情况，这就给古籍的自动句读与标点任务造成了一些困难。第一，古文中的句读与标点有很多模棱两可的情

❶ 张开旭、夏云庆、宇航：《基于条件随机场的古汉语自动断句与标点方法》，《清华大学学报（自然科学版）》2009 年第 10 期。
❷ 王博立、史晓东、苏劲松：《一种基于循环神经网络的古文断句方法》，《北京大学学报（自然科学版）》2017 年第 2 期。
❸ 俞敬松、魏一、张永伟：《基于 BERT 的古文断句研究与应用》，《中文信息学报》2019 年第 11 期。
❹ 胡韧奋、李绅、诸雨辰：《基于深层语言模型的古汉语知识表示及自动断句研究》，《中文信息学报》2021 年第 4 期。

况。比如，句号与逗号、句号与分号往往可以依个人的语言习惯进行选择，没有严格的标准。这就导致经常出现数据集标注不一致的情况，同时影响自动句读与标点模型的评估效果。第二，引号的标注较难。因为古人经常会先引用其他人的语句，然后直接加入自己的表述语句，让人难以准确地辨识引文的边界。并且，古人在引用别人语句的时候一般不会像现代人那样去核查文献的正误，所以经常会出现引文与原作不完全一致的情况。这样，即使想通过追溯原文来确定引文与自述文的界限也是很难的。第三，工作人员在进行句读与标点处理的过程中通常为了方便阅读者理解，需要引入文外知识。这就要求工作人员具备丰富的外部知识，从而在处理句读与标点的过程中引入文化知识，使文本通畅易读。第四，一些古文涉及的领域尤为特殊，容易让人误判句读与标点，从而误导读者。

针对上述问题，未来的古籍数字化在自动句读与标点任务方面可以从以下四个方面入手进行深入研究。第一，针对古文中句读与标点的模棱两可问题研究鲁棒性更强的模型。第二，强化远距离语义信息编码的研究，探索引入引文核验功能，增强引号标注的效果。第三，将古代文学、文献学等专业知识引入模型，联合文内和文外的意思进行建模，提升模型的理解能力和文本加工能力。第四，利用增量训练和领域迁移来提升特殊文本的自动句读与标点效果。

二、古籍词语自动切分

词语自动切分，简称"分词"，是指利用计算机识别文本中词语的边界。与英语、德语等西方语言相比，汉语的书面语在词与词之间没有用明显的分割符号来做标记，而是呈现出一连串的汉字字符。因此，自然语言处理技术中汉字等非字母形式的文字处理的首要任务就是分词，它还极大影响了后续其他语言的处理任务。

语言学家从不同任务和视角对"词"进行了不同的定义，因此分词标准也并不统一。为此，汉语分词的首要问题是分词标准这一问题。目前，现代汉语分词中已经有 PKU 标准、MSRA 标准、CTB 标准等通用的标准，并且配备了相应的评测语料库。❶但是，古汉语分词中却没有制定清晰且统一的标准。古汉语分词中还有一个特殊的问题：汉语词汇从上古时的单字词为主到近代的双字词为主，经历了几千年的发展演变，情况十分复杂，给古籍分词带来了困难。此外，个体字在现代汉语中的意义较少，而在古代汉语中却有着丰富的意义，因此如果单以字符组合来给"词"下定义就不太准确了。上述这些问题使得古籍分词任务远比

---

❶ 于江德：《汉语自动分词的关键问题与技术研究》，科学技术文献出版社，2020，第 27 页。

想象中的更艰难。到目前为止，古汉语分词技术的发展主要经历了四个阶段。

第一个阶段是采用现有词表和 N-Gram、互信息、共现度、结合强度和信息熵等统计指标来进行古汉语分词。推崇这种方法的代表人物有邱冰、皇甫娟、徐润华、陈小荷。前两位用《汉语大辞典》和最大匹配法、互信息的启发式混合分词；后两位则利用《左传》和该书的注疏文献进行自动对齐分词，而且查准率达到了 89.0%。❶

第二个阶段是运用机器学习的序列标注法进行古汉语分词。最大熵模型、隐马尔可夫模型、最大熵马尔可夫模型和条件随机场（CRF）是最为常见的分词模型，CRF 的应用尤其多。石民等人将 CRF 模型应用到《左传》语料中，得到的分词最优查准率为 94.60%；❷严顺在 CRF 特征模型中加入了古汉语语汇的语言学规则，并用此模型分词处理了上古文献语料库中 27 部经典著作，得到了 90.33% 的查准率；❸王姗姗等人将 CRF 模型和词性特征、字符类别、语音特征等相结合分词处理了《诗经》，得到了 97.39% 的高查准率。❹

第三个阶段是利用深度神经网络进行古汉语分词。与传统的机器学习相比，深度学习算法不仅不需要经过人工特征筛选程序，还能有效地将长句子信息保留下来，很好地弥补了传统机器学习算法的不足。程宁等人将 BiLSTM-CRF 模型运用到古汉语自动断句与词法分析一体化的研究中，获得了 85.73% 的分词查准率。❺另有学者以此为基础进行了一定程度的改进，比如加入注意力机制或外部知识（词典、拼音、字根等）。

第四个阶段是将现有的深度学习模型与预训练、后处理等方式结合形成的一种古汉语分词趋势。这种分词方式有两种开展模式，一种是根据领域需要和任务特点进行，另一种是直接使用现有的预训练结果进行。俞敬松等人将非参数贝叶斯模型与 BERT 模型结合起来进行了古汉语分词研究，提出了无监督多阶段迭代训练分词框架，并将其应用到一些数据集中，得到了 95.32% 的查准率。❻

---

❶ 徐润华、陈小荷：《一种利用注疏的〈左传〉分词新方法》，《中文信息学报》2012 年第 2 期。

❷ 石民、李斌、陈小荷：《基于 CRF 的先秦汉语分词标注一体化研究》，《中文信息学报》2010 年第 2 期。

❸ 严顺：《基于 CRF 的古汉语分词标注模型研究》，《江苏科技信息》2016 年第 8 期。

❹ 王姗姗、王东波、黄水清等：《多维领域知识下的〈诗经〉自动分词研究》，《情报学报》2018 年第 2 期。

❺ 程宁、李斌、葛四嘉：《基于 BiLSTM-CRF 的古汉语自动断句与词法分析一体化研究》，《中文信息学报》2020 年第 4 期。

❻ 俞敬松、魏一、张永伟等：《基于非参数贝叶斯模型和深度学习的古文分词研究》，《中文信息学报》2020 年第 6 期。

展望未来，古籍分词应主要解决以下几个方面的问题。第一，解决语料不足的问题。当前，很少有开源的标注集和评测集等古汉语分词语料，而且不同语料库采用的分词标准有所不同，因此要想办法统一标准。第二，框架和算法的改进问题。在框架方面，未来的古汉语分词可以参照现代汉语分词的思路，研究多标准下的分词和多任务下的学习框架。在算法方面，外来的古汉语分词可以运用领域知识将知识与数据模型有效集成多种分词算法。第三，一体化模型的开发问题。目前采用的管道模型割裂了自然语言处理的各个子任务，而且只是单纯地进行中文分词研究，所以有引起错误传播、有碍模型之间共享信息的缺点。因此，未来的古籍分词应向多个自然语言处理子任务的联合模型发展。第四，处理词汇历时差异的问题。不同时期的古籍文本中所用的词汇有所不同，古籍分词必须充分考虑到这一点，在考虑了领域自适应问题的基础上进行分别训练，或迁移学习。

三、古籍命名实体识别

古籍命名实体识别是为了利用计算机自动抽取古籍善本中已经明确的实体对象（人名、地名、机构名）和一些可定义的实体对象（官职、书名）。这项技术对于数字人文环境下历史人文数据库和工具的构建以及古汉语自然语言处理的研究都具有明显的学术价值和现实意义。

命名实体识别技术与许多其他自然语言处理任务的相同之处是它们同属于序列标注任务，不同之处是命名实体识别技术更注重命名实体特征，以及不同实体类型与表达的规范性和一致性，所以经常会在实践中遇到文本缩写、指代识别和歧义辨析等各种复杂问题。此外，古籍实体识别任务中存在两个问题，对古籍命名实体的抽取有着很大影响：其一，古文字中有很多繁体字，这些字在不同历史时期和不同类型文本格式中的字形和含义都可能不同；其二，古汉语的标记数据少且不均衡，如果仅靠人工加以标注，那么会耗费很多人工成本。

当前，古籍命名实体识别技术中常用的模型有以下三种。

第一种是基于启发规则的模型。包弼德等人提出了将特征匹配模板与 CRF 模型混合来对古籍地方志文本中的命名实体（人名和地名）进行识别的方法，得到了 90% 的查准率。● 朱晓、皇甫晶等人也做过相关研究。

第二种是基于模板统计的模型。肖磊将 CRF 模型引入《左传》的地名识别

● 包弼德、王宏苏、傅君劢等：《"中国历代人物传记资料库"（CBDB）的历史、方法与未来》，《数字人文研究》2021 年第 1 期。

工作，根据字符本身特征、分词词性、部首特征进行识别，得到94.71%的准确率；❶ 汪青青先对《春秋·左传》进行了人名分析，并归纳出人名的内部特征和人名在文本中的分布特征，再使用CRF识别先秦人名，最后获得了92.48%的准确率；❷ 李娜在《方志物产》山西卷中标注了9085条句子，将其作为识别语料，并将CRF模型应用其中，采用十折交叉验证法让系统自动识别古汉语地名，得到的最佳模型准确率为98.16%，召回率为91.55%。❸

第三种是基于深度神经网络的模型。崔竞烽等人分别将CRF、BiLSTM、Bi-LSTM-CRF和BERT四种模型应用于4974首菊花诗词中的七种命名实体，并对识别效果进行了比较，之后发现BERT这种模型在菊花古诗词的实体识别效果最好，达到了91.60%的准确率；❹ 徐晨飞也用深度神经网络模型来识别古籍中的命名实体，如引书、人物、产地等，并对BiRNN、BiLSTM、BiLSTM-CRF、BERT四个模型在古籍中的实体识别效果进行了比较，最终发现BiLSTM-CRF是四种模型中表现较好的，有81.87%的准确率。❺

当前，MARKUS、Docusky、甲言、LoGaRT、CkipTagger等应用工具和平台都具有古籍实体抽取的功能。虽然它们都能很好地实现集成化文本处理，但是其抽取算法在本质上并没有改变以基于启发规则的算法为主的局面。

未来，在数字人文技术的推动和知识图谱技术的影响下，古籍数据库构建的基础不仅包括实体抽取任务，还涉及具有语义关系的知识单元的丰富和抽取。目前，古籍命名实体识别技术在很大程度上已经有能力处理单独的规范性实体，但是很多实体识别模型（NER）在嵌套实体和实体规范性表达方面还存在缺陷。此外，目前的古籍实体标记数据不多，实体识别模型依然是在传统特征模板表征的基础上进行实体识别的，因此训练语料的领域特征是模型中不可或缺的基础，使得模型的性能很难再有提升。因此，未来的古籍命名实体识别技术可能会在以下这些方面有所突破。

第一，建立起古籍实体的知识库和语料库，实体标记方法更合理，实体类型标记更多，数据源更丰富。

❶　肖磊：《〈左传〉地名研究初探》，《文教资料》2009年第18期。

❷　汪青青：《先秦人名识别初探》，《文教资料》2009年第18期。

❸　李娜：《基于深度学习的〈方志物产〉用途实体自动识别模型构建与应用》，《数字图书馆论坛》2022年第12期。

❹　崔竞烽、郑德俊、王东波等：《基于深度学习模型的菊花古典诗词命名实体识别》，《情报理论与实践》2020年第11期。

❺　徐晨飞、叶海影、包平：《基于深度学习的方志物产资料实体自动识别模型构建研究》，《数据分析与知识发现》2020年第8期。

第二，开发出与古籍命名实体识别领域相适应的深度学习 NER 模型，如设计深度学习网络、引入优化预训练模型。

第三，深入研究包括嵌套实体任务处理、实体省略与指代消解技术、关系抽取与分词模型联合的多任务学习模型在内的多粒度古籍实体识别技术。

第四，优化古籍实体识别训练方法，可以从主动学习和半监督两方面入手。

当前，古籍数字化的许多层面都或多或少地运用了自然语言处理技术，并都取得了明显成效，但还需要根据古籍文本的特点往更深层次探索，增强模型的适应性能。当然，技术性能的突破还需要古籍专家的大力支持，所以未来的古籍数字化技术还应在模型中融入专家知识，同时联合人机交互技术，促进古籍数字化实用水平的提高。❶

第六节　人工智能技术在古籍数字化中的应用

古籍数字化中广泛应用的人工智能技术是古籍自动编纂技术。这种技术通过先进的计算机技术主动搜寻、摘抄和记录古籍中能够反映中心思想的内容，并加以整理，它使古籍编纂工作从人工编纂变成了计算机主动执行。由于人具有主观能动性，所以能够比较轻松地搜索出古籍中与编纂课题相关的资料。但是，当前的计算机还比不上人的思维，所以在利用计算机进行古籍编纂时需要设计一定的步骤程序，以此引导计算机按照人的思维方式进行编纂。正如一些专家所说的那样，虽然计算机比不上人类的大脑，但是人们可以完善计算机的功能，让它具备一些类似于人的思维的能力。在处理数据方面，计算机又比人脑更有优势。如果可以将计算机和人的思维结合起来，那么必定会产生意想不到的效果。按照这样的思路，人们设计了一套能够模拟人类思维的计算机程序，用以理解和判断古籍材料，然后自动编纂古籍。这些古籍材料大部分都没有经过初步处理，所以内容比较分散，处理起来远比处理现代文本更难。即便如此，人们也可以借鉴现有的一些处理中文信息的技巧来处理古籍文本中的信息。这就是古籍自动编纂技术形成的基础。具体来说，古籍自动编纂技术主要包括以下两个步骤。

---

❶　苏祺、胡韧奋、诸雨辰等：《古籍数字化关键技术评述》，《数字人文研究》2021 年第 3 期。

一、确定编纂的主题和范围

确定编纂主题，就是要明确编纂的中心内容，即描述编纂的重要词汇。有时候，用户会选择在指定的一本书或几本书中搜索与主题相关的资料，因此系统在确定编纂内容时要充分考虑这部分用户的需求。编纂范围的确定，指的是为用户提供按需搜索与编纂内容相关的古籍名称的功能，并让计算机自动在用户设置的需求范围内检索内容。由于古籍中很多汉字都是繁体字，所以系统在查询编纂过程中很多时候只能用繁体字来查询，而现代人大多是使用简体字进行搜索的，因此系统必须在进行查询工作前先检测用户输入的字是繁体还是简体，如果是简体就要将其转化为繁体，从而正确理解用户想要查找的主题和范围，帮助其快速地找到想要的资料。

二、查找编纂的信息

（一）扩检同义词

信息检索中使用率较高的做法是扩检。从字面上看，扩检就是以数量较少的重点词汇为基础，增加一些同义词或近义词，扩大检索范围的一种信息检索方法。在检索与主题有关的一些古籍资料的过程中，用户输入的重要词汇可能并不精准，因此计算机就要采用扩检的方式主动扩大搜索范围，或通过人工输入更多近义词、同义词促使计算机扩大检索范围。这种方法不仅可以给用户带来轻松、便捷的体验，还能促进计算机查全率的提升。

（二）筛选检索结果

由于古籍自动编纂中采用的是全文检索，而且增加了扩检同义词的方法，所以系统能够更大范围地检索出与编纂主题相关的古籍资料。不过，根据实践所得，利用自动编纂技术检索出来的内容有一部分只是在字面上涉及编纂主题，根本没有实用性。因此，系统还要对检索出来的内容进行自动筛选。在执行过程中，系统会将符合条件的检索内容留下作为编纂内容，并将其摘抄下来。通过筛选检索结果，系统自动编纂的效果和速度都会得到提升。

（三）整理排版和输出结果

资料摘录下来之后，系统还要按照著书时间的先后顺序、所涉内容的深浅程度进行整理排版，并将整理结果输送出来，同时允许用户自主编纂和整理相关资料，最后进行保存。保存形式的选择对于古籍自动编纂工作来说是一个关键问题。这是因为整理出来的编纂内容中存在很多生字、难字，且计算机上的很多程序并不支持这些字形的阅读和保存，若保存方式不当，可能造成下次打开文件时无法显示正常内容。因此要求用户在选择保存方式时充分考虑到古籍数字化资料的这些特殊之处。

综上所述，随着信息技术的突破性发展，中文信息处理技术的应用范围将会越来越广泛，并为古籍的数字化发展创造更多的机会，同时给阅读者和相关工作人员提供更多的服务。将来，古籍数字化建设要解决的重点问题应该是利用已有的中文信息处理技术，结合古籍本身的特征，设计一套完善的古籍智能化自动系统。如果能设计出这样的系统，相关工作人员将得到更为便利的研究服务，古籍的探究方式也将发生巨大变化。❶

---

❶ 霍珊：《人工智能在古籍领域的应用》，《内蒙古科技与经济》2020 年第 13 期。

第五章 地方、民族古籍文献保护及其数字化

如今，保护古籍文献的重要性已经得到了广泛的认同，国家和政府也通过制度、政策、资金等手段，来支持古籍文献的保护工作。但是，地方和民族的古籍文献保护还是面临着很大的困境，因此，打破困境、做好保护工作便显得比较关键。由于数字化保护是一种行之有效的古籍文献保护方式，因此也成为地方、民族古籍文献保护的重要内容。本章针对地方古籍、民族古籍的保护情况与数字化问题进行了研究。

第一节　地方古籍文献保存现存的主要问题

一、古籍书库不规范

与一般的书籍不同，古籍对于存放环境有着更高的要求。理论上来说，一切古籍的保存都需要做到"九防"要求。九防指的是防水、防光线、防尘、防虫、防有害气体、防火、防盗、防震、防高温。因此，古籍存放书库的选取或建造需要围绕上述"九防"要求展开。但是从实际情况来说，许多古籍存放书库是由普通存书库改建而成的，因此并不能全部满足"九防"要求。其中，为了防止有害气体侵害古籍，古籍书库一般修建于地下层。防震这一要求并不难做到，只要是按照防震要求修建的建筑物，就可以实现。防水、防火、防盗等常规要求，也比较容易做到。但是，防高温、防尘等要求做起来却比较麻烦。古籍书库的理想室内温度为 16 ～ 20℃，要长时间保持这一室温，就需要安装空调。但是全天 24

小时开放空调来存放古籍，做起来并不现实。有的古籍存放书库已经有一定的年份，墙面等部位难免有灰尘掉落，解决这一问题的有效方式是对存放书库进行翻新处理，而翻新并不是一件简单的事情，需要谨慎对待。因此，地方古籍文献保存的一个最明显的问题就是古籍存放书库不能完全满足"九防"要求，存在书库不规范的情况。

二、缺乏现代化的设备设施

古籍的良好存放需要依靠一些现代化的设备设施。例如，空气净化系统可以保证存放环境的干净性，消防系统可以有效确保书库的消防安全，恒温恒湿系统可以保证书库的温度和湿度良好，杀虫除菌系统可以保证古籍不受虫害。但是，多数地方的古籍存放书库都存在缺乏现代设备设施的问题。究其原因，主要是受地方财力、物力等客观因素的制约。

三、古籍修复缺失

古籍的年代久远，在长期的流传中常会出现不同程度的损坏，因此古籍的修复工作显得尤为关键。但是，许多地方性的古籍文献保护单位并没有建立起古籍修复室，这就造成了地方古籍修复的缺失。导致这种情况的原因主要有以下几方面。

第一，地方缺乏专业的古籍修复人才。古籍修复专业人才的市场供需之间并不平衡，尽管市场对古籍修复人才有一定的需求，但是古籍修复专业人才的数量却明显不足。主要是因为古籍修复工作多为师徒制，且高等院校相关专业中缺乏古籍专业修复的课程。这样一来，古籍修复的专业人才数量本就不多，而这些人才又多进入大城市的图书馆中从事古籍修复工作，鲜少有人会到地方从事古籍修复工作，导致地方缺乏此类专业人才。

第二，地方古籍修复技术欠缺。古籍修复技术较难掌握，国家图书馆等相关部门经常组织古籍修复技术的培训工作，但是地方图书馆的从业人员受一些客观条件的制约，很难参与修复技术的普及培训，因此地方古籍修复技术也比较欠缺。

第三，地方古籍修复资金欠缺。古籍修复不是一蹴而就的，这是一项长期性的工程，需要充足的资金支持。但是地方给予的相关经费比较欠缺，因此影响了古籍修复工作。

四、古籍开发利用不足

除了上述情况外，地方古籍文献的保存中还有一个非常明显的特点，那就是重藏轻用。而这也导致古籍大多被珍藏起来，没有得到合理的开发和运用。造成这种情况的原因有很多。首先，地方对于古籍文献保护的思想普遍比较保守，为了更好地保护古籍，而选择将古籍珍藏起来。其次，古籍的年代大多较为久远，多有残缺。有的古籍打开还有防虫药剂等刺鼻的味道，并不利于读者翻阅。将古籍内容进行电子化，既能让古籍内容为读者所用，又能不影响古籍原件，是一种很好的利用古籍资料的方式。但是，古籍的扫描仪器价格高昂，导致许多地方馆所难以承担购置费用。加上古籍的电子化在完成内容扫描之后还需要对应的存储设备，更是加重了地方馆所的财务负担，因此古籍的电子化利用在地方并不普遍。

总而言之，地方图书馆古籍文献的保存面临着多方面的困境，正确面对这些困境，并采取有效措施打破这些困境，是地方古籍文献保护的必然要求，也是地方古籍文献保护必须克服的难题。想要打破这些困境，只有社会、政府、地方共同努力，才可能实现。❶

第二节　地方古籍文献数字化建设策略探索

要搞好我国地方古籍文献数字化建设工作，需要正确的策略作指引。这里提供几点有助于开展地方古籍文献数字化建设的策略以供参考。

一、统一规划，统一管理

要开展地方古籍文献资源的数字化建设，首先应当做到的一点就是统一规划和管理。地方图书馆自己开展古籍文献资源的数字化建设，很可能会因缺少规划和管理而缺乏秩序，并且造成资源的浪费。因此，各地区应当将当地的图书馆资源整合起来，共同组织相关专家来进行古籍文献资源的数字化规划和整理工作。

---

❶ 李波：《地方古籍文献保存之困局》，《卷宗》2021 年第 1 期。

在正式开展规划和整理之前，要先对当地的古籍文献资源情况进行全面的调查，然后根据调查情况统一规划和管理这些古籍文献。相关专家要一起制订古籍文献数字化建设的标准，以便当地的图书馆都能按照此标准开展古籍文献数字化工作，逐渐实现统一性的、有规划的古籍文献资源的数字化建设。

二、建立地方古籍文献联合书目数据库

一般来说，地区的古籍文献资源多分布在不同的文献信息机构内，读者使用这些古籍文献资源时不是很便利。建立地方性的古籍文献联合书目数据库，就可以很好地解决这一问题。该数据库建立后，读者可以通过数据库全面、便捷地获取自己需要的古籍文献信息。除此之外，古籍文献服务机构也能够更加便捷和全面地掌握地方古籍文献的资料情况。

三、建立地方古籍专题数据库

随着个性化阅读的不断发展，读者对阅读资料提出了更高的要求，而建设古籍文献的专题数据库就可以更好地满足读者的个性化阅读需求，为他们带来更好的文献阅读体验。建立专题数据库，最重要的一点就是要选择合适的专题。恰当的专题应当能体现鲜明的地方特色。读者在看到专题后，也能够立即知晓这是否是自己感兴趣的古籍文献资料。

四、树立全局观念，加强馆际合作

开展地方古籍文献的数字化建设工作，有关地方古籍文献的总体发展。因此，地方各图书馆之间要具有全局观念，要注意加强合作，这样才能共同做好地方古籍文献的数字化建设工作。加强合作不仅能够让地方各图书馆收藏的古籍文献资料实现共享共用，而且能够提升古籍文献资源数字化建设的效率和水平。❶

概而述之，地方古籍文献的数字化建设工作对于地方古籍的保护是非常重要的。各个地方应当对此项工作给予充分的重视，积极主动地运用各类有效措施来做好古籍文献的数字化建设工作，承担起保护古籍文献资料的责任。

---

❶ 王频：《地方古籍文献数字化建设初探》，《成都大学学报（社会科学版）》2008 年第 3 期。

第三节　民族古籍研究及保护现存问题

　　民族古籍主要指的是在少数民族地区形成并流传下来的书册、典籍等。民族古籍是少数民族文化的重要承载物，对于少数民族文化的传承和发展具有重要意义。我国地大物博，民族众多，共有 21 个少数民族有自己的文字，他们用自己的文字撰写本民族的历史，谱写本民族的文化。● 一些没有自己文字的少数民族也用别的民族的文字来创作典籍。例如，鄂温克族、鄂伦春族等少数民族，就是用蒙古文、汉文等来完成典籍创作。如此众多的民族，共同创作了丰富的少数民族古籍。做好这些古籍的研究和保护工作，对于更好地了解和保护少数民族文化，无疑是非常重要的。

一、民族古籍研究现状

　　古籍研究保护已经受到社会的重视，许多专家与学者都投身于古籍研究和保护工作中，并且获得了一定的研究和保护成果。但是，专门针对民族古籍的相关研究还存在很大的不足。具体来说，针对民族古籍研究主要体现在如下方面。

　　其一，大多数研究只是对民族古籍情况进行概述，如少数民族地区古籍的总体保护情况、总体收藏情况等，对于具体可行的修复情况等方面的研究很少。

　　其二，有关民族古籍本身内容方面的研究要远远多于民族古籍保护方面的研究。即使是有关于民族古籍保护方面的研究，也大多集中在新疆、云南等少数民族聚集地区，呈现出鲜明的地区特色。民族古籍保护方面的具体可行措施、保护制度、保护方法等方面的研究比较欠缺。但是需要注意的是，少数民族古籍与汉民族古籍之间在纸张属性、书写材料、装帧形式、修复材料等方面都存在一定的差异性，汉民族古籍的相关修复和保护方法并不完全适用于少数民族古籍保护。因此，少数民族古籍保护方面研究的欠缺需要尽快弥补。

　　其三，民族古籍保护的研究成果普遍发表在当地的期刊上，发表在核心期刊上的文献少之又少。这就使得研究成果不能被更多的人了解到。造成这种情况的

　● 　佐娜：《我国少数民族古籍研究及保护现状》，《图书馆界》2019 年第 5 期。

原因主要有两点：第一点是少数民族地区开展古籍保护研究的学者人数不多；第二点是少数民族地区从事这些研究的学者习惯用少数民族自己的文字撰写文章，因此难以被一些核心期刊收录。

二、民族古籍保护现存问题

民族古籍不仅在研究上存在问题，在保护上同样存在着比较明显的问题。具体体现在以下两个方面。

（一）民族古籍保护的意识、法律及管理层面存在问题

民族古籍保护的意识、法律和管理层面都存在着明显的问题，以下进行详细说明。

其一，少数民族地区政府对古籍保护的重视程度还有所欠缺。这就使当地人对古籍保护在意识上有缺失，进而使古籍保护行为也存在问题。政府不重视古籍保护，没有采取措施向相关人员宣传保护古籍的重要意义，导致少数民族地区的古籍收藏中心的相关工作人员对于古籍保护工作没有形成应有的重视，对于自己的工作缺乏责任感。同时，由于政府对古籍保护宣传的不到位，导致一些被汉化的民族不明白本民族古籍所具有的重要价值，丢弃古籍、不保护古籍的行为并不少见。

其二，有关少数民族古籍保护的法律法规不够健全。缺乏法律法规的硬性规范，自然难以获得理想的古籍保护效果。虽然在《中华人民共和国民族区域自治法》等相关文件中，也有一些涉及古籍管理的规定，但是这些规定比较概括，缺乏具体的指导价值。当地许多人都不清楚保护古籍的重要性，也不知道具体应该怎样做，导致部分古籍不可避免地受到损坏。另外，一些到少数民族地区游玩的西方人认识到这些古籍的价值，向当地人购买，导致部分民族古籍流失海外。这些都对民族古籍的保护非常不利。

其三，少数民族地区古籍的管理体制存在问题。一些少数民族地区的古籍保护机构虽然很多，但是分布都很散，难以进行集中管理。缺乏统一的管理体制，导致少数民族地区的古籍保护工作较为混乱。

（二）民族古籍具体保护实践中出现的问题

在民族古籍保护实践中，也出现了不少的问题，这些问题同样值得引起关注

和重视。

第一，少数民族地区的古籍保护经费不足。由于经费不足，当地受损的古籍无法得到及时的修复。古籍修复不是一个小工程，无论是购置修复材料，还是组织开展修复工作等，都需要花费资金。虽然许多少数民族地区都有专门用于古籍保护的经费，但是实际运用起来，这些经费大多不能满足实际需要。经费的不足，严重影响了古籍的修复工作。

第二，民族古籍都用本民族字体撰写而成，需要懂得当地文字的专业人才才能完成修复工作。但是古籍修复的专业人才本身就很少，掌握少数民族文字的古籍修复专业人才更是少之又少。修复人才的缺失，必然影响修复工作的进程，所以民族古籍保护工作开展得十分缓慢。

第三，部分民族古籍的保存条件不合格。一些少数民族地区的古籍保存机构环境不达标，不能为古籍的保存起到很好的保护作用。

第四，少数民族地区口碑文献的保护有很大的难度。口碑文献是一种特殊的民族古籍，由于没有文字，需要传承人口传心授，保护起来有很大难度。许多少数民族地区的口碑文献都随着传承人的去世而失传。采取有效方式保护口碑文献，也是保护民族古籍必不可少的内容。

第四节　民族古籍文献数字化面临的问题与对策

一、我国民族古籍数字化中存在的问题

民族古籍数字化是一项浩大的工程。民族古籍被保存在诸如档案馆、图书馆、文物馆、地方史志机构等各类不同的场所中，这些不同的场所只有一起参与民族古籍数字化工作，才能全面实现民族古籍数字化。加上民族古籍数字化的管理并没有形成统一的规划，加大了民族古籍数字化的难度。民族古籍数字化工作的开展较为困难，在此过程中涌现了多方面的问题。下面就对民族古籍数字化中存在的主要问题进行探究。

（一）民族古籍馆藏条件不达标导致古籍二次损毁

与地方古籍文献保存类似，民族古籍也经常由于馆藏条件不达标等原因，造成古籍文献存储不当，甚至出现古籍文献的二次损毁等不良情况。民族古籍存放的场所有很多，但是真正符合馆藏条件的场所少之又少。各个馆藏场所都有着这样或是那样的问题，有的馆藏场所的保存条件非常简陋，有的馆藏场所的保存技术非常欠缺。许多民族古籍仅仅是被简单地捆扎、堆放在一起，致使许多古籍文献都由于潮湿、风化等受到二次损毁。

（二）民族古籍保护修复人才和机构的缺失导致古籍流失

古籍专业修复人才不足，是整个古籍修复工作面临的突出问题。因此，无论是地方古籍文献的修复，还是民族古籍文献的修复，都存在着缺乏专业修复人才的问题。古籍文献的修复不仅需要具有专业的修复知识，还需要掌握现代化的信息技术。因此，只有高素质的古籍修复人才才能胜任此项工作。民族古籍文献的修复更是需要一些对民族文化和历史有深入研究的人才。如此一来，民族古籍文献修复对人才的要求比一般的古籍文献修复人才的要求更高，出现古籍文献修复人才严重匮乏的情况也就不奇怪了。当前，我国已经成立了多所国家级的古籍修复中心。这些古籍修复中心以修复汉民族古籍文献资料为主，针对民族古籍文献修复的专业机构还非常欠缺。即使是新疆、云南等少数民族众多的地区设有古籍保护中心，也同样是将修复的重点放在汉字古籍文献上，利用少数民族文字撰写而成的民族古籍文献的修复存在严重不足。这样一来，民族古籍文献得不到及时、良好的修复和保护，以致许多优秀的民族古籍文献都很可惜地流失了。

（三）民族古籍分类不规范、索引不标准的问题仍很突出

民族古籍分类不规范、索引不标准已经成为民族古籍数字化工作中非常明显的问题。这一问题导致民族古籍数字化工作出现了分类混乱、检索困难等情况。这样的情况不仅影响了民族古籍的数字化水平，也不能满足读者查找、获取古籍信息的实际需求，因此应当多加注重并进行改善。

1. 民族古籍分类尚无独立的类目和统一的规范

当前，我国民族古籍分类还不够规范，主要是因为民族古籍的分类缺乏统一的分类标准。并且，我国只有汉民族古籍有专门的类目，其他民族的古籍文献信

息都还没有类目归属。

无论是在图书馆的书籍分类中，还是在博物馆的文物分类中，都没有将民族古籍作为一个专题文献来进行分类。民族古籍涉及方方面面的内容，如文学、历史地理、医药卫生等，丰富多样的内容让人眼花缭乱。正确、合理地分类可以让读者从多样、杂乱的信息中脱离出来，快速找到自己想要的古籍文献信息。

民族古籍的分类还有一个明显的特点就是非常杂乱。不同民族古籍的分类有不同的标准。即使是同一个民族的古籍文献分类，也有着不同的分类依据。各种各样的分类方式，让古籍文献信息看起来较为杂乱。采用统一的规范对古籍文献进行分类，无疑是让民族古籍文献信息更加有条理的好方式。民族古籍文献信息不仅按照多样的标准分为许多的类别，各类别古籍文献信息的保存方式也不一致。其中，txt、doc、html、pdf、pdg 等都是常见的数字化保存格式，有些格式的文献资料需要特定的阅读器才能打开，影响了资料获取的便利性。

2. 民族古籍图书信息著录无统一标准

民族古籍内容丰富、类型多样，涉及多个民族语种，应当采取统一化的图书信息著录格式进行数字化分类处理。这样才可以保证古籍著录内容在数字化过程中的标准化和规范化。当前民族古籍图书著录信息缺乏统一标准的具体表现为著录内容的提纲没有统一、著录信息的详略情况没有统一、著录作者的相关信息没有统一、不同著录所使用的文字没有统一等。这些著录信息不统一的情况，让民族古籍书目看上去杂乱无章，读者也不能及时查阅到需要的古籍信息，因此需要在后续的民族古籍数字化进程中予以重点关注并解决。

3. 我国民族古籍索引不完善

民族古籍数字化的成果需要服务于社会科学研究，要达到这一要求，并非易事，需要对索引处的相关信息有具体、清晰的统计和标示。例如，古籍的总字数、历史年限、地理信息、参考数据、异体字情况等。这些信息能够为社会科学研究提供便利。但是，我国的民族古籍索引并不完善，难以满足上述功能。大多数的图书著录检索，只能提供图书位置检索等基础功能，即便是针对同一书名的书籍，也缺乏一定的辨别信息。例如，查阅《御制翻译四书五经》，仅清代官方版本就有十来种，民间版本更不在少数。缺乏具体的标示信息，读者便难以辨别这些版本的异同。

（四）民族古籍数字化中校勘功能丧失

古籍文献的数字化不能简单地理解为将原本纸质的古籍文献运用现代化的手段转化为电子古籍。这只是古籍文献数字化的浅层含义。从更深层次的角度来说，古籍文献的数字化还应当包括对古籍的内容进行数字化整合，确保古籍的内容和思想能够被正确、客观、完整地展示出来。而要达到这一要求，就需要对数字化后的古籍文本资料进行校勘。这也是传统古籍整理中不可或缺的一个环节。在这个环节中，古籍文献中存在的错别字、通假字、异形字等都会被订正。传统古籍整理，光是进行古籍文本资料的校勘工作，就可能花费数年的时间。当前古籍文献的数字化，运用计算机可便捷地将文本信息变为数字信息，实现了便捷储存和运用，但是，由于缺少校勘环节，导致一些错误信息不能被及时更正，影响了古籍文献资料的专业性和正确性。

从实际情况来看，我国近几年出版的大型民族古籍书物，基本都是由扫描件印刷编排而成。这类书物能够让读者看到原古籍资料的大致面貌，具有厚重的古朴意味。但是许多这样的古籍书物，内容并没有经过整合，也没有添加恰当的注释和标引，因此出现了涂抹勾勒、脱字漏字等没有被及时更正的情况，读者在阅读时也难以理解其内涵。

（五）民族古籍数字化缺乏第三方评估和后期评估

民族古籍属于宝贵的历史遗产，运用数字化的方式来保护、传承民族古籍是很有必要的。这一点毫无疑问。但是，需要尤其注意的是，民族古籍的数字化不是一蹴而就的，它需要对后续进行审视，需要第三方评估和后期评估，才能进一步确保数字化的质量。就当前民族古籍数字化的实际情况来看，第三方评估和后期评估都较为欠缺，导致民族古籍数字化出现了一些很显著的问题。

第一，各地区在开展民族古籍数字化时，会采用不同的编译标准。例如，虽然都是进行满文档案的编译，但是新疆满文档案、盛京满文档案的编译标准却有着很大的不同。这种不同具体体现在一些格式和规范的处理上。长此以往，将影响读者查阅资料和进行阅读。依靠第三方评估和后期评估，建立一套标准化的古籍编译标准，使民族古籍的数字化更加规范，无疑是比较重要的。

第二，还有大量的古籍没有参与数字化建设。民族古籍在不断地被挖掘与运用，数量和内容都在不断增多。这些新的古籍大多都没有实现数字化，而第三方评估和后期评估的参与，可以推进这些古籍的数字化建设进程。通过评估可以明确哪些新发掘的民族古籍更具价值，可以尽快进行数字化。

第三，古籍数字化普遍存在着选题单一，关注点过于集中、不够全面等问题。对于一些价值很高的古籍，出现了多种数字化版本。因为古籍文献数字化的人力和财力都是有限的，这样不仅会造成人力和财力的浪费，也会影响其他古籍文献的数字化。基于第三方评估和后期评估可以更好地引导民族古籍数字化的有序开展，避免社会人力、财力资源的重复使用，从而更好地促进古籍的数字化发展。

二、民族古籍数字化问题的解决对策

（一）从宏观层面提升民族古籍数字化水平

为更好地实现民族古籍的数字化，国家应从宏观层面对民族古籍数字化的各个方面进行指导和干预。国家应当根据民族古籍的基本特点，确定清晰的古籍整理标准和分类标准；提出民族古籍数据库系统框架，促进民族古籍的网络化；通过书目库、全文库等数据库的建立，把握民族古籍的具体数量和当前情况；支持古籍保护部门和专业图书馆之间进行良好的合作，让一些民族古籍能够在专业的古籍保护部门实现数字化保存，促进民族古籍的保护工作。

除了上述方面，国家还应当加大对民族古籍数字化项目的投资，促成国家级古籍调查项目之间的协作。在进行投资之前，要充分做好项目评估工作。项目评估的具体内容包括项目的可行性评估、项目的成本和效益评估、文物效应评估等。评估由第三方进行，评估要确保客观性和权威性。一些国家级的民族古籍数字化项目，在实施数字化之前，会先对全国范围内的民族古籍资源进行调查。这些项目之间调查的情况可以互惠共享，也可以让项目的调查结果更加全面。

（二）指导、培训民族古籍修复、整理人才

培养民族古籍修复、整理的专业化人才是开展民族古籍修复、整理工作的重中之重，可以通过指导和培训的方式来培养民族古籍修复、整理的专业化人才。

指导主要的针对对象是已经从事民族古籍修复、整理工作的人员。各地区可以邀请专业的民族古籍修复、整理大师到地区指导工作，帮助当地的民族古籍修复、整理人员明确自己存在的不足，并给出恰当的改进建议。

要培训民族古籍修复、整理人才，首先，应当建立起专业的人才培养基地。可以在一些民族古籍文献资源比较丰富的地区，建立人才培养基地。通过系统、

专业化的培训，培养出能够从事民族古籍文献修复、整理的专业化人才。其次，培训也应针对当地的古籍修复、整理从业者展开。古籍保护部门要定时组织专业化的技术培训活动，不断提升从业者的业务能力。要注意的是，古籍修复和整理都需要对应的专业素养和能力。在开展培训活动时，要注意将这两者很好地区分开来，确保培训具有针对性，更具有专业性。

（三）提高民族古籍保护的法律意识

基本每个人都知道贩卖和损害文物是违法行为。这是因为有关文物保护的法律法规比较健全，并且相关的宣传工作做得很到位，几乎每个人都拥有一定的文物保护法律意识。但是，很多人都不知道贩卖和损坏古籍文献同样属于违法行为。这是因为大众对于古籍文献保护的法律意识比较薄弱。要改善这一情况，需要国家的司法部门和古籍保护部门联合起来，向公众宣传保护古籍文献的重要意义，并对相关的法律法规进行普及，帮助人们形成古籍文献保护的法律意识。

同时，民族地区古籍保护的相关法律法规存在立法滞后的情况，导致法律不能对古籍起到很好的保护作用。

针对民族古籍的数字化也应当建立相应的法律法规，以便从法律的角度来保障民族古籍数字化工作的有序开展，确保整个数字化环节的科学、准确。尤其是要对古籍数字化的产权问题予以明示，避免古籍数字化出现侵权行为，保障版权者的合法权益。

（四）提升民族古籍数字化的技术水平

民族古籍的数字化，需要过硬的专业技术做支撑。但是从实际情况来看，少数民族古籍的数字化技术普遍落后于汉民族古籍的数字化技术。造成这种情况的原因主要是相关人员对于民族古籍数字化技术的重视程度还不足。想要提升民族古籍数字化技术水平，可以具体从以下方面来进行。

第一，开发完善的少数民族语言检索功能。我国少数民族众多，民族语言多样，运用少数民族语言检索功能可以帮助读者快速地找到自己想了解的民族古籍文献。

第二，要拓展民族古籍的通用字符集。拓展通用字符集，可以让读者更容易读懂民族古籍文献，也有利于外界更好地运用古籍文献资料。

第三，开发少数民族文字与汉字的转化软件。民族古籍大多用本民族语言撰写而成，与普通汉字的读者之间是有壁的。若是能够开发出少数民族文字与汉字之间的转化软件，普通读者就能够运用软件弄懂民族古籍文献的内容，对于他们了解少数民族的文化有着重要意义。中国第一历史档案馆已经成功开发出了针对满文的自动识别转写软件。这一软件的正确识读率高达 95%，可以满足普通读者阅读满文古籍的需求。未来必将有更多针对不同少数民族文字的转化软件被开发出来。❶

第五节　民族古籍计算机检索网络建设

一、民族古籍计算机检索网络建设的基础

民族文字与汉字字形差异较大，而计算机中的文字以英文、汉字等常用字为主，所以我国民族古籍要想实现数字化就比较困难了。既然如此，我国当前还是解决了一些关键性的技术问题，从而实现了更多民族古籍信息的数字化。当前，我国民族古籍数字化的实现从信息存储形式和网上运行形式上看可采用两种方式，它们为民族古籍计算机检索网络的建设创造了基础条件。

首先是数字化民族古籍的图像技术。图像技术是指运用扫描技术把民族古籍文本扫描成图像，并存进光盘或计算机存储器中。通过这种数字化处理，民族古籍的原貌可以完整地保存下来，而且技术实现上比较容易，从前国内基本上都是用图像转化的方式来进行民族古籍数字化制作的。制作过程中，先在扫描软件上设置格式为图像格式，再用扫描仪逐页扫描民族古籍，将其扫描成一个个图像文件，最后在扫描软件中进行存储、处理、压缩、转换等各种操作。每一个图像文件都应设置一个文件名，以此作为文件地址，并与相应的索引记录一一对应。如果扫描成的图像版民族古籍不配备索引，那么阅读者在翻阅时只能一页一页地依次看，使用起来极不方便。因此，图像版民族古籍配备了相应的索引，包括标题、作者、部、类等内容。由于图像版民族古籍不能进行普通字词的检索操作，所以其索引结构的设计需要考虑得更周全，尽可能完备，将每一页的重要字词容纳进去，为用户提供方便、快捷的检索途径。索引一般用建立数据库的方式来实现，每一个图像以自己的文件名地址为链接来引导读者阅读。

---

❶ 吴智嘉：《民族古籍数字化的现状及科学保护问题研究》，《黑龙江民族丛刊》2019 年第 5 期。

其次是数字化民族古籍的全文搜索技术。全文搜索指的是将民族古籍转化成文本形式，并存入光盘或计算机存储器，而且能够在全文搜索系统的支持下实现逐字逐词的检索。与图像版相比，全文版更能满足学术研究的需求，支持有效、快速地检索内容。制作的关键问题是解决民族文字的信息处理。自进入 20 世纪80 年代以来，国家、企业等各部相互联合，取得了民族文字信息处理技术的较大进步。当前，国际标准 ISO/IEC 10646（GB13000，Unicode）将迄今为止尚存的语言（Living Languages）按照其文字（Script）统一编码，制定出全球通用的编码字符集标准。现在进入 ISO 10646 编码的文种有朝文、藏文、蒙古文（包括满文）、彝文，另有维吾尔文、哈萨克文、柯尔克孜文通过对阿拉伯文进行相应的补充也基本进入 ISO 10646。在这一标准的支持下，数字化的民族古籍可以以各种民族文字的形式存储于系统中，实现了跨语境关联的全文检索，为不同语言使用者的用户的检索工作提供了方便。因此，民族古籍计算机检索还要挖掘更多的语言文字，将更多文种纳入编码字符集标准。

1994 年，中国科学院、清华大学和北京大学共同组建了中国教育与科研示范网络（NCFC），并正式接通了互联网。随后，我国又建立了中国科学技术网络（CST Net）、中国公用计算机互联网（China Net）、中国教育和科研计算机网（CER Net）和中国金桥信息网与互联网联通的四大网系。这些网络与民族古籍的图像搜索技术、全文搜索技术，为民族古籍计算机检索网络的建设提供了通信支持和技术保障。

二、现代化民族古籍检索网络建设的方法

这些年来，我国民族古籍检索一直采用的是手工方式，虽然配备了一些民族古籍目录索引，也发挥了重要作用，但是这些索引速度太慢、效率太低，工作容易重复，而且不能从多种角度适应读者的要求，所以根本满足不了现代人的真实需求。为了改变现状，人们必须利用先进的电子技术开发机器检索，让民族古籍检索从手检逐步过渡到机检。要做到这一点，民族古籍信息部门必须及早建立起现代化的民族古籍检索网络。

当前，我国民族古籍已经有了纵、横两条组织网络，可以以此为基础建设联机检索网络。其中一条网络是根据领导关系建立起的纵向民族古籍网络，存在上下隶属关系；另一条网络是以行政区域为依据的，由各级民族古籍信息单位组建起来的横向民族古籍网络，存在协作和业务辅导关系。据此，我国民族古籍检索

网络应该建立两个检索中心 —— 全国检索中心和地区检索中心。

全国检索中心是民族古籍检索网络的主体，起到连接各地区检索中心和进行国际性情报检索的作用，必须具备三个基本条件：一是有足够多且可供检索的民族古籍，网络中还应建立较大规模的数据库；二是有统一的全国民族古籍检索标准，其中明确规定了机读代码、民族古籍主题、资料记录形式、分类的标准等；三是设备齐全。

地区检索中心主要有两大作用：一是连接起各民族古籍信息单位，在本地区范围内形成一个检索中心，为本地区的检索提供服务；二是以地区为限，形成民族古籍检索特点。

为了便于用户使用，检索中心的地点应根据民族古籍的利用率设置。因此，全国检索中心应设在北京，地区检索中心最好设在各省的省会城市，比如，云南检索中心可设在昆明，四川检索中心可设在成都，贵州检索中心可设在贵阳。

在建立全国检索中心与地区检索中心并实现联机之后，接下来分两步就可完成现代化民族古籍检索网络的建立。第一步，地区检索中心要建立计算机成批检索系统，并把这些检索系统连接起来，使每个系统都能检索到新资料和过期资料，方便各地的用户使用。在这一阶段，民族古籍工作人员是系统的主要使用者，他们在用户与系统之间起着桥梁作用。也就是说，此时的用户不能直接使用系统。第二步，实现第一步的目标之后，就要利用数据通信网络技术逐渐在社科院、高等院校、自治区及省级文献信息单位建立终端，使用户可以通过终端直接使用系统进行检索。在这个阶段，民族古籍资料通过计算机直接显示给用户，让用户可以轻松获取想要的资料。为了让民族古籍进入国际视野，还可以在完成的同时利用卫星等通信设施建立起面向国际的检索网络。

根据我国国情，民族古籍检索网络可分四个等级来建设：全国检索中心为一级；地区检索中心为二级；社科院、高等院校、自治区级文献信息单位和有关专业研究中心为三级；用户终端为四级。在这些网络中，目的较为明确且简单的是第一和第四级，而比较复杂的是第三级。第三级包含了资料的利用者和生产者，它们内部还设有单独的网络。因此，这一级在与第二级单位构成联机网络时，要充分考虑内部各小网络对情报输入贮存的相对独立性，要注意建立独属于它们的民族古籍数据库，并随时更新数据。

需要注意的是，现代化民族古籍检索网络的建设是从普通的计算机检索到复杂的联机检索，在技术上一定要做到标准化、统一化，如果各行其是会给将来的发展造成极大的困难。在建设过程中，工作人员还要积极借鉴国外的成功经验，加强组织管理和各机构之间的协调合作、实现统一。相信在不久的将来，我国现代化的民族古籍检索网络会随着四个现代化宏伟事业的不断发展而逐渐建立、壮大起来。❶

---

❶ 包和平：《民族古籍计算机检索网络建设研究》，《现代情报》2005 年第 6 期。

第六章　古籍数字化建设与案例分析

千百年来，中国人对古籍修复技术的研究从未间断。一代代人都将古籍修复视为抢救、保护本民族优秀传统文化的重要使命。古籍修复技术是文献保护领域的支柱。在过去很长一段时间里，古籍修复技术仅仅依靠师徒传承的方式延续，老一辈的师傅向徒弟以口授、示范来传递这项珍贵的技术。换言之，传统的古籍修复行业一直依靠这种经验型的"工匠"式技艺与小作坊式的生产发展。导致真正意义上的关于古籍修复的档案文献很难出现。过去，从事古籍修复的大多是文化水平较低的工匠，其间只有少部分藏书家或文人士大夫参与，最终留下的记录都很零散。有鉴于此，为了更好地进行古籍保护工作，本章将结合现代数字化技术，深入研究古籍数字化典例，并从中总结和归纳成功经验。

第一节　古籍数字化建设的意义
——以江门市五邑图书馆为例

一、古籍数字化建设的重要性

（一）古籍数字化功在当代，利在千秋

即使是在数字技术深入社会各领域的今天，很多人提起古籍，只能联想到脆弱的、泛黄的、古老的纸质文献，而较少将古籍与数字技术联系起来，更不了解

古籍能够以电子文档的形式出现。过去，我国的传统文献资料只能留存在纸张上，过不了多久就要更换纸张，甚至因纸张的损毁而导致文献资料不完整。如今，数字技术与古籍保护结合，全面升级了古籍保护工作。从此，古籍资料不仅能长长久久地保存在计算机里，还能供有需要的人方便快捷地检索、利用与传输。古籍数字化是现代保护优秀传统文化资料的最先进途径，能够让本来脆弱的古籍文献在现代社会找到新的价值和意义。

目前来看，古籍的数字化保护已经成了一股势不可挡的潮流，是众多图书管理者与古籍保护工作人员要钻研的新课题，受到了广泛的关注。身在新时代，如何迎接新思潮、新技术的挑战，结合先进的信息技术将我国优秀的传统文化资料的原貌展现给广大读者，兼顾古籍的保护与开发利用，是每个相关工作者必须深思的问题。古籍的数字化对读者与相关工作人员来说是一件双赢的大好事，不管站在哪个角度来看，古籍数字化都值得社会各界大力支持。

国家对古籍数字化的关注很早就开始了。2018 年，国家就颁布了《中华人民共和国公共图书馆法》，其中明确了古籍数字化建设的相关法律法规，将数字化古籍资源视为我国公共图书馆文献的重要部分。并且，还在该法案中要求各级公共图书馆从实际出发，运用数字化等技术推进古籍的整理、出版和研究工作。该法案的确立，一方面为中国公共图书馆的整体发展指明了前路、提供了法律依据；另一方面推动了中国古籍数字化工作的进程，为古籍保护注入了新鲜血液。可见，古籍数字化正是一件功在当代、利在千秋的伟大工程。

（二）古籍数字化是保护和利用传统文化的新手段

首先，相比过去要担心虫蛀、火灾、水浸、潮湿、战乱等问题，数字化成功的古籍，只要做好计算机安全防范基本能实现数据的永久保存。这样一来，很多古籍中留存的优秀传统文化就能长久地被后人看到，不用担心散失的问题。

其次，古籍数字化能够让文献资料通过信息技术，打破时间与空间的限制，实现高效便捷地传输，现代读者能够随时在电脑、智能移动设备上看到需要的传统文化资料。解决珍贵的纸质古籍资料不能外借这一难题的最佳途径就是将其数字化。倘若不进行数字化，会造成大量读者学习、使用传统文化资源的不便。过去，纸质的古籍资料基本保存在图书馆档案室里，难以外借；如今大部分读者在有需要时都是通过网络查询古籍资料。随着移动电子设备和电脑越来越普及，广大读者已经逐渐认识到信息技术在传统文化资料阅读上的作用。

再次，古籍资料数字化的成功再次证明了现代信息技术的飞跃和对各领域的价值，能够实现以较低成本获得资源配置的最优解。古籍数字化节约了优秀传统文化保护与开发所需的资源和空间，真可谓以小见大，同时也降低了读者在使用古籍资料学习传统文化时造成的资源损失，不会再出现因读者的错误做法导致古籍文献损毁的情况。

最后，广大群众阅读书籍的方式也因信息技术的飞速发展在极短的时间内得到了升级，产生了巨大变化。以往在图书馆阅读文献资料或购买纸质书籍的形式早已经被电子阅读取代。尤其是思维活跃的年轻一代，他们更多通过智能设备获取所需的信息，试问哪个年轻人手机里没有一两个电子书阅读 App 呢？公共图书馆作为国家的知识传播前沿阵地，有责任紧跟时代潮流，甚至引领潮流，积极推动新阅读方式的普及，也即积极推进工作的数字化发展。公共图书馆应该起到带头作用，秉持以人为本的理念，创新古籍的阅读方式。既要做好对古籍网络读者使用偏好的数据采集和分析，及时根据分析结果改进工作，营造古籍数字阅读的流行时尚；又要根据读者反馈，做好图书馆工作人员的培训工作，提高他们的数字化服务能力，为古籍数字化工作和传统文化的传承保护做出贡献。

二、江门市五邑图书馆古籍数字化建设的社会价值

江门市五邑图书馆长期以来秉持 2015 年中共中央办公厅和国务院办公厅颁布的《关于加快构建现代公共文化服务体系的意见》中的精神，力求建立健全系统化的公共数字文化服务网络。在这几年的工作中，江门市五邑图书馆努力完成了接入国家数字图书馆网络体系与移动服务网络设施建设的工作，为江门市群众打通图书资源服务的"最后一公里"。五邑图书馆为江门市经济文化的建设工作提供了可靠的援助，利用信息技术充分开发、利用和保护了古籍资源，帮助打造了江门市"中国侨都"的文化名片。

当前，五邑图书馆对馆藏古籍目录数据库、资源网页等的建设工作已基本完成，为人民群众提供了优质的古籍网络资源服务，并得到广大群众和上级领导单位的一致表扬。

同时，众多古籍的个人收藏者得知了五邑图书馆的工作，纷纷表示支持，为图书馆古籍数字化工作的展开提供了不少帮助。江门市五邑图书馆如今已基本达到数字资源建设规划的实际要求，并将在未来投入更多的资金与人力，优化古籍

数字化工作，为读者提供更丰富的馆藏资源和更高的服务质量。❶

第二节　基于普及传播目标的高校图书馆古籍数字化策略
——以河北大学图书馆为例

早在 2007 年，我国就开始按部就班地实施了"中华古籍保护计划"，至 2020 年，已经确立了 6 批全国古籍重点保护单位，其中有很大一批是高校图书馆。这些高校图书馆一方面作为古籍的重点保护单位存在，另一方面也是为社会输送优质人才和传播优秀文化的重要阵地。因此，本节以河北大学图书馆这所全国古籍重点保护单位为例，结合其工作情况，探索以保护与传播为前提的古籍数字化工作。

一、数字化后高校图书馆古籍的普及情况与制约因素

（一）数字化后高校图书馆古籍的普及情况

在国家的支持下，高校图书馆经过长期努力，可以说已经在古籍资料数字化的道路上获得了一定的成功。过去，大学生要借阅古籍只能在图书馆的资料室内阅读，如今能直接在学校图书馆网站内获取阅读资源；过去大学图书馆的计算机里只有古籍的书目数据库，如今，从标题检索版延伸出全文图像版、图文检索版等多样化数据库，令读者能更高效地利用大学图书馆的古籍资源。并且，各高校之间还建成了共享的古文献资源库，参与建设的各高校图书馆上传了各自保存的古籍资料，并开展了便捷的古籍文献传递服务，有效扩大了学生的阅读范围。不少高校还投入资源建立了自己的图书馆网站、微信公众号，及时为有需要的读者推送古籍的数字资源。

以南京大学、四川大学、山西大学等为代表的高校还利用自己的古籍资源，

---

❶ 李建勋：《试论古籍数字化的重要意义——以江门市五邑图书馆为例》，《文教资料》2019 年第 2 期。

研发了独特的古籍文创产品，根本目的都是进一步开发利用古籍的数字资源。

尽管各地高校图书馆的古籍数字化工作已经如火如荼地展开，但其数字化后的调查数据却不容乐观，古籍的阅读推广并不顺利。并且，前文提到的高校图书馆推出的古籍文创产品相比故宫文创这样的热门品牌而言，知名度和影响力都不高，基本仅限于校内学生。即使古籍的数字化使阅读变得更加便捷了，高校师生对古籍的利用率还是不算高，若将视角放到社会层面，高校图书馆的古籍数字资源利用率就更低了。

（二）数字化后制约高校图书馆古籍资源普及的因素

1. 古籍阅读门槛的制约

古籍中的文字大都有一定的阅读门槛，非该领域的专业人士很难顺利阅读，并且现在古籍数字化的形式局限于 OCR 识别、数码相机翻拍等，力求保留古籍图文资料的原貌。虽然保存和传输的方式升级了，但是古籍本身所导致的普及困难没有得到解决。古籍上的文字都是文言文，基本还是繁体字，排版方式也与现代人的阅读习惯不同，这些门槛的存在导致即使有数字资源，很多人也难以顺利阅读古籍文献。

2. 古籍数据库建设、检索和交换环节的制约

虽然目前我国高校图书馆数据库已经在各工作环节的建设中取得了一定成效，但是其中还有不少制约因素存在，阻碍了古籍资源的普及，具体如下。

第一，目前高校图书馆的自建古籍数据库数量不足。在对 31 家高校图书馆进行网络调查后，令人惊讶的是，其中仅有 10 家自建古籍资源数据库，并且对外开放的程度还是不够，数据库中的资源利用率不高。❶

第二，高校图书馆的古籍数据库中，占比较高的是书目数据库，而读者更需要的全文数据库占比还是不足。我国历史悠久，留下的有价值的古籍文献浩如烟海，单以多个高校共建的"高校古文献资源库"来看，这一书目数据库中的电子书只有 8.35 万册，❷ 这一数量对比整体的古籍资料还远远不够。

第三，高校图书馆自建的古籍数据库面临检索方面的制约。虽然，高校图书馆的书目数据库能通过多种方式进行检索，但检索对象也只有题名、责任者、关

❶ 王红、杨晴：《数字人文视域下图书馆古籍资源的开发利用》，《图书情报导刊》，2022 年第 7 期。
❷ 王子柱、曹雅婷、崔丽娟等：《普及传播目标下高校图书馆古籍数字化改革路径探索 —— 以河北大学图书馆为例》，《文化创新比较研究》2023 年第 4 期。

键词，全文检索难以进行。

第四，虽然各高校之间已经开始了古籍数字资源共建共享工作，但目前能交换的范围还是有限的。比方说，只有参与"高校古文献资源库"建设的高校图书馆之间能进行文献的便捷传递，除此之外的其他读者就不能享受古籍文献的传递服务。

3. 古籍数字化的表现和普及形式上的制约

高校图书馆对古籍文献的数字化是将图文信息以二维平面的方式储存在各类数据库中，二维平面的表现形式，再加上古籍本身的阅读门槛，使古籍数据库的使用对象仅限于相关专业的师生，难以引起普通读者的兴趣和关注，也就更难为经济社会发展做出贡献。

当前，虽然高校图书馆已经开始引入更先进的技术，如人工智能等应用于古籍数字化的工作，但是其应用还停留在注释、校对等方面，其改进本质上还是针对二维平面图文信息的，而多维、立体的表现形式还是不多见。此外，虽然已经进入了短视频时代，还是很少有高校利用短视频普及和推广数字化后的古籍文献。

总体而言，古籍数字化带来了一定的成效，但是从其海量的内容与较低的利用率中反映出一个问题：古籍数字化的投入与产出不成正比，高校图书馆古籍数字化的普及与推广工作还有很多难关需要攻克。

二、普及目标下的高校图书馆古籍数字化策略——以河北大学为例

（一）明确高校图书馆古籍数字化的目标与重点

目前，我国高校图书馆对古籍的普及是以数字化为终极目标的。各高校应从实际情况与自身馆藏特色出发，在国家与地区发展战略的大背景下，找准图书馆古籍数字化的重点方向。

下面以河北大学图书馆古籍数字化建设为例，其图书馆古籍数字化的重点在以下几个方面。

第一，河北大学图书馆古籍数字化工作突出雄安文化。我国大力建设河北雄安新区，而此前其包括的几个区县一直属于保定，发展历史悠久。河北大学图书馆古籍数字化建设工作应结合地区文化传统优势，从馆藏文献中搜集、整理和挖

掘出雄安新区内三县历史上遗留的航运文化、渔业文化、古乐文化等丰富资源，以数字化古籍的文化底蕴助推我国雄安新区建设运营战略的升级。

第二，河北大学图书馆古籍数字化工作应突出清朝文化。因为历史上清朝的直隶总督府就位于保定，河北大学图书馆里收藏着不少清代名人的笔记、手札，在进行古籍数字化工作时，应考虑以清代直隶总督府的变迁为线索，整理曾国藩、张之洞等清代名人的手札资料，以此为助力，与保定市文化局打造大型文化历史剧，通过电视传播，让全国群众都清晰地看到从清朝前期到晚清时期国家政治经济文化的发展历程，再现那段波澜壮阔的历史，激发群众对历史的兴趣与爱国之情。

第三，河北大学图书馆古籍数字化应突出家谱文化。河北大学图书馆内收藏着 800 余种家谱，涵盖了上百个姓氏，其中有 30 余种珍本，甚至有 1377 年汪云龙纂修的《新安汪氏族谱》。❶因此，河北大学可以与保定市人民政府合作，利用共建保定市莲池书院的机会，向广大群众传播家谱文化，从家谱文化中探寻自己的"根"，传承优秀的家风家训，提升人的思想道德修养。

（二）强化高校图书馆古籍数据库建设，推进校际数据共享

前文已经明确了高校图书馆古籍数字化的目标和重点任务，之后要做的第一步就是筛选出优质的古籍版本和素材。我国古籍数量众多，存在历史久远，在代代传播的过程中经历了多次传抄、批注，即使是同样的内容也有多个版本。古籍各版本的内容是否完整、正确，是否有名家钤印和题跋等，各方面都需要相关方面的专家甄别，从中选出一个内容更精致的版本进行校对，再开始数字化工作。

高校图书馆古籍数据库在录入时还要与原本的图片进行比对，并加入历史纪年换算等辅助阅读的工具，为读者提供关键词检索、条件检索、模糊检索、组配检索、属性检索等多选择性的优化服务，全方位降低古籍阅读的难度，提高读者阅读的效果。同时，在条件允许的情况下，可以引入文本可视化技术、GIS 技术等，为读者提供能显示古籍中时间、地理环境、人物等信息的"立体式"服务，使读者对古籍的利用更加深入、有价值。

初步完成河北大学图书馆古籍数据库建设工作后，还能申请加入以北大为领导的"高校古文献资源库"，与各个参与的高校图书馆互相分享古籍资源。

---

❶ 王子柱、曹雅婷、崔丽娟等：《普及传播目标下高校图书馆古籍数字化改革路径探索——以河北大学图书馆为例》，《文化创新比较研究》2023 年第 4 期。

（三）创新高校图书馆古籍数字化的表现和推广形式

进入新的发展时期，信息技术领域不断涌现新内容，5G、云计算、人工智能、虚拟现实（VR）等新技术的推出极大改变了现代人的生活，也渗透了高等教育的方方面面。因此，高校图书馆应紧跟时代脚步，适应新技术，以此创新馆藏古籍的展示形式。例如，河北大学图书馆一直收藏着珍贵的康熙年间由比利时传教士绘制的目前世界上保存最完好的，最早的中文版世界地图——《坤舆全图》。该藏品内容丰富、图文精美，向当时的国人介绍了世界各地的风土人情。过去，该古籍文献的展出只停留在现场，且只能根据图文信息想象地图信息。在引进新技术后，可以围绕《坤舆全图》，建立立体形象的虚拟现实体验馆，读者在观看时就能身临其境般地畅游地图世界，不仅能感受地图上本国的风土人情，还能体验地图中的亚细亚和欧罗巴大陆上各区域迥异的场景。同一时间，还能结合文献记载，在虚拟现实中与古人实现对话，体验穿越般的奇妙感受。读者在这样的虚拟现实体验馆里，既能够观赏世界各地的奇特风光，感受异国风情，还能在历史的旅途中切身体验中华文化，延续文脉。除了引入先进的信息技术为读者提供优质的体验，还能利用各种新媒体平台，向更多人宣传推广数字化古籍，如在微信公众号或小程序、抖音短视频等平台定期推送碎片化的古籍信息，让广大读者在移动设备上就能用碎片时间学习中华传统文化。

（四）优化产品和服务，实现古籍数字化成果转化

高校图书馆古籍数字化工程还应该兼顾产品和服务两个方面，向社会大力推广古籍。首先，产品一般是指开发与古籍相关的文创产品，过去开发的一些文创产品知名度不高，可以借鉴故宫博物院、国家图书馆等机构的成功经验，结合高校特色，开发出更有新意、更丰富的文创产品，借此机会让古籍被更多人看到。例如，河北大学图书馆珍藏了一幅明代画院绘制的罗汉图——《明画院绘十八应真册》，内容被绘制在菩提树叶上，历经千年，栩栩如生，对其进行数字化，将画面印制在菩提树叶上，做成书签、明信片、装饰画来贩卖，能够直接传递其艺术价值。河北大学图书馆内还珍藏着清代名人曾国藩、张之洞、严修、徐世昌等的手札，也可以利用先进的打印技术，将其制成工艺品进行传播。

同时，在服务上，河北大学图书馆的古籍宣传推广工作应时刻谨记将中华优秀传统文化贯穿国民教育的始终，将其融入校园的里里外外，积极举办与古籍宣传相关的公共课程、讲座、诵读比赛等活动，带领高校学生体验古籍修复、活字

印刷、制作线装书等流程，真正从行动上将优秀传统文化渗透到广大学生的学习和生活中。❶

第三节　基于数字人文背景的公共图书馆古籍数字化建设 ——以云南省图书馆为例

数字技术虽然属于理工科范畴，但伴随着技术的进步和理念的升华，数字技术领域的大数据分析、人工智能等与人文社科产生了交集，由此，数字人文这一全新概念诞生了。数字人文具有边缘学科的特点，对历史、文学、计算机科学等范畴都有影响，同时也推动了古籍的挖掘、整理与使用，赋予古籍资料更先进的辅助工具和使用平台。数字人文学科的兴起，代表古籍数字化进程的加快，带来了全新的理论与方法，古籍数字化由初步成熟走向了更完善的未来。

一、数字人文相关知识概述

顾名思义，数字人文兼顾了先进的信息技术和传统的人文学科，将二者的研究结合起来，形成了全新的领域。数字人文学科会为文献学、统计学等传统人文学科的研究提供计算机信息技术的帮助，创新传统人文学科的科研方式与路径。数字人文将融合现代信息技术与人文科学视为基本目标，希望凭借对人文知识获取方式、注释、呈现等形式的优化升级，为传统人文学科的研究带来转机。

不少发达国家的人文学科学者已经能够熟练地运用数字技术辅助与创新人文的研究。当今世界，已经出现了 185 个以上的以"数字人文（digital humanities）"为名的科研组织、交流圈。❷在我国，以北京大学、南京大学等为代表的高校在数字人文方面的研究也在逐年增加。同时，我国还逐年加大了数据库建设在国家社科基金重大项目中的比重。并且，不定期举办了多次数字人文研究活

---

❶　王子柱、曹雅婷、崔丽娟等：《普及传播目标下高校图书馆古籍数字化改革路径探索——以河北大学图书馆为例》，《文化创新比较研究》2023 年第 4 期。

❷　颜艳：《数字人文背景下图书馆古籍数字化新实践——以云南省图书馆古籍数据库建设为例》，《图书馆学刊》2020 年第 7 期。

动，如 2016 年 5 月在北京大学举办的"北京大学数字人文论坛"（首届）、"数字人文与清史研究"学术会议，北京大学、南京大学等学科带头人在近几年主持开办了不少数字工具、数字技术与历史、文学等学科相结合的研究课程或会议。例如，2017 年，哈佛大学访问学者徐立恒先生就在北大主持开办了"数字人文研究技能与方法"读书会。

二、数字人文语境下图书馆古籍数字化建设的策略

（一）建立健全图书馆古籍数字化的标准

政府应从数字人文的背景出发，对公共图书馆古籍数字化的相关标准进行强化，结合现行标准，坚持古籍数字资源格式统一的标准、数据共建共享的标准等，与高校携手构建适应新背景的标准体系，确保读者获取优质的古籍数字资源。

（二）利用特色资源，建设数字人文应用项目

公共图书馆应利用好馆藏资源和已经获取的技术优势，带头推进数字人文项目，立足现有的图书馆古籍数字化工作，举办古籍数字人文项目科研活动，收集数字化古籍的数据，利用大数据分析与智慧管理，升级古籍数字化工作。同时，针对各学者的科学研究需求，利用各图书馆的特色资源，建立数据平台，吸引高级的人文领域学者与专业的信息技术人员参与研究工作，齐心协力搞好项目建设，促进各学科和技术的交流与进步。数字人文应用项目意味着图书馆要开发和共享自己的特色资源，并且与世界各个国家和地区的机构或研究团队展开合作，实现资源利用效率的最大化。例如，开展历史上历代帝王传记类数字人文项目的工作，需要面对规模庞大的数据，必须通过与各个数字人文研究机构协作完成对数据的整理、处理，以及使用模式的发布。

（三）使公共图书馆古籍文献组织及语义检索成为可能

基于数字人文背景的图书馆古籍数字化，还需要发布、共享与链接相关数字资源，实现数字化古籍信息的检索。古籍文献的检索将兼顾逻辑关联和信息检索。当前，主要的关联古籍数据的技术包括资源描述框架技术和统一资源标识技术，借助这些技术，可以方便快捷地实现资源的描述和书目数据的发布。这些技术将抽取知识，以表示、访问和推理的形式，使读者获得可视化的古籍知识图

谱。过去，二维平面的、晦涩难懂的数据成了立体的视觉形象，读者能在对数据的识别中挖掘到隐藏其中的知识，以语义为基础的信息检索就是以这种方式实现的。

提高公共图书馆古籍文献资源的查全率与查准率，需要深入组织现有的数字资源，抽丝剥茧，从中精确地找到数据的关联性，组织相应的古籍目录数据并进行关联化发布。原本，在浩如烟海的古籍中，人物、时间、地点等的信息是散乱的，人们要做的是尽可能地建立联系，在数字资源间建立全覆盖的知识网络，高效率利用古籍资源，深度匹配用户对古籍的需求。例如，上海市图书馆建成的《华人家谱总目：上海图书馆家谱知识服务平台》项目所利用的正是数据关联技术。应用该项目，交叉对比其内的家谱数据，快速在原本孤立的宗族分支之间找到联系，那些原本保存在纸质家谱上的、孤立的信息能够在数字化技术的帮助下建立数据关联。

（四）立足 GIS 技术，建立古籍数字化地理信息系统

地理信息系统即 GIS，该系统能够显示相关事物的空间数据和属性数据，在很多学科的研究工作中，通过其对空间数据的收集、加工、组织及显示，能够形成一种以空间方位为基础的地理模型分析方法。在这一先进的方法中，地理位置属性穿插到人的外部相关属性中，用户可以在地图上清晰地查阅到相关信息。这意味着过去费时费力的古籍信息分析方法将被全新的技术所取代。这项技术的存在能够让古籍的数字化取得新进展，使其检索模式与入口得到更新。地图是一种具备可视化效果与位置解析功能的事物，将其与数字古籍资源结合起来，使资源检索同时具备了时间与空间上的直观性。

例如，哈佛大学教授费正清联合中国研究中心、北京大学中国古代史研究中心等机构，利用 GIS 技术，联合推出了名为"中国历代人物传记资料库（CBDB）"的数字人文资源平台。该资料库以结构化标引的形式将原本分布在古籍中与历史人物相关的非结构化文本数据，如人名、时间、地点、入仕方式、著作、社会关系等重要信息的标引转换成结构化的信息，再以大数据进行收集。这样一来，有需要的读者就能在平台上轻松地获取数据，围绕地理环境、社交网络和群体特征进行研究。

（五）以更大力度进行公共图书馆古籍数字资源的推广

当前，利用公共图书馆的人群无论是数量还是类型都大大增多了，为了满足更多样的阅读需求，图书馆应想办法弥补古籍数字资源利用率不足的问题。图书

馆对古籍数字资源的推广、宣传手段必须创新，可以从古籍本身的类型、特色出发。在新媒体语境下，以微信公众号、短视频直播、公益广告等形式引起读者的兴趣。此外，积极与读者互动也是一种提高读者体验效果，获得读者喜爱的途径。当读者对数字化古籍资源的阅读欲望上升时，就能够进一步推动古籍文献的普及，将古籍文献资源的影响扩大。

数字人文的浪潮直接影响了公共图书馆的古籍数字化工作，一方面揭露了当前工作中存在的不足；另一方面以数字人文研究的理论与成果，为古籍数字化的开发赋能，提供了创新发展的动力。公共图书馆储藏着大量古籍，因此，更应该在古籍保护工作中秉承数字人文理念，参考成功模式，有组织、有纪律地开展古籍数字资源的管理工作，将原本粗糙的古籍数字化项目推向更加专业、精细化的发展。❶

第四节　古籍修复档案的数字化建设——以天津图书馆为例

虽然，我国现代图书馆的发展时间晚于西方发达国家，但是近年来，其发展速度快、发展规模惊人，并且越发重视对传统古籍文献的修复工作。当前针对古籍修复相关领域的研究、技术应用与创新、管理等工作在不断推进中取得了令人可喜的成果。数字化的古籍修复档案管理系统正是在这一背景下诞生，成为业界关注的新焦点。下面将从国内图书馆古籍修复档案的现状出发，对古籍修复及其与数字技术融合的意义、基本条件进行研究；同时，以天津图书馆的工作实践为例，研究有地方特色的古籍修复档案数据库建设方法。

一、古籍修复档案数字化建设的意义与条件

目前，虽然古籍修复档案的标准定义还未出现，但是认为，古籍修复档案指的是专业修复人员在修复损坏的古籍时，对工作全过程进行的记录，其中包括的信息有文字、表格、图片、音频等历史记录。我国图书馆的发展越来越先进，虽

---

❶ 颜艳萍：《数字人文背景下图书馆古籍数字化新实践——以云南省图书馆古籍数据库建设为例》，《图书馆学刊》2020 年第 7 期。

然古籍相关工作已经比过去更加科学、规范、现代化，但是古籍的整理与修复仍然有很高的门槛，对知识涉及面的要求极其驳杂，只有先进的信息技术手段才能为古籍修复档案的实现提供帮助。

（一）古籍修复档案数字化建设的意义

古籍修复档案数字化建设的总体意义如下所示。

第一，古籍修复档案数字化建设能够为归纳总结古籍修复技术发展历史提供事实支撑。例如，国家图书馆在 2003 年才正式建立古籍特藏修复档案，而过去的国家图书馆曾经耗费十年时间修复《赵城金藏》，受限于当时的理论与技术，没有留下完整的工作记录、照片资料，导致现在再想学习前人的修复经验，却无法找到科学的依据和总结。

第二，古籍修复档案数字化建设能够促进古籍修复工作向更规范、更标准的方向发展。研究后可以看出，古籍保护工作属于科学范畴，而古籍修复则属于技术范畴，是二者共同发挥作用，解决了古籍文献传承的关键问题。传统的古籍修复技术更偏向私人化，每个工匠的修复标准和规范都不同，难以统一。

第三，古籍修复档案数字化建设有利于实现古籍文献资源、修复技术的互惠共享。当前，我国图书馆古籍修复机构的工作重点已经逐渐转移至建立起全面、灵活、智慧的数字化古籍修复档案上，过去的档案内容和形式并不统一，也导致了古籍修复工作在水平上良莠不齐，难以进行统一的指挥和管理，也就难以进行共享。利用数字技术，能够解决不齐整的问题，实现互惠共享。

（二）数字化古籍修复档案建立健全的条件

建立完备的数字化古籍修复档案需要具备以下几个条件。

第一个条件，确保古籍修复档案有可靠的数据来源。多样化的数据是建立修复档案的基础，因此，必须保证其真实、可用。

第二个条件，古籍修复档案要遵循《古籍修复档案著录规则》《古籍修复档案机读格式》等。

第三个条件，充分利用现代计算机、软件等，为数字化古籍修复档案工程的顺利落成保驾护航。

二、古籍修复档案系统设计与著录元素选取——以天津图书馆为例

天津图书馆是我国古籍文献馆藏极为丰富的大型公共图书馆，在国内位于前列。因此，天津图书馆在古籍保护和修复工作方面积攒了丰富的经验，同时，其古籍修复档案的整理工作也在持续进行。下面将探索天津图书馆与国家图书馆在近几年联合推出的，围绕天津图书馆藏古籍的整理、保护与研究进行的档案设计系统研究，以此为例，再次论证前文的观点。

（一）项目的总体设计构思

在该研究项目中，具体针对的古籍文献是该馆珍藏的周叔弢先生捐赠的两批文献的残页、残片。这两批文献在该项目启动前一直没有得到系统的整理，再加上其珍贵且不可再生，更说明了详细记录对这些古籍文献的修复过程并进行科学管理的重要性。因此，该项目在一开始就应落实一套成熟的档案体系。

1. 项目的设计基础与基本结构

天津图书馆为避免该项目走上错误的发展道路，在项目正式启动前还做了充分的调查、研究。首先，天津图书馆以现实中已经存在的类似项目——"国家图书馆古籍修复档案管理系统"为基础，对其中各个环节的设计意图进行细致分析，找出国家图书馆在设计该系统时主要瞄准的对象，即馆内古籍藏书的修复与管理工作。该目标的适用范围不够大，因此，天津图书馆认为本馆的修复档案系统设计项目应拓展传统古籍保护修复的范畴，以开拓创新为己任。因此，天津图书馆的项目在资料的搜集、检索和统计等方面需要补足国图档案系统的不足，设计更专业的档案管理体系。

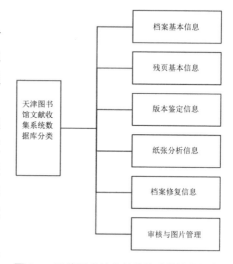

图6-1 天津图书馆文献收集系统的数据库功能区分类示意图

如图6-1所示，天津图书馆对现有的文献收集系统的数据库进行了分类，

其中共有六大子功能区，并清楚地划分每个子功能区记录信息的功能，每个区域要收录的古籍文献与其唯一的编号绑定，极大地提高了检索与管理的效率。

2. 建立系统并解释著录元素信息的含义

天津图书馆研发的这一项目系统的全称是"天津图书馆藏珍贵古籍整理、保护与研究项目档案管理系统"。该系统能够收集管理数据，以桌面数据库软件开发语言为基础，对所收集数据的增减、开发是完全透明、开放且可控制的。

同时，天津图书馆为了让该项目能够和国家标准管理数据兼容，其"档案基本信息"和"修复档案信息"两大部分内容正是照搬的国图古籍修复档案管理系统模式，少数的调整仅在于具体内容方面。表 6-1 解释了档案基本信息中各项目的内涵，表 6-2 则解释了以国图为蓝本的档案里各项目的内涵。❶

表 6-1　档案基本信息所包含项目及其释义表（以册为单位）

序号	字段名（著录元素）	释义说明	字段类型
1	整册外观图	选取之前整册照片，页面活泼、直观，利于档案出版	G
2	项目编号	档案编号，如 2011-3-8-001 就是指 2011 年 3 月 8 日登记的第一号档案。此为唯一编号	C
3	登录号	登记批次号，登记时先以"DH"敦煌、"SY"宋元区分两大类，再以书籍末尾两字拼音字母加"—"再加阿拉伯数字，如 DHCJ—1—1 表示敦煌《唐人写经残卷》第一册一号	C
4	建档日期	档案登记日期	D
5	册题名	书册正题名	C
6	索书号	原书号码	C
7	版本时代	以空缺、敦煌、宋、元、清区分，因项目只涉及这些	C
8	版本形式	空缺、刻本、手写本、影印本、石印本、其他等	C
9	定级	主要体现未鉴定之前的定级情况	C
10	书籍装帧	空缺、卷装、梵夹、经折、蝴蝶、毛装、单张、连张等	C
11	书签	记录册书签情况，登记时据实选择有、无、残	C
12	书皮数量（后挂单位：张）	此项为修复敦煌册页而设，依据实际情况在空格中填写阿拉伯数字	C
13	书皮材质	空缺、手工纸、机制纸、丝织品、木板夹等	C

❶ 万群：《数字古籍修复档案的实践及思考——以天津图书馆为例》，《图书馆工作与研究》2013 年第 203 期。

序号	字段名（著录元素）	释义说明	字段类型
14	书皮颜色	空缺、明黄、硬黄、古色、瓷青、本色、其他等	C
15	书叶总数	特殊项	C
16	题跋数量（后挂单位：张）	登记书籍正文以外由题记和跋语构成的书叶总数	C
17	书叶材质	以整册书为单位表示空缺、麻纸、皮纸、竹纸、机制纸、再生纸等	C
18	书叶长	整册尺寸	C
19	书叶宽	整册尺寸	C
20	护页	专指敦煌整册护叶情况	C
21	修复历史	整册修复历史，曾经修复、未曾修复	C
22	附件	以文字形式进行整册文献的总括登记说明	M
23	册破损情况	文字说明	M
24	备注1	—	M

表6-2　修复档案信息所包含项目及其释义表（以国图修复档案为蓝本）

序号	字段名（著录元素）	释义说明	字段类型
76	残页破损图	修后残页的整体图像，直观且利于档案出版	G
77	修复要求	专指本次对残页的修复要求	M
78	染色材料	国画颜料赭石、花青、藤黄、橡碗等	C
79	面料	空缺、手工纸、绫、绢、布、混纺织物等	C
80	补纸材质	同表6-1"书叶材质"	C
81	补纸厚度	所选补纸厚度值	C
82	补纸pH酸碱度	所选补纸去酸前、后书叶表面pH	C
83	修补方式	空缺、手工修补、纸浆修补	C
84	修复黏合剂	小麦淀粉	C
85	修复责任者	修复人	C
86	修复日期	完成修复日期	D

序号	字段名（著录元素）	释义说明	字段类型
87	修复分析	文字叙述修复过程及特殊处理情况说明	M
88	备注 5	—	M
89	修后整册图	修后装帧整体图像，直观且利于档案出版	G
90	装帧方式	根据实际情况说明	C
91	装具设计	残页恢复成册的整体设计方案	C
92	装帧设计者	装帧方案制定者	C
93	装帧责任者	装帧制作者	C
94	装帧日期	完成日期	D
95	装帧说明	整册装帧过程、步骤、完成效果文字说明	M
96	备注 6	—	M

（二）古籍修复档案系统的操作示意

天津图书馆研究的古籍修复档案管理系统的操作步骤如下所示。

第一步，打开登录界面并输入密码，随后点击"确定"选项跳转进入"浏览界面"。浏览界面中弹跳出二维表现形式，从六个部分中列出 110 个字段，显示出充分的实用性与可靠性。

第二步，选择"浏览界面"，从中找到"添加"按钮，选择进入"档案基本信息"或"残页基本信息"等六个页面，进入后可以根据需求点击各功能框，并编辑相关数据的内容。

第三步，信息登记的操作完成后，可选择页面下方的"保存"键，提交并保存数据。

第四步，进行数据的录入时，该系统还为那些图像数据内存大、规范性内容重复输入、录入数据排序准确这三类情况的发生设计了特殊窗口，使用户的实际操作体验更加灵活便捷。对于规范内容有多个选项的类型，天津图书馆古籍修复档案系统中又增设了一个窗口。操作时，用户不仅可以下拉菜单为项目加入若干规范内容，还能通过菜单后面的按键自由选择删减、增添菜单内容，并且还能

利用文本框为菜单内容添加重要信息。●

第五节 古籍数字化的再生产与传播——以《考工记》为例

如今，古籍保护难、搜索查阅难等问题都在数字化技术的帮助下得到了妥善的解决。这种利用技术手段解决问题的形式，使古籍文献在电脑的资料库里得以呈现，本质上只是将纸质载体换成了计算机载体，由物理形态转变为数字形态。这虽然在一定程度上有助于学术研究，但是并不能直接让古籍文献的内容、精神得以顺利传承与发展。因此，本节将以《考工记》这本技术性内容占比大的古籍为例子进行研究，论证如果只从工具的角度对其进行数字化，难以实现其知识价值的活化传承，必须有效提取其技术内涵，找到合适的方式使其与现代社会生活生产相结合，令古籍中沉睡的知识走向现代化、走向人民群众，实现数字人文的现实价值。

一、古籍数字化再生产与传播面临的现实问题

（一）古籍数字化的版本重复建设

虽然，早在 20 世纪 80 年代，我国就已经开始了古籍数字化实践，但是在内容建设上常常出现重复的问题。我国古籍数字化建设工程的发展沿着集成式路线前进，导致了重复内容的出现。在过去，纸质的古籍有很多版本，并且因为时间、地理空间等的限制不利于储存与传播，因此需要印制重复的版本确保其最终能传承到下一个时代。但是经数字化处理的古籍内容能够长久地保存下来并快速传播，因此也就不需要重复建设版本内容。此外，如果出现数字化古籍重复建设的情况，很可能是因为处于不同地区的单位对馆藏的相同古籍重复进行了数字化，又因为建设单位、工作人员、技术规范的不统一造成数字化古籍传播的不便。这就是为什么不少专家学者都强调要避免数字化建设的重复。

● 万群：《数字古籍修复档案的实践及思考：以天津图书馆为例》，《图书馆工作与研究》2013年第 1 期。

（二）古籍数字化建设的形式亟须创新

已经投入使用的古籍数字化项目基本利用的是网络形态的数据库开发，在数字技术不成熟的早期，还有少量用光盘刻录的电子书。这些数字化古籍主要作为学术研究的工具存在。统计后发现，这些数据库虽然内附不少工具，但检索查询仍然占很大比重。这种情况的改变需要数据库开发者与相关领域学者的共同帮助，挖掘学术研究更深层次的需求，并对需求予以满足。究竟什么是"高级需求"呢？从目前来看，"图像检索技术"和"自动比对技术"排在前列。数字化技术还在不断进步，5G、云计算、大数据分析等技术日趋成熟，为古籍数字化的创新提供了机会。利用这些先进的数字技术，古籍数字化将不再只是被少部分精英学者使用，而是从学术走向大众，丰富人民群众的精神生活。

（三）整体规划还未进一步统筹

前文已经提到过，古籍数字化仍然存在重复建设的问题，而这个问题正可以通过统一的协调规划来解决。首先，政府有关文字出版的部门必须建立严格的出版协调机制，并且对古籍资源进行整理，在古籍文献领域专家的帮助下评估数字化建设，并制订更精密的数字化建设计划。其次，古籍数字化建设标准与技术规范还未确立，尤其是古籍数据的接口标准，这一重要因素直接影响日后使用的方便程度。最后，古籍数字化还面临版权的问题，损害了参与建设的各权利主体在建设中应获取的利益。因此，各出版单位需要根据自己所拥有的特色资源与其他方建立良好沟通，尤其是那些拥有特殊、珍贵的古籍资源的单位，现实中大多还持有敝帚自珍的态度，应该以开放的态度拥抱古籍数字化建设，分享资源。古籍数字化目前面临的资金不足、人员缺乏、市场能力不足等现实问题都可以通过统筹协调得到缓解。

（四）古籍专业内容与版权问题亟须强化

古籍数字化要遵循的基本准则是"保真"。这条准则含义如下：其一，尽最大努力保证古籍客观状态的完好，确保其外观上的完整、真实；其二，尽最大努力保证数字化古籍内容的真实、可靠，以细致、科学的研究态度还原其文本内容。其中，古籍数字化内容的"保真"是更加重要、更加有价值的。古籍文本内容客观、真实的前提是得到大量相关文献的佐证，古籍数字化的意义之一就是如此。当然，这正是数字化技术所擅长的领域。目前，由于整理和管理的规范不统一，古籍数字化后得到的内容存在一定的"失真"，影响了文本内涵的客观性和传统文化的保护、传承。

古籍数字化资源还面临版权的问题，妨碍了资源的共享共通，不利于有需要的研究者进行更深入的研究，数字化古籍的衍生品也无法得到发展保障。

二、古籍数字化再生产与传播的路径——以《考工记》为例

《考工记》是一本反映先秦时期社会造物的古籍，还反映了造物对社会治理的作用，其并不单单是对造物技术的记录。与其他古籍不同的是，《考工记》的文本拥有技术属性。《考工记》中记录了当时造物技术的理念、规范和管理，文字贯彻了"天理向人事"的表征；同时，传承至今的《考工记》还保留着历代儒学名家的注疏解说，将历代对儒学、社会、天人关系的理念融入造物技术中。《考工记》的数字化一方面要保证文献内容真实、可靠，另一方面应以古代造物知识内涵为根基，开展古籍数字化再生产和传播。

（一）更新观念，建立古籍数字化再生产理念

相较现代西方产品设计中对物理功能的重视，我国古籍《考工记》中蕴含的造物思想将造物与社会秩序、人的日常生活经验等结合在一起，呈现出"承仁"的特征。在数字化再生产与传播的过程中，该特征能将造物文化与日常生活融合起来，更顺利地将古籍中的造物知识由文献记录转化为社会记忆，使其与现代接轨，为中国当代的产品设计注入传统文化因子。

古籍的数字化，不仅意味着其文本载体由纸质载体变为数字载体，还标志着中华文化知识贡献的数字化。究其本质，古籍数字化的宗旨是以现代科技为基础，为多样化的用户提供服务。对《考工记》进行数字化整理，从中找到中国传统造物文化的社会意义，再借助数字化再生产的形式，使其与现代社会生产相融合，为现代人构建起新的与造物、自然的和谐关系。

（二）为古籍数字化再生产寻找更多消费者

《考工记》是一本于先秦时期编写的古籍，其中有不少晦涩难懂的词句，专业术语也较多，如果没有相关领域的科学知识储备难以读懂。直到今天，我国的博物馆中还收藏着《考工记》中记录的一些造物的形态，并且其秉持的"礼俗互动"理念至今还对中国社会的形态有潜在的影响。即使《考工记》文本有阅读门

槛，但对于读者仍具有一定吸引力。

并且，与西方在两次工业革命中形成的重视实验、理性的设计理念不同，我国传统的造物技术有着很强的社会治理实践性。造物的用材、造型、尺度、装饰等各个环节都浸润着伦理色彩。所以，《考工记》的数字化应当拓展消费群体，除了为专业学者服务，还要为普通消费群体提供同样价值的服务。

首先，《考工记》数字化再生产可以直接服务相关专业领域的读者进行造物文献工具性的开发；其次，《考工记》数字化再生产可以根据其内容开发娱乐性强、互动性强的数字产品；最后，还可以选择在电视上播放相关活动、竞赛场面，向更广大的中国民众普及优秀的传统造物设计知识与理念。

（三）提高古籍数字化再生产的专业性

提高《考工记》数字化再生产专业性的要点主要有以下三个：第一，做好《考工记》文本的整理与研究，为其数字化再生产构建稳固的核心，文本整理研究不仅限于《考工记》中的传统造物技术与文化，还包括历代文人的注疏、对后世的影响，以及整理文献时做出的点校、编纂、注释、索引等；第二，完成数字化制作，在产品策划、设计上再现《考工记》中的造物文化与技术；第三，《考工记》的文本属性特殊，因此，最初的传播者也应当具有相当的造物哲学修养，同时还要精心地选择传播的渠道。

（四）强化古籍数字化再生产的知识产权保护意识

《考工记》的数字化再生产拥有多层结构形态，能够生产出不止一种类型的数字产品。因此，《考工记》数字化再生产要想顺利运营下去，就要强化其不同类型产品的版权保护与保全经营。涉及知识产权保护的问题一共两个：其一，《考工记》相关注疏藏本等文献经过整理后的知识成果需要得到知识产权保护；其二，根据《考工记》加工出的数字产品与文化作品也应得到妥善的知识产权保护。

《考工记》相关文本的"原意"能否被再现和还原，是数字化再生产知识产权保护的核心问题。考虑到不能单靠《考工记》古籍内容的本身展示出其"原意"，因此必须由相关领域的专家学者付出智力劳动，而这些智力劳动的成果需要知识产权保护，保护好这些智力劳动成果有助于《考工记》的数字化再生产迈向更加光明的未来。

（五）健全古籍数字化再生产的协作平台

围绕《考工记》进行的数字化再生产过程，势必会牵涉不同主体间的合作、运营、资金投入等问题，要想使《考工记》的数字化再生产过程顺利，就要构建起能够使多主体紧密合作的平台，并且用规范化的共建共享机制解决一系列问题。古籍的数字化属于庞大的系统性工程，其顺利运转依赖科学的编码，也依赖人力、物力、财力的投入，还需要持续维护其信息传播的渠道，所以必须构建起能令多方通力合作的平台。站在文化资源分享的角度，《考工记》数字化再生产需要多领域专家与学者的参与，进行知识文化的"解码"与范式的建立。《考工记》造物文化中贯彻着古人"天理向人事"的优秀观念，技术中蕴含着社会伦理教化作用，普及其造物知识，就需要以协作平台为基础。

第六节　古籍资源的数字化——以广西古籍保护网为例

一、广西古籍资源现状

（一）广西古籍整理和保护现状

在秦国统一六国之前，广西被称作"百越"，在这片土地上生活着百越族，百越族是广西地区少数民族的先祖。公元前 220 年，秦始皇命尉屠睢统率五十万大军，分五路进攻百越，并为战事开凿了灵渠，沟通了珠江和长江两大水系，大大推进了百越与中原地区的联系。从此以后，中央政府一直都在广西设行政单位管辖。虽然广西地区很早就被纳入中央版图，但在文化上与中原地区仍有一定的差距，这也体现在地方志书等书籍的编撰上。后来，该地区经济文化发展起来，志书、古籍的数量和质量都有了很大的提高。

目前，广西地区的古籍文献多数属于中华人民共和国成立以前编撰的。因此，要想保护好这些古籍，就要对其收藏、整理情况进行宏观把握，做出更具针对性的保护。中华人民共和国成立以来，官方十分重视广西地方的古籍整理工作，围绕现存的古籍，已有了众多研究和整理成果。20 世纪八九十年代古籍工作刚刚起步时,广西就开展了全区的古籍普查工作,发动了全省各地区各民族及文化、博物馆、文联等单位或部门共同协作,大致掌握了各地的古籍信息。不仅如此,20世纪80年代以来,广西各市县专注于整理、校勘地方志书,并已出版了众多志书,如《(乾隆)马平县志》《(民国)河池县志》《(乾隆)柳州府志》等。对于众多的方志古籍,相关单位还进行了整理,如《广西方志提要》《广西地方志总目录》等。

除了一般志书古籍外,广西少数民族地区还存在手抄古籍。广西地区的部分少数民族拥有自己的文字,并经常用代代抄写的方式传承民族古籍。1984年,国务院批准《关于抢救、整理少数民族古籍的请示》,不久,广西就成立了少数民族古籍整理出版规划小组,确定了相关政策和方针,并在各市县建立了少数民族古籍研究机构,从事古籍保护与整理的工作。1997年,广西开始整理《中国少数民族古籍总目提要·广西各民族卷》,经过各方多年的研究,最终出版问世了《中国少数民族古籍总目提要·仫佬族卷、毛南族卷、京族卷》。

(二)广西古籍数字化的必要性

虽然我国近年来重视古籍保护,但目前广西方志、少数民族手抄古籍的保护情况仍不容乐观。首先,大量的古籍整理工作需要投入大量人力、物力和财力,目前还存在资源不足的问题。其次,一些古籍文献的保存环境不理想,容易受到湿气、虫蛀等因素的侵害,保护现状令人担忧。再次,古籍整理工作需要大量的专业人员和团队,目前的培养模式并不能满足其人才需求。最后,在古籍检索方面,民众很难接触到古籍本身,而且古籍数量大,很难进行检索,不利于相关学者进行研究。因此,需要对广西古籍进行数字化整理。

二、广西古籍保护网的保护行动与成果

广西古籍保护网是专门为广西古籍数字化保护而建立的网站,涉及广西壮族自治区古籍保护中心、广西壮族自治区博物馆、广西壮族自治区图书馆、广西古籍保护工作专家委员会等机构。该网站整合了各方资料和成果,对广西古籍进行了数字化整理,包括广西古籍保护行动和保护成果。

(一)广西古籍保护网中的保护行动

1984年,国务院批准《关于抢救、整理少数民族古籍的请示》,广西政府

成立少数民族古籍整理出版规划小组，从事古籍保护与整理的工作。

1997年，正式立项《中国少数民族古籍总目提要》的编撰工作，从2004年正式启动编撰《中国少数民族古籍总目提要·仫佬族卷、毛南族卷、京族卷》的工作。2005年，会议通过了《壮族卷》的编撰方案，完善了该提要的内容。

2007年5月，为贯彻落实《国务院办公厅关于进一步加强古籍保护工作的意见》的精神，更有效地做好广西古籍的保护与管理，广西壮族自治区人民政府进一步加强自治区的古籍保护工作，贯彻"保护为主、抢救第一、合理利用、加强管理"的方针，坚持依法保护和科学保护的原则，正确处理古籍保护与利用的关系。

2008年11月，为进一步加强对广西古籍的保护和管理，广西壮族自治区建立"广西古籍重点保护单位"申报评定制度，加强对广西古籍保护工作的管理，推动各古籍收藏单位改善古籍保护条件，提高古籍保护工作水平，更好地配合全国古籍保护工作，促进广西古籍保护工作健康、持续开展。

（二）广西古籍保护网中的保护成果

1.《中国少数民族古籍总目提要·仫佬族卷、毛南族卷、京族卷》

《中国少数民族古籍总目提要》是我国第一部全国少数民族古籍书目套书，全书约60卷，共110册，将我国各少数民族落于笔墨、传于口头的各种古籍文献清点入册，是承前启后的一项文化建设大工程，具有深远的历史意义。

《中国少数民族古籍总目提要·仫佬族卷、毛南族卷、京族卷》的编撰工作由广西壮族自治区独立完成，从2004年正式启动，历时5年，于2009年底由中国大百科全书出版社出版。书中分别收录仫佬族古籍条目829条，毛南族古籍条目321条，京族古籍条目191条，系统地介绍了这3个少数民族古籍的基本概貌，展示了各民族丰富多彩的历史文化。❶

2.《广西壮族自治区图书馆古籍普查登记目录》

《广西壮族自治区图书馆古籍普查登记目录》是广西首部正式出版的普查登记目录，是广西古籍普查工作的新突破。

2011年启动古籍普查登记工作后，广西壮族自治区图书馆率先加大普查工作力度，从馆内各部门先后抽调数名馆员投入普查，历时两年，终于在2013年完成了馆藏汉文古籍的普查登记工作。2016年，又用时近半年，经过认真核对、

---

❶ 广西古籍保护网：《中国少数民族古籍总目提要·仫佬族卷、毛南族卷、京族卷》。

反复修订，终于完成了馆藏古籍普查登记目录的编纂工作。通过这次普查，广西壮族自治区图书馆摸清了"家底"，理清了源流，借助全国古籍普查平台和网络，进一步厘清了馆藏古籍的版本，还新发现了不少稀见或有珍贵价值的古籍文献，取得了丰硕的成果。

3.《广西文献名录》

《广西文献名录》由广西壮族自治区图书馆、广西壮族自治区桂林图书馆联合编著。在历代馆员的艰苦努力下，广西壮族自治区图书馆、广西壮族自治区桂林图书馆先后收集了 1949 年前各时期的广西地方文献 4000 多种（其中，图书3000 余种，方志 221 种，报纸 214 种，期刊 527 种），成为国内外收藏广西历代文献最全的单位和研究广西历史文化的信息中心。❶

4. 古籍修复

为了保证古籍修复技艺的传承和工作的延续性，早在 20 世纪八九十年代，广西壮族自治区图书馆就从各部门抽调了一批年富力强的专业技术人员参与修复工作，通过跟班学习和外出培训，掌握了古籍修复的各项技术。近年来，已独立修复虫蛀或老化严重的《庄子通义十卷》（明嘉靖浩然斋刻本）、《订正通鉴纲目前编二十五卷》（明刻本）、《春秋四传三十八卷提要一卷》《春秋二十国年表一卷》《春秋诸国与废说一卷》（明嘉靖福建建宁府刻本）、《李诗选》（明朱墨套印本）等数种国家二级以上古籍，以及《王龙唱和词》（清手稿遗照）、《通德类情》（清乾隆刻本）、《田间诗学》（清康熙刻本）、《宋本唐柳先生集》（明刻本）等古籍 2000 多册，年修复古籍 6000 多叶。❷

---

❶ 广西古籍保护网：《广西文献名录》，http://gj.gxlib.org.cn/bhcg_show.aspx?id=437，访问日期：2023 年 7 月 26 日。

❷ 广西古籍保护网：《广西壮族自治区图书馆》，http://gj.gxlib.org.cn/bhcg_show.aspx?id=291，访问日期：2023 年 7 月 26 日。

参考文献

[1] 包和平. 民族古籍计算机检索网络建设研究 [J]. 现代情报，2005（6）：50-51.

[2] 卜林，边沙. 从古籍馆的藏书谈古籍的保护和修复 [J]. 农业图书情报学刊，
    2010，22（5）：148-150，162.

[3] 曹之. 中国古籍版本学 [M].3 版. 武汉：武汉大学出版社，2015.

[4] 陈宁. 非遗中国之古籍修复 [M]. 贵阳：贵州教育出版社，2021.

[5] 陈宁. 古籍修复与装裱 [M]. 杭州：浙江摄影出版社，2017.

[6] 丁玉珍. 环境污染与文献载体保护 [J]. 平原大学学报，2005（1）：106-107.

[7] 杜伟生. 古籍修复原则 [J]. 国家图书馆学刊，2007（4）：79-83.

[8] 段泽勇，李弘毅. 古籍数字化的回顾与展望 [J]. 图书馆理论与实践，2004
    （2）：37-39.

[9] 范晔. 后汉书 [M]. 北京：中华书局，1965.

[10] 傅白云. 国内外自然灾害文献开发研究综述 [J]. 科技情报开发与经济，2013，
    23（11）：150-152.

[11] 高政. 应用型高校大学生就业现状分析及对策 [J]. 黑河学院学报，2020，11
    （6）：90-93.

[12] 霍珊. 人工智能在古籍领域的应用 [J]. 内蒙古科技与经济，2020（13）：82，
    137.

[13] 李波. 地方古籍文献保存之困局 [J]. 卷宗，2021（1）：159.

[14] 李国新. 中国古籍资源数字化的进展与任务 [J]. 大学图书馆学报，2002（1）：
    21-26，41-91.

[15] 李建勋. 试论古籍数字化的重要意义 —— 以江门市五邑图书馆为例 [J]. 文教
    资料，2019（2）：79-80.

[16] 李明杰. 简明古籍整理教程 [M]. 武汉：武汉大学出版社，2018.

[17] 李涛. 初探我国中文古籍数字信息专业人员未来求职发展方向 [J]. 就业与保障，2020（21）：41-42.

[18] 李运富. 谈古籍电子版的保真原则和整理原则 [J]. 古籍整理研究学刊，2000（1）：1-7.

[19] 李致忠.《无垢净光大陀罗尼经》译刻考 [J]. 文献，1997（2）：191-213.

[20] 刘家真，廖茹. 我国古籍、纸质文物与档案保护比较研究 [J]. 中国图书馆学报，2012，38（4）：88-98.

[21] 刘琳，吴洪泽. 古籍整理学 [M]. 成都：四川大学出版社，2003.

[22] 刘原，张博华. 古籍数字化发展现状及未来出版工作着力点 [J]. 广东印刷，2021（4）：67-68.

[23] 路秀华，李静. 地方师范院校信息与计算科学专业发展的教学对策 —— 以廊坊师范学院为例 [J]. 廊坊师范学院学报（自然科学版），2020，20（2）：100-102.

[24] 毛建军. 古籍数字化的概念与内涵 [J]. 图书馆理论与实践，2007（4）：82-84.

[25] 潘美娣. 古籍修复与装帧 [M]. 上海：上海人民出版社，1995.

[26] 彭江岸. 论古籍的数字化 [J]. 河南图书馆学刊，2000（2）：63-65.

[27] 乔红霞. 关于古籍全文数据库建设工作的思考 [J]. 河南图书馆学刊，2001（4）：58-60.

[28] 曲娜，程凤芹. 电气信息类专业课程建设规划与研究 [J]. 中国新通信，2020，22（8）：154-155.

[29] 阮葵生. 清代笔记小说大观 [M]. 上海：上海古籍出版社，2007.

[30] 史睿. 论中国古籍的数字化与人文学术研究 [J]. 北京图书馆馆刊，1999（2）：28-35.

[31] 宋焱，何谋忠，师青. 古籍修复理论与实践 [M]. 兰州：甘肃人民出版社，2017.

[32] 苏祺，胡韧奋，诸雨辰，等. 古籍数字化关键技术评述 [J]. 数字人文研究，2021，1（3）：83-88.

[33] 孙治国. 古籍保护与修复技术研究 [M]. 长春：吉林大学出版社，2022.

[34] 万群 . 数字古籍修复档案的实践及思考 —— 以天津图书馆为例 [J]. 图书馆工作与研究，2013（1）：84-86.

[35] 王充 . 论衡 [M]. 上海：上海人民出版社，1974.

[36] 王会梅 . 古籍概述 [M]. 芜湖：安徽师范大学出版社，2018.

[37] 王嘉 . 汉魏六朝笔记小说大观 [M]. 上海：上海古籍出版社，1999.

[38] 王楠 . 古籍数字化再生产与传播探究 —— 以《考工记》为例 [J]. 中国出版，2021（23）：53-56.

[39] 王子柱，曹雅婷，崔丽娟，等 . 普及传播目标下高校图书馆古籍数字化改革路径探索 —— 以河北大学图书馆为例 [J]. 文化创新比较研究，2023，7（4）：150-154.

[40] 魏华琳 . 古籍修复 [M]. 杭州：中国美术学院出版社，2015.

[41] 吴智嘉 . 民族古籍数字化的现状及科学保护问题研究 [J]. 黑龙江民族丛刊，2019（5）：108-114.

[42] 夏寅 . 显微镜探知中国古代颜料史 [J]. 文博，2009（6）：342-346.

[43] 肖志丹 . 图书馆古籍整理工作实践 [M]. 长春：吉林文史出版社，2021.

[44] 颜艳萍 . 数字人文背景下图书馆古籍数字化新实践 —— 以云南省图书馆古籍数据库建设为例 [J]. 图书馆学刊，2020，42（7）：39-43.

[45] 姚丽亚 . 教师专业发展视角下小学教师信息素养提升策略 [J]. 今传媒，2020，28（7）：155-156.

[46] 余力，管家娃 . 我国古籍数字化建设现状分析及发展研究 [J]. 数字图书馆论坛，2017（11）：41-47.

[47] 张露月 . 信息技术背景下基于网络学习共同体的高校英语教学与教师发展研究 —— 评《信息技术环境下大学英语及其教师专业发展研究》[J]. 中国科技论文，2020，15（7）：862.

[48] 张舜徽 . 汉书艺文志通释 [M]. 武汉：华中师范大学出版社，2004.

[49] 张舜徽 . 中国文献学 [M]. 上海：上海古籍出版社，2005.

[50] 张素平 . 高校体育教学信息化发展分析 —— 评《信息技术与体育教育专业课程整合》[J]. 中国科技论文，2020，15（4）：501.

[51] 张雪梅 . 古籍数字化与文献信息资源共享 [J]. 天津工业大学学报，2002，21（3）：2.

[52] 朱红艳，陈一梅，姜静华，等 . 高校图书馆嵌入式信息素养服务的可持续性成效研究 —— 以上海交通大学图书馆为例 [J]. 图书情报研究，2020，13（2）：9.

[53] 佐娜 . 我国少数民族古籍研究及保护现状 [J]. 图书馆界，2019（5）：61-64.